于薇 ／ 著

物制造与中古
国佛教舍利供养

文物出版社

图书在版编目（CIP）数据

圣物制造与中古中国佛教舍利供养／于薇著．—北京：
文物出版社，2018.1（2019.6 重印）
（考古新视野）
ISBN 978 - 7 - 5010 - 5233 - 2

Ⅰ．①圣… Ⅱ．①于… Ⅲ．①舍利—宗教文化—研究—
中国—中古 Ⅳ．①B947.2

中国版本图书馆 CIP 数据核字（2017）第 225705 号

圣物制造与中古中国佛教舍利供养

著　　者：于　薇

责任编辑：谷　雨
装帧设计：肖　晓
责任校对：安艳娇
责任印制：梁秋卉

出版发行：文物出版社
社　　址：北京市东直门内北小街 2 号楼
邮　　编：100007
网　　址：http：//www. wenwu. com
邮　　箱：web@ wenwu. com
经　　销：新华书店
印　　刷：北京京都六环印刷厂
开　　本：710mm×1000mm　1/16
印　　张：14.25
版　　次：2018 年 1 月第 1 版
印　　次：2019 年 6 月第 2 次印刷
书　　号：ISBN 978 - 7 - 5010 - 5233 - 2
定　　价：70.00 元

内容提要

本书是对公元 5 到 9 世纪中国佛教舍利供养活动及其遗物的专题研究。这一时期是佛教舍利信仰自中国初现并发展至顶峰的重要阶段，创造了无可比拟的物质遗存、视觉文化及宗教景观。借助于神圣的盛放容器，及沟通宗教与政治空间的舍利展示与迎送仪式，"佛陀舍利"最终于 8 世纪初在中国成为至高权力的象征。

以中古时期舍利供养对舍利神圣性的构建及想象为中心，本项研究综合考古学、美术史、宗教史、政治史等研究方法，从以下三个层面回应以往讨论。首先，在空间上，始终参照印度及中亚地区舍利供养所代表的异域传统，具体考察每个时代对其不同的回应方式，以此深入思考舍利供养的"中国化"过程；其次，在时间上，关注舍利供养活动从南北朝出现至唐代发展至顶峰这一完整过程，侧重分析各个时期舍利供养活动的联系及改变；最后，在观念层面，以舍利的"瘗藏"与"示现"为主题，尤为强调它与墓葬传统中身体观念的不同之处，即对舍利的展示、分配，迎送的隆重仪式，以及仪式背后的政治文化历史语境。

全书旨在对佛教舍利供养"中国化"的发展过程进行反思，力图呈现其在中古政治历史文化语境中的原貌，揭示宗教圣物制造过程中物质与视觉媒介发挥作用的具体过程，实现更为广阔的视野下艺术、宗教与历史的多维度综合研究。

作者简介

于薇，1985 年生。中央美术学院美术史系本科与硕士，复旦大学历史学博士，纽约大学古代世界研究所联合培养博士，东京大学东洋文化研究所访问学者。2016 年入职东南大学艺术学院，目前从事中古佛教艺术，汉唐物质文化与艺术史，亚洲艺术、宗教与文化交流领域的研究。

专家推荐意见（一）

于薇本科和硕士阶段在中央美术学院学习，较全面地掌握中国艺术史基础知识和研究方法。而后，她进入复旦大学文史研究院攻读博士学位，又接受了中国历史学、文化史和思想史方面的训练；在此期间，她到美国纽约大学古代世界研究所学习一年，又到日本访问相关学术机构和收集资料。她的学习经历使其能够在较为宽阔的亚洲历史文化视野中观察和思考艺术史学方面的问题，具有将图像阐释、历史文献和考古材料置于当时政治和宗教文化语境中进行综合研究的自觉意识。

于薇的博士学位论文题目为《圣物制造：中国中古时期佛教舍利供养研究》，应该说是一个相当富有挑战性的题目。以前有不少学者关注中国中古时期佛教舍利和舍利容器，研究成果比较丰富，已经涉及诸多方面，比如舍利容器考古学上的时空资料系统的建立、形制的排比、图像的解读、舍利瘗埋制度与王权的关系等等。在这种情形之下，再对舍利容器和舍利供奉进行拓展性研究，则必须另辟蹊径。

于薇广泛收集了印度、中亚和中国南北朝隋唐时期佛教舍利容器材料和相关历史与宗教文献，在借鉴和吸收前辈研究成果的前提下，以南北朝隋唐时期佛教舍利容器、舍利瘗埋制度和舍利供养活动为研究对象。她首先梳理了舍利供养方式从古代中印度传统到犍陀罗的发展过程；进而整体观察了魏晋南北朝隋唐时期舍利供养、颁送、展示方法和仪式的演变与王朝政治的关系，讨论舍利崇拜在中国颇为复杂的本土化过程；然后试图从物质文化、图像艺术和宗教崇拜仪式等方面，还原中国中古皇权政治与宗教信仰互动过程中舍利及舍利容器作为圣物的历史情境。

于薇受到犍陀罗舍利迎送仪式和西方基督教圣物崇拜的启示，通过舍利容器之于舍利本身的"瘗藏"与"展示"这种一隐一显的供奉行为的社会性，来观察皇权和高僧如何操纵舍利容器的制造、舍利的颁送、舍利及舍利容器在宗教空间与世俗政治空间之间的移动和展示等舍利供奉行为，实现对宗教信仰权威的利用。具体而言，她论述了舍利容器北魏和北周本土化的盝顶方函形制与南朝和东魏北齐异域风格的圆函的不同，以及关于阿育王舍利的问题。接着讨论了隋文帝仁寿年间三次颁送舍利使用盝顶方函，融合谶纬符瑞感应故事，如何通过制造宗教圣物来建构自己"普天慈父"的政治身份。并且对武则天作为皇后时施造九重金银棺椁供奉法门寺舍利以及作为皇帝时供奉法门寺舍利于东都明堂与九鼎并置的史实进行分析，试图阐释超越民族的佛教圣物崇拜与儒家世俗最高政治权力的象征物如何在特殊的历史情境相互借力。她还讨论了从唐肃宗至唐懿宗时期制度化的定期迎奉舍利至长安宫内和诸寺供养与示众的历史状况，阐述了在长安都城空间内佛寺与皇宫之间因舍利的移动所产生的联系，以及在当时皇室、高僧、信众和佛教圣物之间的互动过程中皇权如何借助宗教信仰进行建构和运作的历史景观。

关于隋唐时期舍利容器上的装饰图像，特别是法门寺舍利容器上的图像，此前学者们已有相当多的阐释，但是于薇发现学界过去对 8 世纪初的蓝田舍利石函和晚唐"都管七个国"六瓣银盒上的图像的解释并不令人满意。她通过将当时民间广为流行的佛教类书《经律异相》和观佛经典《观佛三昧海经》与蓝田舍利石函图像进行比对，来阐释此舍利函上看起来十分特殊的涅槃故事图像程序，发现其中蕴含着佛陀三身观念。她对"都管七个国"六瓣银盒盖中央场景中的榜题"将来"二字的解释，则更加符合佛教圣物传播的历史语境，进一步证明此六瓣银盒与其组合的海棠形银盒和龟背形银盒实为一套三重舍利容器。她对这两套舍利容器上的图像内涵的解释应该说是独到而有说服力的。

于薇在其博士学位论文中关于佛教舍利容器和舍利供养行为若干问题的探索和阐释，有助于深化对中古佛教与皇权之间的历史境况的理解，在一定程度上推进了中国佛教舍利崇拜的研究，具有一定学术价值，特此推荐。

李星明

2016 年 9 月 16 日

专家推荐意见（二）

分合、交织与还原：人文学的新希望。

"话说天下大势，分久必合，合久必分"，原指政治权力的运作模式。如果借用罗贯中的智慧，反观学术界的发展，却有其不谋而合之处。文史哲不分家的传统，在现代高等教育体系当中已经荡然无存。历史不但离开文学和哲学，成为独立的学科，历史学本身还衍生更专业的分支，例如政治史、社会史、经济史、科技史、思想史、宗教史……。此外，艺术史学和考古学——两门 19 世纪兴起的新学科——也加入历史学，成为研究人类过往的专业领域。考古学强调挖掘、整理和分析古代物质遗存，于 20 世纪初引进中国后，和历史学处于若即若离的关系。艺术史学旨在研究发掘或传世的艺术作品，和以古代文献作为主要研究对象的历史学，在欧美大学里并列为文学院的两门核心学科，各有其系所，和在中国或栖息于美术院校、或缺席于综合大学的处境大相径庭。无论如何，学术的专业分工，固有其深入与精到之处，却不免有见树不见林之虞。于是"科际整合"的呼声四起，跨学科研究俨然成为进入 21 世纪后的重要学术潮流。

只有明了学界分合的态势，才能真正理解于薇研究中国中古时期佛教舍利供养的价值与贡献。首先值得注意的是，舍利供养不单纯只是历史现象，在现代社会，特别是佛教盛行之地，仍然普遍存在。舍利供养遂成为多方关注的议题，深感兴趣并加入讨论者往往不限于学界中人。其次必须指出的是，学术的专业分工，对此一议题的厘清与深化，的确功不可没。宗教史学者爬梳历史文献和佛教经典，阐明舍利供养的梗概和来龙去脉；考古学者在挖掘古代墓葬和佛教遗址过程中，发现舍利和盛装舍利的遗物，提供全新的研究材料；考古学者和艺术史学者对舍利容器的器型和装饰纹样，透过类型学和图像学的分析，探讨中外文化的交流和佛教经典的应用。然而无可否认的是，舍利供养其实是相当复杂的活动，僧侣集团和艺匠集团固然是两股重要的助长力量，若无其他社会成员的推波助澜，舍利供养也难以成其巅峰。换言之，舍利供养所牵涉的复杂层面，需要借助跨学科研究的宏观视野来解析。

　　于薇的博士论文从帝王作为舍利供养人的角度出发，一方面追索阿育王分舍利的故事从印度到中国传衍的经过和转折，一方面观察从魏晋南北朝至隋唐时期诸帝王对阿育王分舍利故事或仿效、或区别的不同反应，以论证中古帝王在挪用舍利作为巩固政权工具的曲折过程当中，也将舍利汉化，纳入中国政治正统论述的语汇里。文中对隋文帝作为"普天慈父"于仁寿年间颁送舍利的举措，以及武则天于显庆和长安年间奉迎舍利至宫廷和明堂的活动，均有精辟的析述。顺着帝王为何与如何供养舍利的思路，于薇对舍利容器的材质、形制、铭文和图像装饰进行综合考察，也多有新见，特别是舍利容器风格的异同与发展，实与政权的相互竞争和自我表述关系深深。例如北魏时期发展出以盝顶方函为特征的"中国化"的舍利容器，分裂之后为据地西土的北周所继承，却为据地东土的北齐所排拒，北齐采用具有异域风格的圆函；又如隋初袭用流行于北齐的圆函，仁寿年间因有意和外来的阿育王传统有所区隔，遂改用流行于北魏北周的盝顶方函；再如唐代装饰于舍利容器器表的分舍利图像，并列帝王和婆罗门为中轴对称构图的双中心，不见于印度或中亚的图像传统，系为唐代艺匠对当时将舍利供养纳入王权建构的论述的视觉传译；而武则天施造九重舍利容器，并曾迎置明堂，和九鼎共陈，其政治寓意更不在话下。此外，于薇也注意到帝王介入之后，对舍利供养的影响，从而梳理出由隐性的舍利瘗埋到显性的舍利展示的变化与进展，亦属创见。文中以文献记载的奉迎仪式为蓝本，结合出土的遗迹和遗物，详究舍利在城市空间、宗教空间和社会空间的动态游行，有唐一代供养舍利的空前盛况，遂跃然纸上。

　　于薇的博士论文不但对舍利供养的专题做出贡献，更为人文学提供跨学科研究的新希望。就学术的专业分工而言，来自艺术史、考古、宗教史和政治史诸学界的读者，既可在本论文中追查熟悉的议题如何得到进一步的拓展，并能在检视论证的过程当中，学习到原本不熟悉的面向。政治史工作者将发现稍纵即逝的仪式和可见可触的物品（舍利以及为供养舍利而产生的建筑或容器）在正统论述中有不容忽视的地位；宗教史工作者将意识到经典的局限性，圣物可以在尘世里不断地被制造和诠解，僧侣、供养人和艺匠的互动也经常形塑不见于经典的宗教风潮；考古工作者将体会到遗物的风格，有其外于材质和形制的复杂性，也有其不依类型和不循线性发展的交缠地带；艺术史工作者亦将面临挑战，不得不重新思考宗教图像和经典依据、艺匠和赞助者、文化传递和族群时空等关系如何在具体的历史脉络里开展。尤其难能可贵的是，作者在条分缕析之后，并不落入分类的窠臼，而是将各种线索和证据交织呈现，最后终能以生动而具说服力的方式还原舍利供养所处的历史情境。

最后值得一提的是，作者成学的经过和向学的精神，也颇值借镜。于薇于上海复旦大学文史研究院攻读博士，并受到教育部的奖助，至纽约大学古代世界研究所访学一年。无巧不成书，这两所机构不约而同地都成立于2007年，也不约而同地都以推动跨学科、跨文化的人文学研究为职志。于薇躬逢其盛，于耳濡目染之际，推陈出新，实令人欣慰。而于薇本着"上穷碧落下黄泉"的精神，尽其所能地搜集中外图书资料，尽其所能地访查中日遗址和公私收藏，并尽其所能地在各种思辨挑战中不断重整思绪，其所展现的热诚和坚毅，也令人对年轻学子如长江后浪般的无穷潜力寄予厚望。

曾蓝莹
序于丁酉立冬日
纽约大学古代世界研究所

目 录

001 **绪论**

001 （一）研究对象与核心概念

003 （二）学术史及主要问题

013 （三）选题意义及方法

014 （四）篇章结构

017 **一 从印度到中国的舍利供养与舍利容器**

017 （一）公元前 2 到公元 1 世纪印度地区舍利容器

024 （二）公元 1 到 5 世纪犍陀罗地区舍利容器

041 （三）唐之前中国舍利容器中的“舶来品”风格：以弦纹带
　　　　盖圆盒为例

056 小结

059 **二 圆函或方函：南北朝时期的舍利容器与瘗埋规制**

059 （一）北魏北周舍利容器的形制与瘗埋规制

069 （二）北齐舍利容器的形制与舍利瘗埋

075 （三）舍利之争：南北朝时期阿育王塔的“被发现”

082 小结

084　三　圣物制造：隋文帝仁寿年间舍利颁送活动

084　（一）盝顶方函与"样"

095　（二）隋代佛教舍利的转移与集中

105　（三）仁寿年间舍利的来源与分配

116　小结

119　四　建构权威：隋唐时期舍利容器的铭文与装饰图像

120　（一）舍利塔铭的分布及形制特征

126　（二）唐代舍利石函装饰与涅槃故事情节——以蓝田出土舍
　　　　利石函为中心

141　（三）唐代分舍利图像研究

161　小结

162　五　唐代两都佛教舍利的展示与迎送活动

163　（一）唐长安城的圣物展示活动

170　（二）"陈其供"：九鼎、真身舍利与明堂

178　小结

179　结论　何为舍利?

179　（一）跨文化视野中的佛教舍利及舍利容器

180　（二）亚洲史背景下舍利崇拜的"中国化"

182　（三）文本、图像与仪式中的舍利

183　（四）中古政治历史文化语境中的舍利

185　参考文献

195　附表1　纪年北朝、隋、唐舍利容器

201　附表2　无纪年隋、唐舍利容器

203　附表3　佛典所记载"分舍利"情节

图 1.1　Vedisa 城周围佛塔及佛教遗迹分布图 ···21

图 1.2　Sānchī 2 号塔立面图 ···22

图 1.3　Sānchī 2 号塔覆钵体石盒内的四件舍利容器 ·································22

图 1.4　Sonāri 1 号塔覆钵体内石盒剖面图 ···24

图 1.5　塔克西拉地区古城及佛寺分布图 ··26

图 1.6　犍陀罗地区浮雕石板祠堂形窣堵坡 ··28

图 1.7　Mohenjo‑daro 遗址平面图 ···29

图 1.8　达摩拉吉卡佛寺遗迹平面图 ··32

图 1.9　犍陀罗浮雕石板 ···34

图 1.10　窣堵坡形舍利容器 ···36

图 1.11　达摩拉吉卡遗址佛塔出土舍利容器 ···37

图 1.12　Tilya Tepe 墓葬群出土香盒与犍陀罗地区舍利容器对比 ···············38

图 1.13　迦腻色伽舍利容器 ···39

图 1.14　比马兰舍利容器 ··40

图 1.15　弦纹带盖深腹圆盒 ···43

图 1.16　公元前 2 世纪至公元 1 世纪中印度地区弦纹装饰舍利容器 ············44

图 1.17　公元 3~5 世纪犍陀罗地区锥纽带盖弦纹装饰深腹圆盒 ·················45

图 1.18　公元 7 世纪左右丝绸之路北道库车地区出土木质舍利容器 ············46

图 1.19　北齐武平三年马仕悦造像碑及局部 ···49

图 1.20 张盛墓白瓷奁盒与静志寺地宫隋代弦纹舍利铜盒对比 ·············· 50

图 1.21 南北朝—隋 舍利容器 ··· 51

图 1.22 河北定州静志寺佛塔地宫出土的三件隋代白石材质舍利容器 ·········· 56

图 2.1 河北定州塔基出土物 ··· 61

图 2.2 北魏兴安二年河北定州静志寺佛塔地宫出土石函开龛及左侧面图 66

图 2.3 甘肃平凉泾川出土石函 ··· 67

图 2.4 河南安阳修定寺石塔塔基出土舍利石函及底座铭文拓片 ·············· 70

图 2.5 公元 3 世纪 新疆约特干出土陶制贴塑舍利罐 ····················· 72

图 2.6 河南登封嵩岳寺塔 2 号天宫出土瓷制舍利罐 ····················· 73

图 2.7 公元 6 世纪青瓷有胆莲花尊 ····································· 73

图 2.8 隋开皇九年（589 年）陕西西安隋清禅寺砖室出土绿釉四耳瓷罐与褐釉
瓷瓶 ··· 74

图 2.9 四川成都地区出土南朝背屏造像中的宝塔纹 ······················· 78

图 2.10 青州地区宝塔纹 ··· 78

图 3.1 隋大兴城清禅寺出土舍利瘗埋遗物 ································· 87

图 3.2 绿釉四耳瓷罐 ··· 88

图 3.3 陕西耀州神德寺出土仁寿四年瘗埋舍利遗物 ······················· 91

图 3.4 越南北部出土隋仁寿元年瘗埋舍利遗物 ··························· 92

图 3.5 黑陶钵 ··· 102

图 3.6 黑釉瓷钵 ··· 103

图 3.7 佛塔地宫出土小型钵 ··· 104

图 3.8 中亚地区佛钵信仰图像 ··· 105

图 4.1 北齐及隋皇帝供养舍利刻铭 ······································· 122

图 4.2 蓝田舍利石函整体及四面函体减地浮雕 ··························· 128

图 4.3 中亚地区迎送舍利场景与敦煌地区行棺图之比较 ··················· 131

图 4.4 犍陀罗地区浮雕石板之上"五百力士移石"场景与蓝田舍利石函场景
对比 ··· 133

图 4.5 争分舍利图 ··· 134

图 4.6　敦煌莫高窟第 72 窟南壁细部 ················· 135

图 4.7　犍陀罗地区浮雕石板及库车地区石窟壁画中分舍利场景 ········· 136

图 4.8　公元 8 世纪中国所见"分舍利"场景 ············· 144

图 4.9　山西临猗大云寺涅槃变相碑及局部 ············· 145

图 4.10　客使图 ···················· 147

图 4.11　胡人像 ···················· 148

图 4.12　克孜尔石窟第 224 窟手捧舍利的婆罗门形象 ·········· 149

图 4.13　敦煌莫高窟北朝窟婆薮仙与 8 世纪长安地区舍利石函之上香姓婆罗门

　　　　形象对比 ·················· 151

图 4.14　北宋摹顾恺之《洛神赋图》局部 ············· 155

图 4.15　朝阳北塔地宫出土经幢第四层"八国诸王分舍利"图 ········ 156

图 4.16　"都管七箇国"银盒套层舍利容器 ············ 158

图 4.17　"都管七箇国"银盒及细部 ··············· 159

图 5.1　圆仁记录会昌元年（841 年）二月至四月长安城佛牙供养会分布图 ····· 167

图 5.2　陕西扶风法门寺佛塔地宫后室密龛出土水晶椁 ·········· 173

绪论

（一）研究对象与核心概念

7世纪末，在唐代上下广而布之的《大云经疏》中，有一段偈颂引自5世纪初北凉昙无谶所译《善德婆罗门求舍利记》：

> 假使恒河中，驶流生莲花，拘扨罗乌白，舍利乃可得。
>
> 假使龟生毛，任作僧伽梨，冬日能消冰，舍利乃可得。
>
> 假使蚊子脚，堪任作桥梁，能度一切众，舍利乃可得。
>
> 假使水中蛭，忽然生白齿，大如香象牙，舍利乃可得。
>
> 假使兔生角，堪任作梯橙，高至净居天，舍利乃可得。
>
> 假使鼠虫等，缘于兔角梯，在上而食月，舍利乃可得。
>
> 假使蝇能饮，钟石淳好酒，迷荒而耽醉，舍利乃可得。
>
> 假使驴口唇，形如频婆果，善能歌咏舞，舍利乃可得。
>
> 假使乌角鸱，同共一树栖，饮食不相离，舍利乃可得。
>
> 假使棘刺叶，周遍覆三千，大千世界上，舍利乃可得。
>
> 假使小舟船，能载须弥山，度于大海水，舍利乃可得。
>
> ……①

---

① ［北凉］昙无谶译：《大方等无想经》，《大正藏》第12册，No. 387，第1096～1097页。

这段偈颂描述了一系列似是而非的诡论。与其说它在讲述舍利的稀得与难求，不如说它反映了附加在舍利之上无法遏制的想象力：以蚊脚为桥梁摆渡一切众生，虫鼠以兔角为梯登而食月，载负须弥山的片舟浮游大海之中。此类不可思议的场景，借由颇具形象及视觉化的描述，作用于人们对舍利的无限想象。这正是本项研究的主题：中古时期的舍利供养如何利用视觉及物质的手段构建或想象舍利。换言之，以舍利为中心的物质文化、视觉图像与宗教仪式如何在 5 到 9 世纪中国境内愈演愈烈的舍利崇拜活动中扮演重要角色。

1. 舍利与舍利容器

"芥子许"是佛经中描述舍利物质形态的常用词汇。芥子，是一种植物的种子，形如粟粒，十分微小。佛典中芥子的出现，往往伴随着一个更宏大的事物，"芥子纳须弥"正是这种对比的体现。舍利供养也遵循同样的逻辑，依照佛经所示，供养极其微小的舍利便可以带来无量的福报。从目前出土情况看，佛教舍利多为零碎的沙石、灰烬抑或结晶体，从形象上说，这些形如芥子的舍利，不仅极其微小，且不易察觉。然而，大多数盛放舍利的容器却极尽华丽繁复，以此提示其内容比形式更加重要。可以说，舍利的存在，是由舍利容器及其周围作为供奉物的"七宝"所共同证明。

舍利几乎无法脱离容器单独存在。在功能上，舍利容器不仅仅作为盛放之用，更是构建舍利神圣性的重要媒介，舍利容器的形制、装饰图像及组合方式，都以不同方式在其中发挥作用；与此同时，在观念上，舍利容器成为两个概念"藏"与"现"的合成体，一方面，它需要盛放已经不可见的佛陀肉体，另一方面，又需要彰显及证明其内舍利法身的神圣性。因而，从历史来看，舍利容器逐渐成为舍利供养活动的主要对象。

公元前 2 世纪，中印度地区出现最早的佛教舍利容器，虽多为石质，但以选择成色丰富、质感光滑及坚硬度高的石材作为虔诚信仰的证明；公元 1 世纪末，犍陀罗地区的贵霜帝国王室及贵族开始将大量奢侈品黄金、宝石、珠玉作为舍利容器的材质、装饰及舍利供奉品。公元 3 世纪，中国开始出现佛教舍利供养活动，公元 5 世纪已出现石、铜及琉璃材质的舍利容器。

自公元 5 到 9 世纪，中国境内不断上演愈加高涨的舍利崇拜活动，有唐一代对陕西扶风法门寺佛指骨舍利的供奉将中国舍利供养活动推向顶峰。公元 660 年，唐高宗及武后为佛指骨真身舍利施造一套规格最高的佛教舍利容器：九重棺椁，以金银水晶等为材质，雕镂装饰穷工极美。对比法门寺地宫出土唐皇室施供的舍利容器，与犍陀罗地区贵霜帝国迦腻色伽时代前后的舍利供养遗物，可以发现唐代舍利供养活动对佛教史所做出的巨大突破与贡献，这不仅体现在舍利容器的材质、组合、装饰及象征功能，更是大大拓展了佛教舍利的宗教意义及文化功能。中国中古时期佛教舍利供养的遗迹及遗物，对讨论亚洲地区佛教舍利供养的历史具有不可替代的重要意义，本文正是以这些物质遗存为中心，论述中国舍利供养从开始出现到发展至顶峰的具体过程。

2. 瘞藏与示现

本文将舍利供养活动视为一系列宗教行为的综合，其中两个核心的主题为"瘞藏"与"示现"。就过程而言，将舍利瘞藏于佛塔之内或塔基是一系列舍利供养活动的中心。然而，以圣物展示为中心的宗教仪式，同样是彰显舍利神圣性的重要主题，后者往往是供养活动中最具有象征性的部分。在历史上，中印度地区最早出现舍利瘞埋活动，稍后，西北印度地区则尤为发展了对圣物的展示及观看仪式，这些仪式仰赖特定的盛放容器、固定开启的佛塔精舍以及遵循特定路线的仪式列队。

中国中古时期舍利供养活动同样围绕这两个主题展开。一方面，从北朝开始，舍利瘞埋活动围绕佛塔塔基或地宫展开；另一方面，这些舍利并非总是秘藏在佛塔之内。从隋代开始，迎送舍利的仪式开始具有特别的象征意义，而唐代不仅出现在特定节日展示圣物的惯例，更是在两都上演全城轰动的舍利迎送仪式。

以"瘞藏"为中心的供养活动主要在佛塔或佛寺空间进行，围绕舍利"示现"的活动则往往以"城"作为迎送及展示仪式的空间，二者使得佛教舍利供养活动成为中古时期宗教、艺术、历史领域共同关注的研究对象。因此，本文不仅讨论以往研究视为核心对象的舍利瘞埋规制，更关注以舍利为中心的展示及迎送仪式，试图以二者共同勾勒出中古时期舍利供养更为宏观全面的历史图景。

（二）学术史及主要问题

现今中国境内出土自北朝至明代的佛教舍利容器有100余组，北朝、隋及唐代舍利容器占总数的1/3（见附表1）。从数量上来说，这一时期佛教舍利遗物并不算多，尤其是北魏、北周及北齐境内出土舍利供养遗物极其有限。但是，自北魏至唐代是舍利供养自印度随佛教传入中国不断发展至顶峰的重要阶段，且有着特殊的政治历史文化背景。本文以舍利的"瘗藏"与"展示"为线索，梳理及参照以往研究的四个学术传统，包括佛教考古学建立起的材料框架和对舍利瘗埋制度的研究、舍利容器的形制与装饰、舍利供奉背后宗教与王权的关系，以及欧洲中世纪基督教圣骨崇拜活动。

1. 舍利容器及舍利瘗埋制度

这部分主要围绕出土材料的发现，及学者在此基础上所做的递进研究，梳理国内外考古学界对舍利容器及舍利瘗埋制度研究的框架、方法及转向。

学界对舍利容器的关注始于佛塔塔基的发掘和塔身中瘗藏文物的发现。自 20 世纪 60 年代，在河北、江苏、山西等地陆续发现了几座有纪年的舍利塔基。最先引起学者们注意的是塔基中出土的波斯萨珊银币，1966 年，夏鼐发表《河北定县塔基舍利函中波斯萨珊朝银币》①，推测北魏太和五年（481 年）铭河北定县塔基内出土的波斯银币与"朝献"有关，系由当时的波斯及中亚诸国使臣带来，这些银币并不具有流通价值，而是与金玉珠石等宝物一同储于北魏皇室库府，最后作为宝物随奉入舍利函。可以说，舍利瘗埋遗物在中西物质文化交流方面所具有的特殊价值一直贯穿于之后的研究史，尤其是大量见于佛塔塔基及地宫的玻璃器一直是讨论早期中国玻璃制作技术及中外文化交流的主要材料②。

舍利塔基的发掘及舍利瘗埋遗物成为中国佛教考古中一个独立项目，归功于 1984 年《新中国的考古发现和研究》中徐苹芳所撰写《唐宋塔基的发掘》③，及其于 1994 年发表的《中国舍利塔基考述》④，两篇文章系统整理当时可见的所有出土材

---

① 夏鼐：《河北定县塔基舍利函中波斯萨珊朝银币》，《考古》1966 年第 5 期。
② 代表性研究见安家瑶：《中国的早期玻璃器皿》，《考古学报》1984 年第 4 期；干福熹主编：《中国古玻璃研究 1984 年北京国际玻璃学术讨论会论文集》，北京：中国建筑工业出版社，1986 年；安家瑶、刘俊喜：《北魏玻璃》，《汉代考古与汉文化国际学术研讨会论文集》，济南：齐鲁书社，2006 年，第 550～557 页。
③ 徐苹芳：《唐宋塔基的发掘》，《新中国的考古发现和研究》，北京：文物出版社，1984 年，第 613～618 页。
④ 徐苹芳：《中国舍利塔基》，《中国大百科全书·考古学卷》，北京：中国大百科全书出版社，1986 年；又《中国舍利塔基考述》，《传统文化与现代化》1994 年第 4 期。

料，讨论中国舍利瘗埋制度及地宫形制的演变，徐氏对塔基空间及舍利瘗埋制度既宏观又细致的描述奠定后世讨论的框架，学者们不断深化其提出的舍利瘗埋的"中国化"主题。

"舍利容器"作为一个现代名称，涵括各类形制的舍利棺椁、宝帐、盝顶方函等，正是基于20世纪80年代以来的几次重大发现所不断积累的材料，比如陕西扶风法门寺佛塔地宫出土的"金银棺椁""真金小塔子"，陕西临潼庆山寺唐塔地宫白石材质"释迦如来舍利宝帐"，甚至在浙江宁波天封塔宋代塔基地宫中出现了"舍利殿"。杨泓2000年在《艺术史研究》上发表《中国佛教舍利容器艺术造型的变迁——佛教美术中国化的例证之一》①；2004年发表《中国隋唐时期佛教舍利容器》②，不仅开始使用"舍利容器"取代以往的"舍利函"，并且进一步细化出隋唐时期舍利容器形制变化的不同阶段，提出舍利瘗埋制度彻底中国化出现于高宗朝末期，且与武则天关系密切。2013年，冉万里专著《中国古代舍利瘗埋制度研究》③出版，书中从考古学角度系统整理从北朝至明代佛塔塔基地宫出土遗物，对先前考古发掘中有所遗漏的舍利瘗埋遗物有所订正，显示国内学界对佛教舍利遗迹及遗物的研究逐渐充实。

从研究范式上来说，1987年陕西扶风法门寺佛塔地宫的发现与考古发掘，不仅直接促使舍利供养成为中古艺术、宗教与历史中尤具特色的独立门类，围绕法门寺地宫形制及布局的研究更成为一种基本范式。1988年《文物》第10期集中发表了有关法门寺塔地宫出土物的研究成果，杨泓《法门寺塔基发掘与中国古代舍利瘗埋制度》认为法门寺地宫构筑前中后三室，系模拟人间埋葬皇帝的最高规格的墓室。塔基地宫与墓室结构的对比，启发后来将佛教舍利瘗埋与中国墓葬传统建立联系的研究思路。2000年牛津大学沈雪曼博士论文《唐北宋辽代佛教舍利容器研究》④，同样

① 杨泓：《中国佛教舍利容器艺术造型的变迁——佛教美术中国化的例证之一》，《艺术史研究》第二辑，2000年。
② 杨泓：《中国隋唐时期佛教舍利容器》，《中国历史文物》2004年第4期。后收入氏著《中国古兵与美术考古论集》，北京：文物出版社，2007年。
③ 冉万里：《中国古代舍利瘗埋制度研究》，北京：文物出版社，2013年。
④ Hsueh‑man Shen, *Buddhist Relic Deposits from Tang to Northern Song and Liao*, Vol. 1, 2, PhD diss., St Hugh's College, University of Oxford, 2000.

以考古学为基本框架，着力讨论宋辽时期的佛塔舍利瘗埋遗物及其对佛陀法身的表现，且认为唐宋时期中原一带的佛教舍利瘗埋活动与同时期墓葬传统多有交叉，这与当时人将佛陀涅槃与"往生净土"观念建立联系直接相关。2006 年袁泉在《舍利安置制度的东亚化》① 一文中，同样从舍利安置与丧葬习俗的关系入手，认为东亚地区具有地域特点的安置模式，缘于自印度而来的舍利安置制度与当地丧葬文化的结合。

从东亚角度看舍利容器及瘗埋制度，是日韩学界较早关注亦讨论较多的方向。以日本学界为例，虽是基于本国佛教发展脉络的梳理，但也涉及作为来源的中国舍利瘗埋规制。自 20 世纪 50 年代出现一系列综述性的研究，讨论舍利瘗埋制度的渊源、舍利的安放空间及盛放容器等相关问题，代表学者有高田修、木内武男、小杉一雄、山田明尔、河田贞等②。这些研究呈现出两个特征：一，日本考古队参与中亚地区佛寺考古遗迹的发掘，使其对印度及中亚舍利安置的关注较多，这些成果集中收录在《佛教藝術》1990 年第 2 期特刊《舍利容器の問題点〈特集〉》③；二，对中国古代舍利瘗埋的关注在考古材料之外更多依靠文献，比如小杉一雄对六朝及隋代舍利安置与佛塔建筑的讨论，以及景山春树《舍利信仰：その研究と史料》④。

有意思的是，以上两类研究分属不同学者讨论，换言之，日本学界虽然对中国舍利瘗埋遗迹及遗物的调查愈加细致，但并未将其与印度及中亚地区的舍利供养实践建立深入联系，尤其是对北朝及隋代的讨论更多依靠文献，且试图在中国文化传统内部寻找参照点。近年来，日本学者考察团在中国境内的系统调查依旧未出考古学范畴。2001～2002 年、2009～2010 年，加岛胜主持、长冈龙作等学者参与的两次调查，其成果分别为《中国舍利容器形制变迁调查研究》（《中国・シルクロードにおける舍利莊严の形式变迁に关する调查研究》）、《隋唐時代佛舍利信仰和崇拜综合

---

① 袁泉：《舍利安置制度的东亚化》，《敦煌研究》2007 年第 4 期。
② 早期研究参见高田修：《ィンドの仏塔と舍利安置法》，《佛教藝術》1951 年第 4 期；木内武男：《舍利莊严具について》，*Museum* 1961 年 10 月；小杉一雄：《中國仏教美術史の研究》，東京：新樹舍，1980 年；河田貞：《仏舍利と經の莊严》，《日本の美術》总 280 卷，1989 年。
③ 《佛教藝術》特刊：《舍利容器の問題点〈特集〉》，每日新聞社，1990 年第 2 期。
④ 小杉一雄：《六朝及隋代に於ける塔基の表示に就いて》，《中央美術》1934 年第 9 期，后收入氏著《中國仏教美術史の研究》；景山春樹：《舍利信仰：その研究と史料》，《東京美術》1986 年第 2 期。

调查研究》（《隋唐時代の仏舎利信仰と荘嚴に関する総合的調査研究》）①，这些调查以舍利容器的形制变化为考察对象，收集了较为详细完整的出土材料，在对"棺形舍利容器"的考察中，发现唐代所出现的棺形舍利容器与鲜卑族墓葬习俗使用木质"梯形棺"之间的相似特征，以此进一步说明当时葬俗如何影响舍利安置，特别是佛教茶毗与"火葬"这种特殊葬俗之间的紧密关系。

总体而言，考古学对舍利瘗埋制度及舍利容器的讨论和研究成果，在材料整理上确立了坚实的坐标体系：一是瘗埋制度的"中国化"趋势，二是侧重与墓葬习俗之间的相互参照。从研究主题来说，佛教舍利信仰从南北朝时期出现，经隋发展至唐代实现"中国化"的线性过程，是讨论中国及东亚地区的舍利瘗埋规制皆认可及使用的基本论断，这一20世纪80年代学者们提出并讨论的学术框架至今未有突破。同时，对"中国化"的关注，使得学界对早期中国境内异域风格的舍利瘗埋规制及舍利容器有所忽视，且对南北朝时期舍利供养活动关注较少，尤其南朝、北周、北齐的舍利供养活动几乎未见讨论。

就研究方法来说，考古学所确立的研究范式略显单一。一方面，虽然考古学的方法对研究早期阶段的材料整理及形制演变问题具有无可替代的重要作用，但是，如果仅仅依靠考古学方法，对很多问题无法展开深入论述；另一方面，过多关注与墓葬习俗之间的联系，反而对舍利供养作为一种独特的佛教信仰活动的宗教特征关注较少。实际上，"瘗埋"只是佛教舍利供养内容之一，舍利供养活动中的另一个传统：舍利的"展示"，则几乎被学界完全遗忘，而这是佛教舍利供养活动与墓葬习俗截然不同的重要特征。

2. 舍利容器形制与装饰

从考古及零散发现来看，中古时期佛教舍利容器的形制大致可以分为四类：以圆形结构为主的瓶、盒、罐，盝顶盖的方函，棺椁以及塔帐。其中盝顶方函是出现

---

① 加島胜编：《中国・シルクロードにおける舍利荘嚴の形式変遷に関する調査研究》，*Silk Roadology*（总21期）特刊，2004年，调查范围：新疆、陕西、甘肃、河南；加島胜编："隋唐時代の仏舎利信仰と荘嚴に関する総合的調査研究"，科学研究費補助金（基盤研究［B］）研究成果报告书，2012年（后者未出版，本文参照东京大学美术史系资料室收藏本）。与此类似的系统考察，亦见于韩国学者周炅美："中国古代佛舍利庄严研究——魏晋南北朝隋唐时代为中心"，首尔大学博士论文，2002年，此论文主要使用僧传材料讨论早期阶段的舍利瘗埋规制，未涉及中国境内出土的北周及北齐舍利供养遗物。

时间最早，使用时间最长，且数量较多的容器类型。尤其在隋仁寿年间全国范围内展开的舍利颁送活动中，盝顶方函作为官方统一使用的盛放容器遍及南北各地。然而，从上一部分结合研究范式展开的梳理中可见，"棺形"是学界关注较多且讨论较为充分的形制，"盝顶方函"在北朝、隋及唐代舍利供养活动中的具体使用过程，及其在当时舍利瘗埋规制中的重要地位则未得到充分的重视。

这类研究不均衡现象同样出现在舍利容器装饰图像的研究中，目前关于容器装饰题材的研究大多只集中在几个特殊的个案。迄今所见北朝隋唐时期的佛教舍利容器，除个别素面无纹饰，大多数都满饰图案且制作精细，尤其在唐代出现了装饰图案愈发繁复的舍利容器。面对这一现象，学界大致有两种不同的研究方式，一类倾向于使用分类方式考察这些图像的装饰特征与文化来源，以沈柏村、杨效俊为代表，前者认为唐代舍利容器表面的装饰内容是中国传统装饰题材与印度佛教文化元素的综合[1]，杨效俊提出隋代舍利石函出现的装饰图像是中国墓葬传统中宇宙观与佛教四方世界观念的融合[2]。可以看出，这种思路同样关注舍利容器装饰中的"中国化"元素。

另一类讨论结合地宫空间对容器形制及装饰元素做以解释。这类研究最大的特点在于还原舍利容器在佛塔地宫中的摆放位置及其象征意义。值得强调的是，这一研究理路实则来源于"墓葬美术"对"身体"的关注。林伟正在对临潼庆山寺地宫整体空间分析中，提出舍利"身体化"的概念，认为舍利容器及壁画是佛陀从肉身到真身转化的具体媒介，二者共同构建舍利供养的礼拜空间及天国图景，并强调这种方式与同时期李宪墓石椁与壁画的关系相似，都反映了对死者"实体化"追求[3]。对舍利"身体化"及"肉身化"概念的阐释逐渐成为舍利容器功能及装饰图像解释的主流，杨效俊及ウォーリー朗子（Akiko Walley）都采用了相近的方式阐释隋唐时

---

[1] 沈柏村：《唐代舍利容器纹饰的文化内涵》，《东南文化》1997 年第 2 期。

[2] 杨效俊：《隋代京畿地区仁寿舍利石函的图像与风格——以神德寺舍利石函为中心》，《考古与文物》2015 年第 5 期。

[3] 林伟正：《被"身体化"的舍利佛指——从法门寺地宫的"真身舍利"谈中国舍利瘗埋与墓葬》，《典藏·古美术》总第 218 期，2010 年第 11 期。

期舍利容器装饰图像①。

毫无疑问，墓葬美术对"身体"的研究方式，影响了学者们对舍利容器形制与装饰逻辑的阐释，尤其是对棺形舍利容器的解释。但是，这些研究引出两个无法回避的问题：第一，舍利的神圣性是否必须透过"身体"的呈现才变得有意义？第二，在唐代出现棺形舍利容器之前或之外，盝顶方形及圆函形制的舍利容器如何建构舍利，并且在舍利容器表面没有装饰图像的情况下，这些容器如何说明其内舍利的神圣性？

如果说棺椁形制舍利容器的出现，体现了舍利容器形制的完全中国化，那么在舍利容器之上表现涅槃故事情节的装饰方式亦不见于古代印度、犍陀罗地区。从整个亚洲范围来看，陕西临潼唐代庆山寺舍利宝帐表面连续表现涅槃、荼毗、分配舍利、迎送舍利场景的方式仅见于中国地区，与其相类似的材料集中出现在唐长安城及其周围，包括陕西蓝田蔡拐村出土唐代舍利石函、西安文管所保存"都管七箇国"舍利银盒等。在当时，这些依附在舍利容器之上刻划精细的装饰图像，在表现涅槃故事之外，亦具有特殊象征意义。

3. 舍利崇拜与王权

这一问题是近年来中古历史、宗教及政治史等多学科关注的热点，但围绕舍利供养活动，其意义的突显主要集中在两个研究对象上，一是隋代的舍利瘗埋制度，二是唐代围绕法门寺塔地宫的舍利供奉。原因在于二者都有完整的出土物及充分的史料。

最早对隋文帝于仁寿年间三次下诏，令天下各州置塔供养舍利这一事件进行研究的是向达先生，他在《摄山佛教石刻小纪》和《摄山佛教石刻补纪》② 文章中使用舍利塔铭等金石材料，结合文献对负责舍利颁送的僧人及其活动范围做出详细考证。向达所使用的这一方法，即利用出土舍利塔铭研究隋代的舍利供养活动，在方法论上为后来学者的讨论做出示范，其后杜斗城和韩昇都延续这一方法，深入探讨

---

① 杨效俊：《隋唐舍利瘗埋空间中的世界图像》，《文博》2013 年第 5 期；ウォーリー朗子：《泉屋博古館所蔵「乾元孝義皇帝八国王等」銘舍利容器の空間構成》，氣賀澤保規編：《中国中世仏教石刻の研究》，東京：勉誠出版，2013 年，第 152～211 页。

② 郑鹤声、向达：《摄山佛教石刻小纪》，《东方杂志》1926 年第 8 期。两篇文章后收入向达：《唐代长安与西域文明》，石家庄：河北教育出版社，2001 年，第 434～459 页。

颁送舍利的原因和意义①。游自勇从文献角度对仁寿年间所建一百余座塔的分布空间进行统计，发现关东地区在这场狂潮中扮演了重要角色②。日本学界则进一步统计中央派遣各地执行活动的沙门（"敕使大德"），发现他们多出身或曾主要活动于北齐属地③。陈金华论述活跃于北齐的高僧僧肇与僧粲，对隋仁寿颁送舍利活动的重要指导作用④。

在以上研究及更多关于隋文帝政教政策的讨论中，仁寿年间隋文帝模仿阿育王在全国三次颁送舍利的活动，即隋文帝借"转轮圣王"的名义，建立起王权与舍利塔的关系已经成为学界共识⑤。然而，这些研究多依据塔铭或文献，对颁送活动中的重要道具——盝顶方函舍利容器的形制来源等问题则较少关注。尤其是隋代舍利瘗埋规制同北魏、北齐传统之间的具体关系则几乎未见讨论。实际上，虽然仁寿颁送舍利活动的执行及完成主要依靠北齐僧人，但是，在颁送舍利活动中不仅作为盛放容器，更具有政治象征性的盝顶方形石函则来自北魏传统，这一点并不见于塔铭或文献记录，却传达出更加微妙及丰富的历史信息。

1987 年陕西扶风法门寺地宫的发现是建国以来中国考古学最重大的发现之一，随后发表的简报和图录引起各个学科的关注，围绕其大量精美的出土物所展开的研究几乎可以称之为"法门寺地宫学"⑥。整体来说，围绕法门寺地宫及其出土舍利容器的讨论集中在法门寺地宫整体形制，及唐懿宗供奉佛舍利八重宝函的装饰主题。

---

① 杜斗城：《隋文帝分舍利建塔的意义及其有关问题》，《西北史地》1992 年 2 期；韩昇：《隋文帝传》，北京：人民出版社，1998 年。

② 游自勇：《隋文帝颁舍利天下考》，《五台山研究》2002 年第 4 期。

③ 佐佐木功成：《仁壽舍利塔考》，《龍谷大学論叢》，第 283 册，1928 年 12 月；今西智久：《隋仁寿舍利塔事業の基礎的考察：「勅使大德」と起塔地をめぐって》，《大谷学報》2013 年第 3 期，今西智久在文章中对日本学界关于仁寿年间隋文帝颁送舍利的研究史进行了全面梳理。

④ Chen, Jinhua, *Monks and Monarchs, Kinship and Kingship: Tanqian in Sui Buddhism and Politics*, Kyoto: Italian School of East Asian Studies, 2002. 感谢陈金华老师慷慨赠予未刊中文译稿。

⑤ 中文学界相关研究数不胜数，新近讨论见严耀中：《综说隋文帝广建舍利塔的意义》，《唐研究》第 20 期，2015 年，第 107 ~ 118 页；肥田路美对日本学界相关讨论进行综述，肥田路美：《舍利信仰と王權》，《死生学研究》2009 年第 11 期；陈金华对欧美学界相关讨论做以详述，并进一步讨论隋文帝颁送舍利活动对武则天政教政策的影响，参见：Chen, Jinhua, *Sarira and Scepter: Empress Wu's Political Use of Buddhist Relics*, *JIABS* 25. 1/2, 2002, pp. 33 - 150.

⑥ 研究目录可参见陕西省考古研究院等：《法门寺考古发掘报告》附录 3，北京：文物出版社，2007 年。

罗炤 2014 年发表《法门寺塔地宫及其藏品的几个问题》对法门寺地宫空间及舍利瘗埋制度研究有重要突破，此文通过对地宫三室与隧道叠压打破关系的观察，强调前、中、后三室不是同时构筑的，后室始建于高宗时期，且一直作为最为核心的舍利供奉空间，中室和前室是在唐中宗和唐懿宗时期改造甬道及隧道而成，改变了过往研究一致认同佛塔地宫依照皇帝陵墓规制设计的观点①。

　　对法门寺地宫后室及密龛中舍利宝函装饰主题的研究围绕两个层面展开②，一种侧重从宗教角度，以密宗仪式、坛场解释地宫中舍利容器的装饰，及其与大量精美供奉品之间的整体关系③。近来 Robert Sharf 的文章，着重提及八重宝函中被先前研究完全忽略的第六重素面银函，以此切入论述八重宝函层层包裹的关系在于构建不同空间的坛场，而其目的正是保护位于中心的佛指舍利④。另一种侧重将佛指舍利与皇帝身体建立联系，汪悦进的最新研究继续他对舍利"真身"概念的讨论，提出密龛中五重宝函内棺形舍利容器周围所放置的微型木偶，显示位于密龛的舍利代表了唐懿宗肉体的"魄"，而在其之上后室八重宝函内的舍利则象征了懿宗更为宗教化的"魂"⑤。这些颇具启发的研究大大拓展了我们对中古时期舍利崇拜的认识。然而，这些讨论始终围绕地宫空间，并将其视为印度佛教瘗埋方式与中国墓葬传统的结合，

① 罗炤：《法门寺塔地宫及其藏品的几个问题》，中国古迹遗址保护协会石窟专业委员会、龙门石窟研究院编：《石窟寺研究》（第五辑），北京：文物出版社，2014 年；李志荣亦曾强调前、中、后三室绝非一次成型，而是不同历史时期累积的结果，见李志荣：《法门寺报告读后记》，《文物》2008 年第 2 期。

② 2006 年赖依缦博士论文是目前所见最为详细全面的论述，I-mann Lai, *The Famensi Reliquary Deposit: Icons of Esoteric Buddhism in Ninth-century China*, PhD diss., the University of London, 2006. 为了避免重复，本文着重介绍 2006 年之后学界对这一主题的最新研究及进展。

③ 代表研究宿白：《法门寺地宫出土文物反映的一些问题》，《文物》1988 年第 10 期；韩伟：《法门寺唐代金刚界大曼荼罗成身会造像宝函考释》，《文物》1992 年第 8 期；罗炤：《略述法门寺塔地宫藏品的宗教内涵》，《文物》1995 年第 6 期。

④ Robert Sharf, The Buddha's Finger Bones at Famensi and the Art of Chinese Esoteric Buddhism, *Art Bulletin* 93.1, Mar. 2011, pp. 38 – 59.

⑤ Eugene Y. Wang, The Imperor's New Body, Eugene Y. Wang, Tansen Sen, ed., *Secrets of the Fallen Pagoda: The Famen Temple and Tang Court Culture*, Singapore: Asian Civilisations Museum, 2014, pp. 51 – 71; Eugene Y. Wang, Of the True Body – The Famen Monastery Relics and Corporeal Transformation in Tang Imperial Culture, Wu Hung, Katherine R. Tsiang, ed., *Body and Face in Chinese Visual Culture*, Cambridge: Harvard University Press, 2005.

且在方法上并未超出以往将"舍利－地宫"等同"身体－墓室"的研究模式。

尤为值得强调的是，唐代舍利供养与前代最大的不同，在于舍利往往被从地宫中取出，在地宫之外的佛殿、大内精舍及明堂中展示。这一前所未有的特征使其与政治空间、城市空间等更为广阔的社会文化背景建立联系。但就研究程度而言，学界对这一点的关注则远不及对舍利容器装饰主题的阐释，对唐代迎送舍利仪式的讨论多建立在史书或笔记材料中对仪式过程的描述，关于为什么唐代出现迎送舍利至都城供养的方式，这些仪式与都城空间的具体关系等问题都被舍利与王权关系的讨论所模糊过去。

4. 宗教圣物的观看

从以上梳理来看，舍利信仰在传播过程中不可避免与当地文化传统产生互动影响。但是，舍利作为最高等级的佛教圣物，其宗教特征本身却一直未成为学界讨论的焦点。换言之，舍利供养活动中，"瘗埋"与"展示"是同等重要的主题。前者与墓葬传统对身体的呈现及处理紧密相关，然而，后者更能体现舍利作为宗教圣物尤具象征性的一面。同时，从更广阔的视野来看，舍利的展示这一主题，与欧洲中世纪基督教的圣骨崇拜十分相似。在公元5～8世纪以及12～15世纪的西欧各国家，曾上演对圣徒遗骨、耶稣裹尸布、十字架等圣遗物的热烈崇拜。这些圣遗物存放于华丽非凡的圣骨匣，被安置在教堂内仪式空间的中心位置接受信徒的观瞻与礼拜，"观看"及"触摸"圣物是仪式中的核心主题①。

从研究范式的对比来看，不同于佛教舍利研究对墓葬习俗的偏爱，学界对欧洲中世纪基督教圣地、圣徒与圣骨函的研究，试图与更大的文化层面建立联系，尤其关注历史记忆、物质文化及视觉特征在宗教崇拜中的具体作用。以 Peter Brown②，Patrick Geary③ 为代表，前者从社会及文化史角度，讨论欧洲中世纪流行的圣徒崇拜对重新塑造欧洲地理景观的影响，这些宗教圣地不仅具有宗教权威，更为当地带来丰厚的经济利益；后者的研究则着眼于基督教圣徒崇拜中圣骨与圣像的关系、身体

① Eric Palazzo, Relics, Liturgical Space, and the Theology of the Church, Maritina, Bagnoli, ed., *Tresures of Heaven*: *Saints*, *Relics*, *and Devotion in Medieval Europe*, Yale Universtiy Press, 2011.

② Peter Brown, *The cult of the Saints*, University of Chicago Press, 1981.

③ Patrick Geary, Sacred Commodities: the Circulation of Medieval Relics, Arjun Appadurai, ed., *The Social Life of Things*: *Commodities in Cultural Perspective*, Cambridge University Press, 1986, pp. 169 – 191.

的概念，以及围绕身体的仪式等问题，Patrick Geary 将"圣骨"视为一种可以创造、流通及交换的神圣商品，它不仅以礼物或者偷盗的方式在中世纪欧洲各国家之间辗转，并在流动过程中，通过华丽的圣骨函、隆重的仪式，以及层出不穷的各种神迹，被不断创造出新的价值①。毫无疑问，这种将圣骨物质化，并为其物质化特征寻找历史、社会与文化层面意义的方式，对佛教舍利的研究颇有启发②。

本文受益于这一研究理路，尝试从更广阔的层面探讨佛教舍利"非身体化"的特征。实际上，从佛典对舍利物质形态的描述——"芥子"，或实际情况中所见的大量舍利替代品：骨灰、沙石、珠玉宝石等来看，舍利具有明显的"非身体化"特征。这一特征尤为明显地体现在关于圣物展示的仪式上。无论从中亚地区佛教建筑遗迹与遗物呈现的特征，还是中国西行求法高僧所做的观察记录来看，对佛教圣物有规律的"展示"曾是公元 3 到 5 世纪犍陀罗地区舍利供养活动中最具有象征性的仪式，而这些关于舍利的颁布、展示及迎送仪式同样在中国中古时期的舍利供养活动中扮演重要角色，尤其唐代两都上演的舍利迎送仪式更是将这一特征推向极致。

（三）选题意义及方法

从北魏兴安二年（453 年）河北地区出现最早的舍利供养遗物，到唐长安四年（704 年）扶风法门寺佛指舍利被迎送至东都明堂供养展示，以至其后唐代皇室对迎送舍利仪式的不断模仿，这是中国佛教舍利从出现并发展成为绝对权威的历史过程。这一时期佛教舍利供养活动及其遗物，已经成为中古佛教艺术、宗教史以及政治史所共同关注的研究领域，以下几个方面使得这项研究尤其重要：

第一，作为中国古代艺术史的一个特殊分支，舍利供奉集结了当时最为精丽奢美的宫廷艺术；极具创造性及视觉感的佛教"七宝"所代表的宝物观念，可视为当时亚洲地区普遍接受的审美理念和国际艺术风格；有唐一代隆重的舍利迎送仪式，

---

① Patrick Geary，Sacred Commodities：the Circulation of Medieval Relics，*The Social Life of Things*：*Commodities in Cultural Perspective*.

② Sharf 曾专门探讨二者之间的相似与差异，见 Robert Sharf，On the Allure of Buddhist Relic，David Germano and Kevin Trainor，ed.，*Embodying the Dharma*：*Buddhist Relic Veneration in Asia*，State University of New York，2004，p. 169.

又是耗资巨大的宗教活动及公共艺术。在舍利供养中，舍利容器的质感、视觉效果及华丽程度等艺术特征，皆服务或用于构建舍利的神圣性；舍利容器的形制及其视觉化表现又作为特定的符号，作用于当时人对舍利供养的认识想象。

第二，作为中外宗教、文化交流的特殊媒介，佛教舍利供养是印度、中亚及中国乃至整个亚洲地区所共享的宗教实践。自南北朝至唐代，不同时期对异域传统舍利供养方式的模仿、回避乃至再现，成为理解佛教"中国化"历史的重要途径。

第三，作为宗教权威与政治权力象征的圣物，隋文帝在全国范围三次颁送舍利运动已经显示出佛教舍利是权力建构的有效工具；武则天时期，在东都明堂并置展示九鼎与九重舍利棺椁，更使得佛教圣物在某种程度上，具有了与儒家礼器相匹敌的至高象征性。

本项研究在方法上，尝试突破考古学区系分型的分类方式，综合考古学、美术史、宗教史、政治史等研究工具。首先，以美术史研究方法，注重对舍利容器装饰语言的艺术分析，从其视觉特征、图像主题、叙事结构及象征意涵方面展开具体论述，确定其艺术风格与语言的来源，解释特定视觉表达方式所具有的宗教功能。其次，从物质文化研究角度，观察具体宗教仪式中舍利容器的使用方式及象征功能，从功能角度解释其材质、形制与装饰语言在建构舍利神圣性过程中的具体作用。同时，使用历史对比的研究方法，观察中古中国与古代中印度及犍陀罗地区的舍利供养实践的紧密关系，就此呈现佛教舍利供养"中国化"特征的具体情境及复杂过程。

具体来说，对以往因出土材料有限，考古学无法深入展开讨论的早期阶段，采取物质文化、历史书写等多元化的研究方式；对隋文帝仁寿年间舍利颁送活动，则将对舍利容器器物形制、刻记铭文的微观讨论，与僧传与史书中所见的政教政策及宏观背景相结合；对唐代舍利供养活动则从图像与仪式两个层面展开更为细致化及深入的观察。

（四）篇章结构

公元 5 到 9 世纪，正是佛教舍利信仰在中国出现、流行，并达至顶峰的关键阶段。全书围绕舍利的"瘗藏"和"示现"两个主题，依照时间线索对中古时期的佛教舍利供养活动及其遗物展开系统研究。

第一章，首先以广泛的佛教世界为背景，尝试以"瘗埋"与"示现"两个概念来梳理讨论印度、中亚地区佛教舍利供养不同的侧重点。之后，围绕河北地区出土的弦纹带盖圆盒，分析中国早期舍利容器中的舶来品风格，旨在呈现早期舍利供养与域外传统的相互关系。

第二章，聚焦于南北朝时期南方与北方政权面对外来佛教舍利供养或接受或改造的不同处理方式。试图追寻早期舍利供养在舍利容器材质、形制上做出的最初探索，尤其北魏与北齐在面对同样的域外舍利瘗埋传统情况下，做出的不同反应及选择；其后以公元6世纪中叶北齐及南朝境内流行的阿育王舍利信仰为个案，从历史书写与图像角度，阐释大量"阿育王塔"不断"被发现"的背后，也许是南北方政权对"阿育王舍利"这一政治及宗教资源的激烈争夺。

第三章，着重从物质及仪式层面，对隋文帝时代的舍利崇拜及统一的瘗埋规制展开分析，围绕出土所见隋代舍利容器的形制及舍利瘗埋规制，对先前北魏、北齐所代表的两种不同瘗埋传统的选择，来论述文帝时期如何利用物质及视觉手段制造出大量"圣物"，并使其服务于当时的宗教需要及政治目的。

第四章，围绕舍利容器之上的刻铭与图像如何建构舍利神圣性这一问题，着重讨论三个层面的问题：首先，梳理北朝及隋唐时期舍利塔铭的分布及形制特征的变化；进而，对唐代舍利石函表面涅槃故事装饰题材的图像主题及叙事结构进行讨论；最后，以这些情节中被独立出来，且尤为关键的"分舍利"图像为个案，探讨中古时期分舍利图像的表现传统、流传分布以及"舍利分配"的视觉化呈现在中古时期宗教及政治领域所具有的特殊意义。

第五章，尝试从更为广阔的时空范围，参照公元3~5世纪中亚地区圣物展示活动、建筑遗迹与供养遗物，观察有唐一代佛教舍利的展示及迎送仪式，将其视为中古时期佛教舍利崇拜活动中最具有象征性的仪式活动，并以长安四年（704年）法门寺佛指骨真身舍利被迎奉至东都明堂供养为例，论述"迎奉舍利"的隆重仪式如何成为中古时期皇权如此迷恋的神圣景观。

最后结论部分旨在以宏观的历史视野反思"何为舍利"，既将其与欧洲中世纪基督教的圣物崇拜做对比观察，也梳理贯穿全文的亚洲史视野，即南北朝、隋及唐代面对印度及中亚地区的舍利供养传统不同的态度及反应方式。强调通过器物、图像及仪式中的微观分析，获得僧传及史料所不及的历史信息，实现对舍利供养遗迹、遗物及供养行为的全方位观察。最后以归纳佛教舍利在中古政治历史文化语境中的原貌结束全文。

一 从印度到中国的舍利供养与舍利容器

　　"中国化"问题几乎是中国佛教舍利容器研究的中心主题①。然而，舍利供养的"中国化"特征需要更广泛的外来文化历史语境，才能被突显得更加清晰。在这一意义下，古代印度及犍陀罗地区出现的舍利容器，为中国舍利容器研究提供了极为重要的参照系，同时也带来宗教观念上的启发和器物类型学上的比较视野。因此，下文首先以广泛的佛教世界为背景，围绕舍利的瘗埋与展示两个主题，梳理及讨论古代印度、中亚地区佛教舍利供养特征。之后，以河北地区出土的弦纹带盖圆盒为对象，论述中国早期舍利容器中的舶来品风格，呈现早期舍利供养与域外传统的紧密关系。

（一）公元前 2 到公元 1 世纪印度地区舍利容器

　　印度地区佛教舍利容器的发现与研究，始于 1851 年英国考古学家康宁汉（Alexander Cunningham）和梅西（F. C. Maisey）在中印度地区的探险和考古发掘②。在中印度古代城市 Vedisa 附近 Lohangi Pīr 山脉周围，有一批保存较为完好的佛教寺院及佛塔遗迹，其中包括著名的 Sānchī（桑奇）三大塔，以及 Sonāri，Satdhāra，Andher 佛塔群。考古学家在这些佛塔内部发现一系列舍利容器，有些容器之上刻有婆罗米

---

① 详见绪论学术史第一部分。

② Alexander Cunningham, *Archaeological Survey of India：Four Reports Made During the Years* 1862、63、64、65, Vol. 1, Government Central Press, 1871.

铭文，其中年代最早为公元前 2 世纪①。

　　与 19 世纪末西方学界对于印度早期佛塔的研究热情相比，这些佛教舍利容器却鲜有公布及关注。19 世纪末，康宁汉将印度地区佛塔遗址发现的舍利容器带回英国，收藏在大英博物馆及维多利亚和阿尔伯特博物馆。前者所藏是康宁汉挑选的铭文丰富、具有考古及历史价值的舍利容器，后者保存经梅西筛选、具有艺术史和审美价值的容器。这批材料自 19 世纪末陆续零散公布，出现在各类印度佛教美术图书的附录部分，直到 2000 年才有较为系统的整理，即大英博物馆研究员 Michael Willis 主编的《古代印度的佛教舍利容器》（Buddhist Reliquaries from Ancient India）。该书以 19 世纪考古学家所发掘的中印度地区塔群为纲目，在铭文释读等内容上亦有所修正；书中还附有从建筑、考古与艺术史等不同学科展开讨论的研究性文章②。从印度佛教舍利容器的收藏和研究史可以看出，沟通考古、艺术史与宗教研究等不同学科间的对话，对其展开多层面的综合研究，是近年来佛教舍利容器研究获得不断突破的主要动力，也应该是中国佛教舍利容器研究需要借鉴的方向。下文围绕百年来对这批早期佛教遗存的发现与研究，从两个层面进行梳理及反思：一，早期舍利容器发现和研究的基本情况；二，中印度地区舍利容器的基本特征及安置方式。

1. 早期舍利容器的发现与研究

　　"佛教舍利"在 16 世纪中叶基督教神学研究的背景下，作为比较和参照对象受到欧洲学界的关注③。因此，早期对佛教舍利的认识和研究，深受基督教研究传统的影响，尤其关注是否可以将舍利视作"佛陀"曾经存在的历史证据，一种看法认为舍利是神圣的超自然物质，另一种则认为它仅仅是一种佛陀不在场的物质替代品④。19 世纪中叶，对印度地区佛教遗址展开的考古挖掘，使得原本储存在佛塔内的舍利容器被大量发现，有些容器之内并没有物质遗存，但容器表面的铭文则显示它们是用来盛放佛陀或高僧的舍利。正是数量不断增多的舍利容器使第二种观点越来越成

① Michael Willis, Relics and Reliquaries, Michael Willis, ed., *Buddhist Reliquaries from Ancient India*, London: British Museum Press, 2000, p. 14.

② Michael Willis, ed., *Buddhist Reliquaries from Ancient India*.

③ 详见 John S. Strong, *Relics of the Buddha*, Princeton University Press, 2004.

④ 关于早期印度地区舍利的定义与分类的研究，可参见 Kevin Trainor, *Relic, Ritual and Representation in Buddhism*, Cambridge University Press, 1997.

为主流，人们开始普遍将舍利视为一种物质替代品。在 19 世纪的学术史上，舍利的神圣性及重要性远不及承载佛陀精神的各类梵文、巴利文的佛经写本，这种物质性的存在被认为同佛陀精神相违背。这一观点以美国学者 Paul Carus 的著作《佛陀的信条》（*The Gospel of Buddha*）为代表影响学界长达近一个世纪①。

20 世纪 80 年代，学界关于佛教舍利的研究进入新的阶段。以 Gregory Schopen 为代表的一批学者，尤为关注印度地区舍利容器表面的刻铭，指出这些刻铭不仅与印度早期宗教部派的历史有关，更有利于重新理解经典中对舍利的相关描述。在印度地区，舍利就是佛陀存在的证明，其物质性并不与佛陀精神相违背，在很多石刻铭文描述中，涅槃之后的佛陀继续存活在佛塔中，因此，这些舍利容器便是用来盛放佛陀的肉体，而佛塔被认为是承载佛永恒的生命②。

中印度地区早期舍利容器形制简单且多为石质，远不及后来犍陀罗及中国地区舍利容器精致华美。然而，这并不意味着其神圣性不及后世。从佛教历史来看，中印度地区舍利供养的出现时间远早于佛陀形象的流行③。至公元前 1 世纪末犍陀罗地区开始出现佛陀的形象，中印度地区的佛教舍利供养已流行 5 个世纪，佛陀及高僧的舍利在当地具有至高无上的地位。这一点与亚洲其他地区不同，犍陀罗地区进入贵霜王国统治时期，宗教中心转移至白沙瓦谷地及斯瓦特谷地一带，这里不仅出土大量的佛像及浮雕石板，也有数量颇丰的舍利容器，此时，佛教赞助群体已不再局限于僧团，而更多是皇室、贵族及商人阶层。

毫无疑问，犍陀罗地区的舍利供养不得不面对新近出现，并日渐成为主流的偶像崇拜对象——佛像，也许这种竞争关系促使佛教舍利供养开始出现新的特征。换言之，在早期中印度地区的佛教发展中，正是佛陀舍利神秘且绝对的神圣性，使其

① Paul Carus, *The Gospel of Buddha According to Old Records*, Chicago：The Open Court Publishing Company, 1898, six edition. 此书初版于 1894 年，之后不断再版，至 1898 年共六次出版。详见 John S. Strong, *Relics of the Buddha*, p. 18.

② Gregory Schopen, Burial "Ad Sanctos" and the Physical Presence of the Buddha in Early Indian Buddhism, *Religion* 17（1987）：203；以及 On the Buddha and His Bones, *Journal of Indian Philosophy* 108, No. 4, 1990, pp. 181 – 217. 后收入 Gregory Schopen, *Bone, Stones, and Buddhist Monks*, Univesity of Hawai'i Press, 1997, pp. 114 – 164.

③ 依文献所记舍利供养最早出现在公元前 6 世纪，出土所见最早的刻铭舍利容器年代则在公元前 2 世纪末，详见 Michael Willis, Relic and Reliquary, *Buddhist Reliquaries from Ancient India*, p. 14.

更注重对传统的延续，而在形制及装饰上较少出现变化。同时，在下文的论述中将看到，与犍陀罗地区流行便于开启的方堂建筑对舍利的展示不同，中印度地区的舍利则更多是秘藏在佛塔内部。

2. 中印度地区舍利容器的形制与瘗藏方式

1851 年，康宁汉和梅西打开 Sānchī 2 号塔，发现了位于覆钵体内的舍利容器。此后，中印度 Vedisa 城周围七个佛塔群落不断发现舍利供养遗物，经考古学整理，目前共有 29 件舍利容器保存较为完好并附有出土信息[①]。在早期佛教史上，中印度地区以 Sānchī 塔群为中心的佛教遗迹作为当时的佛教中心持续了几个世纪，这些塔群内所保存的舍利容器对考察早期佛教舍利崇拜具有重要意义。

从佛塔的选址及整体环境来看，自然环境是印度地区早期佛塔选址及建造的重要因素[②]。Vedisa 城市西侧 Lohangi Pīr 山脉是从平原拔地而起的山系，其陡峭的悬崖及特殊走势形成天然的防御关口，使得这条延绵不绝的山脉不仅成为保护古代城市的坚固要塞，也是佛教寺院与佛塔群落集聚的圣地（图 1.1）。Sānchī 塔群分布在 Lohangi Pīr 山系一条支脉之上，三座主塔皆始建于孔雀王朝时期，其中 3 号大塔位于山顶位置，考古学家根据舍利容器上的铭文判断，其内所保存的是佛陀四大弟子中"舍利弗"与"大迦叶"的舍利。2 号塔位于一条通向山顶的古路上，是朝圣之路上的第一座纪念性建筑，内藏有当时十位高僧的舍利。从词源及词义角度来看，Sānchī 一词十分接近巴利文中的"支提山"[③]。对山势的利用，不仅在高度上确立了宗教建筑的中心地位，同时，险峻的地势还起到了保护的作用，使塔内所保存的舍利免于偷盗及破坏。显然，"安全"是早期印度地区舍利瘗埋选址的首要考虑。

从舍利的安置空间来看，这些舍利容器皆出自窣堵坡塔体内部。印度早期窣堵坡式塔的基本特征，是下有方形或圆形的基台，上为覆钵体塔身，顶饰相轮的砖砌建筑。根据 19 世纪考古学家的勘测记录，舍利一般被储放在窣堵坡覆钵体内以条石铺设的石室中，位于覆钵体内纵向轴线或轴线附近。以 Sānchī 2 号塔为例，在覆钵体内，有一个

---

① Michael Willis, Relic and Reliquary, *Buddhist Reliquaries from Ancient India*, pp. 16 – 17.

② 最近考古发现显示中印度地区寺院选址与灌溉及河渠的分布有密切关系，详见 Julia Shaw, John Sutcliffe, Ancient Dams and Buddhist Landscapes in the Sanchi area: New evidence on Irrigation, Land use and Monasticism in Central India, *South Asian Studies*, Vol. 21, Issue 1, 2005.

③ Michael Willis, ed., *Buddhist Reliquaries from Ancient India*, p. 65.

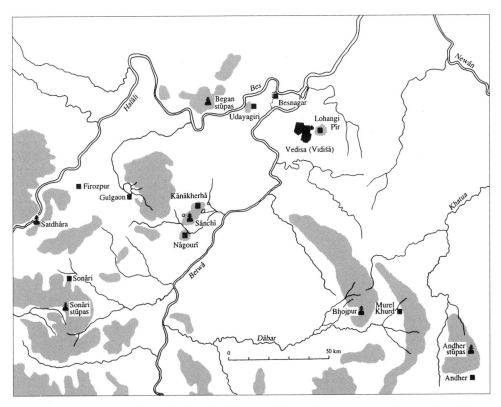

图 1.1　Vedisa 城周围佛塔及佛教遗迹分布图（采自 *Buddhist Reliquaries from Ancient India*, map3）

以长条石板铺设出的空间，内放置方形石盒（图 1.2）。石盒内横列摆放四个舍利容器，样式及大小接近，为滑石材质，扁肩鼓腹，宝珠纽带盖圆罐，肩及腰部各环绕 2～3 道弦纹（图 1.3）。四件舍利容器在盖顶部刻有婆罗米文，内容记录舍利来源及供养人姓名，这些舍利容器的年代根据佛塔建造时间推断，大约在公元前 2 世纪末。

印度地区早期舍利容器可以分为两类，一类是数量最多的以圆形结构为主的容器型，另一类是微型的窣堵坡形制。Sānchī 2 号塔内所见弦纹装饰的宝珠纽带盖圆罐，是中印度地区早期舍利容器最为常见的形制，与此接近的还包括形状较扁的圆盒或碗类，这些容器表面的装饰十分简单，通常在盖及盒身表面刻划重复的弦纹。因而，精致的做工及使用特殊的材质成为突显其神圣性的重要方式。

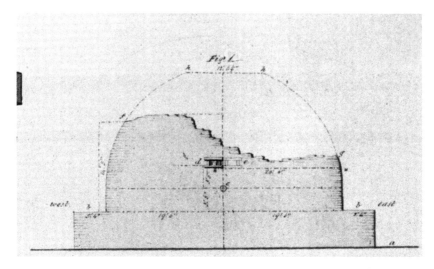

图 1.2　Sānchī 2 号塔立面图（F. C. Maisy 绘，采自 *Buddhist Reliquaries from Ancient India*，fig. 53）

图 1.3　Sānchī 2 号塔覆钵体石盒内的四件舍利容器（采自 *Buddhist Reliquaries from Ancient India*，fig. 54、56、57、61）

公元1世纪末的Sonāri 1、2及8号塔中舍利容器所使用的石材并非当地所常见，这一成色均匀、质感柔和、表面光滑的白灰色石材出自东印度地区，且被大量使用在当地高等级的建筑与雕像上①。同时，极具色泽感及透明度的水晶材质也开始出现在舍利容器中，在Sonāri 2号塔的石盒之内，有一个形制相同的水晶小盒。相比之下，三个世纪前（公元前2世纪末），Sānchī主塔内舍利容器所使用的均为当地出产的滑石，石盒表面石色斑驳，并有灰褐色及赤粉色的颜色渐变，有些部分甚至呈现半透明的效果②。这些细节与特征意味着从一开始舍利容器就在追求呈现特殊的视觉效果，无论有意呈现色差的斑驳和多变，还是刻意保持成色的均匀，它们都体现了公元前2到1世纪印度地区舍利容器尝试在物质及视觉层面呈现舍利的宗教及神圣性。

与Sānchī 2号塔所见舍利容器并列放置的方式不同，一种套层的组合形式在印度及犍陀罗地区更为流行，且是日后佛教舍利安置最为常见的类型。其具体方式为盛放舍利的组合容器尺寸大小递进，形制接近，并依次包裹。位于Sānchī塔群西南方向的Sonāri 1号塔，便使用了这一方式：以条石铺设的石室位于覆钵中心，其内有两个沙石质，穹顶盖的直筒深腹圆盒相套嵌，再内是白灰石质鼓腹锥形纽盖罐，最内一层是同形制尺寸缩小的水晶质圆罐③（图1.4）。

早期巴利文经典有描述这种套层组合的特殊安置方式④，记载摩揭陀国国王阿阇世王将舍利珍藏在八十重舍利容器之内，之后又放置在八十层窣堵坡塔中。对于这段描述中的舍利安置方式有两种解释，一类是从其可能的来源寻找解释，以杉本卓州及宫治昭为代表，认为这一方式是受到印度教及印度古代宇宙观的影响⑤。另一类更多考虑这一特殊安置方式在当时的宗教意义，John Strong强调套层方式所体现出的"秘密"性，与其说是对舍利安全及保护的考虑，不如说体现了当时对圣物强烈的占有欲⑥；Willis则指出经典中对这一组合方式的描述过程，即每层容器使用不同的珍稀

① Michael Willis, ed., *Buddhist Reliquaries from Ancient India*, p. 70.

② Michael Willis, ed., *Buddhist Reliquaries from Ancient India*, p. 67.

③ Michael Willis, ed., *Buddhist Reliquaries from Ancient India*, p. 84.

④ Thupavamsa (Thvs)，英译本见 N. A. Jayawickrama tr., *the Chronicle of the Thupa and the Thupacamsa*, London：Pali Text Society, 1971, pp. 44 – 46.

⑤ ［日］宫治昭著，李萍等译：《涅槃和弥勒的图像学》，北京：文物出版社，2008年，第34页。

⑥ John S. Strong, *Relic of The Buddha*, p. 131.

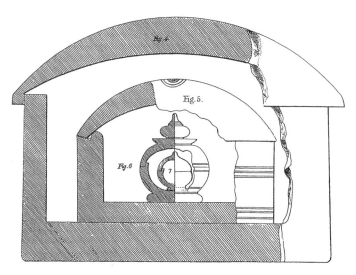

图 1.4　Sonāri 1 号塔覆钵体内石盒剖面图（A. Cunningham 绘，
采自 *Buddhist Reliquaries from Ancient India*，fig. 86）

材质，并非意在罗列各种不同的宝物，而是用类似修辞学上的不断重复，来提示和强调内在舍利的珍贵与神圣性①。毋庸置疑，对于舍利崇拜活动而言，舍利容器的材质、样式及组合方式显示其不仅仅是一个盛放"容器"，更是彰显舍利神圣性及宗教权威的物质媒介，这是区别于铭文刻记的另一种构建舍利神圣性的方式。

（二）公元 1 到 5 世纪犍陀罗地区舍利容器

犍陀罗地区佛教的出现始于孔雀王朝阿育王时期（前 324～前 188 年）。犍陀罗地区作为当时的西北行省，曾出土一套完整的阿育王十四法令石柱，但并没有发现阿育王时期的寺院或其他宗教建筑②。这一时期的佛教中心仍在中印度地区，Sānchī 主塔（2、3 号）及巴尔胡特大塔便修建于阿育王时代。一直到伊朗系游牧民族所建立的贵霜帝国统治时期，犍陀罗地区的佛教发展才进入新的阶段。作为贵霜帝国的首都圈及东西文化交汇融合之地，犍陀罗不仅是当时的国际都市，更是文化、宗教

---

① Michael Willis，Relic and Reliquary，*Buddhist Reliquaries from Ancient India*，p. 20.

② David Jongeward，Introduction，David Jongeward，ed.，*Gandharan Buddhist Reliquaries*，University of Washington Press，2012，p. 12.

与经济中心。这些因素相互交织极大影响了佛教在当地的发展，也使犍陀罗地区的舍利崇拜呈现出诸多新特征。

这些新特征不仅指舍利容器数量的增多或器形的多样，更是伴随着一系列舍利崇拜活动的变化，其内容既涉及安置舍利的盛放空间，也包括围绕寺院及城市空间展开的宗教仪式。

1. 选址与新的盛放空间

与三百年前的佛教中心中印度地区佛寺的选址与分布相比，犍陀罗地区佛教遗迹与城市空间的关系远多于对自然环境的依赖。这尤其体现在塔克西拉地区①，在贵霜帝国第三代国王迦腻色伽（Kaniska）迁都白沙瓦之前，地处古代商道交叉口的塔克西拉是贵霜帝国的中心地区。作为一直为人居住的大型城市聚集地，其历史可以追溯到公元前 5 世纪波斯帝国时期②。在这里有三个时代不同的古代城市遗迹及十几个佛寺遗址，据马歇尔推定其年代跨度从公元前 500 年到公元后 500 年。这一地区的佛寺遗址开始出现在城市公共空间，在塔克西拉地区公元前 2 到公元前 1 世纪斯尔坎普（Sirkap）古城遗址，一座大型佛教寺院位于城市中轴线的尽头，通过塔基的规模来看，这里曾经有一座很高的佛塔俯视着整个城市③。

---

① 虽然从狭义上讲，被印度河隔开的犍陀罗与塔克西拉，在当时是两个不同的地域，但它们所在的这一地带，包括北边的斯瓦特谷地，在政治与文化上早就形成一个共同圈，并有着一样的历史背景，换言之，它们都属于广义的犍陀罗文化圈。参见高田修：《佛像的起源》（上），台北：华宇出版社，1986年，第 243 页。

② G. Erdosy, Taxila: Political History and Urban Structure, M. TaddeiNaples, ed., *South Asian Archaeology*, 1987, 1990, pp. 657 – 675；［英］约翰·马歇尔著，秦立彦译：《塔克西拉》卷一，昆明：云南人民出版社，2002 年，第 164 ~ 310 页；［巴基斯坦］艾哈默德·哈桑·达尼著，刘丽敏译：《历史之城塔克西拉》，北京：中国人民大学出版社，2005 年。

③ ［斯里兰卡］D. 瓦里辛哈著，郑980新译：《印度佛迹巡礼》，中国佛教协会，1997 年，第 176 页；斯尔坎普城以石头与泥块混合构筑坚实的城墙，北面城墙设有大门。市内北半部分是平地，南半部分为丘陵地带。从北门向南有一条坦直的大路，以此为主轴，通向城内最大的寺院，大道东侧靠近寺院的是占地很广的宏伟王宫。平地部分为棋盘格式的街道，由此划分出各自独立区域，其内密布着建筑物，店铺房屋林立井然，各区域内皆点缀有宗教性建筑。研究者普遍认为此种井然有序的都市设计是希腊化影响的结果，且同附近比尔丘遗址呈现出自然散布的印度风格都市类型完全异趣。参见高田修：《佛教的起源》（上），第 245 ~ 255 页；关于塔克西拉地区考古发掘的历史详见 Kurt A. Behrendt, *The Buddhist Architecture of Gandhara*, Brill Leiden Boston, 2004, pp. 16 – 26.

塔克西拉也是犍陀罗最先出现佛寺遗迹及供养舍利遗存的地区（图1.5）。从考古发掘情况来看，在今天巴基斯坦境内所发现的101组舍利容器，有一半出自塔克西拉的斯尔坎普和达摩拉吉卡（Dharmarājikā）两个地区的佛寺遗址，显示这一时期佛寺内供奉的舍利十分集中且数量增多。这一特征与犍陀罗地区舍利供养空间，及佛寺整体布局的变化有着直接关系。

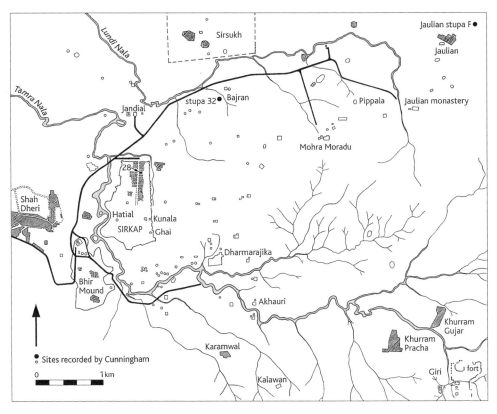

图1.5　塔克西拉地区古城及佛寺分布图（采自 *Gandharan Buddhist Reliquaries*，map 4.3）

首先，舍利的盛放空间发生改变，窣堵坡内盛放舍利的石室空间变大。印度地区窣堵坡覆钵体内用条石铺设的石室，其尺寸往往仅够容纳舍利容器，在犍陀罗地区窣堵坡内舍利石室，内有穹隆顶，平面呈圆形，直径平均在5米左右，且内部墙壁往往以装饰性砖石砌成，表面覆以白灰。

从犍陀罗地区所发现数量颇多的窣堵坡遗址来看，这种具有装饰性且面积较大的舍利石室往往出现在佛寺遗址的主塔内，且在范围上分布较广。公元1世纪末到 3 世纪初，塔克西拉地区的宗教中心达摩拉吉卡遗址的舍利石室直径为 3 米；其北部斯瓦特谷地 Butkara 1 号遗址也出现面积相当的舍利石室。公元 3 世纪初之后，塔克西拉地区新的宗教中心 Kālawān 遗址 4 号塔内的圆形舍利室，直径有 4.03 米，内壁保存有修饰痕迹；同时期 Mohenjo - daro 遗址发现直径达 6 米的舍利室①。总的来看，这种样式的舍利石室出现及流行于犍陀罗地区的第二及三期，即公元 1 世纪末到 5 世纪②。

同时期还流行一类兼具祠堂与窣堵坡功能的建筑。这种建筑平面呈方形，内部中空，一侧开门，中心有台座，以及围绕台座的绕行环道③。对于它的宗教功能，较多沿袭马歇尔在考古报告中所做的推测，认为其内的台座可能用以置放佛像或经卷，因此称其为塑像堂。Kurt A. Behrendt 从早期佛教舍利供养的角度提示，在公元 2 世纪末，方形庙堂内开始供养独立佛像之前，这些建筑亦有可能与舍利的储存与展示有关，并作为犍陀罗地区特有的宗教传统延续到 6 世纪。在后期方堂内部的空间逐渐纵向变长，并发展出双室结构，这使其与印度支提窟的区别尤为明显。与支提窟在长方形空间后部安置窣堵坡以储藏舍利的方式不同，这类建筑极有可能是在后室储存舍利，而在前室的平台上展示舍利④。

Behrendt 将方形庙堂与舍利供养建立联系的另一证据来自法显及玄奘的记录。从法显与玄奘的描述，以及犍陀罗地区出土浮雕石板上所描绘的建筑形象来看（图 1.6），方堂顶部依旧采用窣堵坡覆钵体的样式，并置塔杆相轮；中心空间接

---

① 类似情况还包括 Kālawān 主塔内房间大小的舍利室被粉刷过多次，显示外表这层装饰的重要性，并且极有可能是佛塔被有规律地打开及进入的证明，以上考古信息详见 Kurt Behrendt, Relic Shrines of Gandhara: A Reinterpretation of the Archaeological Evidence, K. Behrendt, P. Brancaccio, ed., *Gandharan Buddhism Archaeology Art and Texts*, Vancouver: University of British Columbia Press, 2006, pp. 83 – 103.

② 目前广为接受的是塔克西拉地区佛教建筑遗存四分期说，第一期：从公元前 2 世纪到公元 1 世纪末；第二期：公元 1 世纪末到 3 世纪初；第三期：公元 3 世纪初到 5 世纪；第四期：公元 5 到 8 世纪，详见高田修：《佛像的起源》（上），第 6～11 页。

③ Kurt A. Behrendt, *The Buddhist Architecture of Gandhara*, pp. 61 – 73.

④ 以往将这类建筑称为"支提"，以与内部盛放舍利的窣堵坡相区别。实际上，以舍利的有无区分支提与窣堵坡的看法形成于公元 3 到 4 世纪，但在公元前后至公元 2、3 世纪，这类小型佛堂往往是私人供奉舍利的佛殿，不仅出现在佛寺遗址，还出现在居民生活区域。同时，与窣堵坡相比，这类方堂更多被用作私人佛堂，详见第 25 页注释③。

图 1.6　犍陀罗地区浮雕石板祠堂形窣堵坡（采自 *Gandharan Buddhism Archaeology Art and Texts*，fig. 4. 10）

近祠堂形式，其内设有平台，用以盛放舍利以及佛像；底部方形台基较高，且围以护栏。

　　这类建筑的特殊之处在于它不仅用于储藏舍利，更可能直接用于犍陀罗地区所流行的"舍利展示"仪式。出于同样的目的及用途，窣堵坡内空间变大的舍利室，也与一定的宗教仪式相关。内部宽敞的空间足够人进入，被反复修缮的白色墙面，也意味着在当时这些塔可能被有规律地打开①。

　　其次，从寺院整体布局来看，犍陀罗地区的佛寺以主塔为中心，周围环绕小型窣堵坡及舍利方堂，其间几条道路自寺院的不同入口通向主塔，由此形成一个寺院综合体②。以 Mohenjo-daro 遗址为例（图 1.7），大小不一的佛塔以及由供养人所修建的舍利方堂皆围绕主塔分布。与窣堵坡内的舍利石室相比，这些环绕主塔排列的舍利方堂，体积较小易于修建，更为贵霜时期贵族供养人所喜爱，它们修建于不同时期，内部结构不完全一致，但分布数量众多。

　　虽然犍陀罗地区的佛教遗迹已有较为充分的发掘报告，但对其建筑功能的推测，很大程度上依靠中国高僧的西行记录。实际上，法显及玄奘的记录不仅对研究犍陀

---

① 马歇尔最早推测有些窣堵坡内舍利石室可从顶部进入，Behrendt 在马歇尔的推测基础上，进一步援引法显及玄奘的记载，推定围绕这些窣堵坡有定期进入及参观的仪式性活动，由此可以解释为什么这些舍利石室墙壁有装饰痕迹，见 Kurt A. Behrendt，*The Buddhist Architecture of Gandhara*，pp. 61-73.

② Gregory Schopen，*Bones，Stones，and Buddhist Monks*，pp. 114-147.

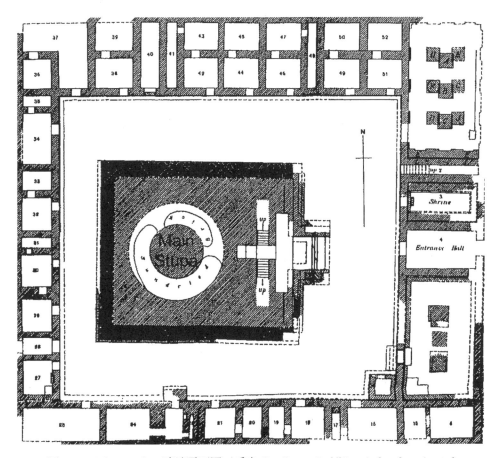

图 1.7　Mohenjo‐daro 遗址平面图（采自 *Gandharan Buddhism Archaeology Art and Texts*，fig. 4.6）

罗地区的佛教盛况至关重要，二人对当地佛教建筑与仪式有难得的详尽描述，这些内容对研究中国中古时期的佛教仪式及物质文化也颇为关键。从中国本土佛教遗存中，不难发现高僧西行的视觉经验所带来的影响。唐永徽三年（652 年），玄奘于长安城大慈恩寺主持修建的大雁塔，便是"仿西域制度"① 兼具礼拜祠堂形制的中空佛塔，其"上层以石为室"② 盛放经像及舍利，更接近经过改良的犍陀罗式窣堵坡建筑特征，而不是中印度地区的早期佛塔结构。

　　总的来说，无论是以储存及展示舍利为目的的小型舍利方堂，还是定期开闭的

① ［唐］慧立、彦悰著，孙毓棠、谢方点校：《大唐三藏法师传》，北京：中华书局，2000 年，第 160 页。
② ［唐］慧立、彦悰著，孙毓棠、谢方点校：《大唐三藏法师传》。

窣堵坡舍利石室，都与当时愈演愈烈的舍利供养有着直接关系，而供养活动不但需要在特殊的宗教建筑空间中展开，更伴随一定的宗教仪式与华美的盛放及展示容器。

2. 舍利的观看与展示仪式

供养空间所呈现出的差异只是供养方式发生转变的结果之一，与其直接相关的是以舍利供养为目的的宗教仪式。由于即时性的仪式本身无法保存至今，因此，中国高僧所做的西行记录便尤为珍贵。从公元 3 到 6 世纪未曾间断的西行求法热潮恰反映这一时期佛教在犍陀罗地区的蓬勃生命力，求法高僧历尽万难的西行跋涉，其目的不仅是搜求律藏，更是巡礼各类佛教圣地及圣物，强烈的宗教情绪与朝圣之路上的所见所闻相结合，便成就了各类西行游记。

从现有史籍中的相关记载来看，南北朝时期西行高僧归来所撰写的游记并不少，但久已散失，唯法显及玄奘的记录详尽且保存完好，将这些记录与阿富汗地区的考古发现相对照，可对公元 3 到 5 世纪犍陀罗地区所流行的舍利展示及相关仪式做以分析。

法显于元兴二年（403 年）到达那竭国（今阿富汗贾拉拉巴德），记录了醯罗城当地供养佛顶骨的盛事：

> 醯罗城中，有佛顶骨精舍，尽以金薄、七宝校饰。国王敬重佛顶骨，虑人抄夺，乃取国中豪姓八人，人持一印，印封守护。清晨，八人俱到，各视其印，然后开户。开户已，以香汁洗手，出佛顶骨置精舍外高座上，以七宝圆碪碪下，琉璃钟覆上，皆珠玑校饰。骨黄白色，方圆四寸，其上隆起。每日出后，精舍人则登高楼，击大鼓，吹螺，敲铜钹。王闻已，则诣精舍，以华香供养。供养已，次第顶戴而去。从东门入，西门出。王朝朝如是供养礼拜，然后听国政。居士、长者亦先供养，乃修家事。日日如是，初无懈倦。供养都讫，乃还顶骨于精舍。中有七宝解脱塔，或开或闭，高五尺许，以盛之。精舍门前，朝朝恒有卖华香人，凡欲供养者，种种买焉。诸国王亦恒遣使供养。精舍处方四十步，虽复天震地裂，此处不动。①

---

① ［东晋］法显著，章巽校注：《法显传校注》，上海古籍出版社，1985 年，第 13～18 页。

醯罗城所供养的佛顶骨,也为宋云、慧生、玄奘以及慧超所瞻礼[1],法显所记不同之处在于对供养仪式更为细节化的观察与记录。首先,仪式配合一定的建筑空间及装置:存放舍利的精舍被有规律地打开及关闭,其内盛放舍利的容器也可开闭,从精舍内移出的舍利被安置在特殊设计的容器内,其下部为石质底座,上部为透明的琉璃材料,从而实现"展示"的目的;其次,完整的仪式包括:取出、供养、展示、归还,这个过程不仅伴有隆重的香乐供养,还遵循特殊的展示路线,自东门至西门,横穿全城;最后,无论是出于安全考虑的特殊装置,还是虔诚隆重的供养仪式,都是为了实现对舍利的占有,从而确保周围诸国长久地仰重与供养。

两百年后,玄奘于此地仅见供养顶骨的建筑,"(那揭罗曷国)城东南三十里,至醯罗城,周四五里……复有重阁,书栋丹楹。第二阁中,有七宝小窣堵坡,置如来顶骨,骨周一尺二寸,发孔分明,其色黄白,盛以宝函"[2]。被玄奘称之为"重阁"的高层建筑,与其说是用以保存舍利,不如说是为了更好地展示舍利,因此,玄奘得以望见塔内华丽的小窣堵坡,以及其内盛放舍利的宝函。玄奘虽未见或未记有供养佛顶骨的仪式,但从其描述来看,顶骨舍利在醯罗城中依旧扮演着重要的"展示"角色,这与法显所记录的供养仪式具有相同的作用。

仪式是宗教供养中最不易保存的部分,却并非无迹可寻。从对犍陀罗地区佛寺遗址的发掘来看,除了具备新功能与建筑特征的窣堵坡和小型舍利方堂外,分布在其间的大道也尤为重要。这些道路往往以主塔作为终点,与仪式的行进路线直接关联。如在达摩拉吉卡第二期出现几条宽阔的大道,也许正为了配合展示舍利与佛像的仪式(图1.8)。同时,塔克西拉地区新的佛寺布局中,围绕主塔分布的小型窣堵坡及舍利方堂,具体来说,都位于主塔周围"绕行大道"的两侧,正是这条循环往复的道路,在右绕仪式中将俗世供养的建筑与主塔窣堵坡建立直接的联系。

实际上,"路线"在仪式中尤为重要,这意味着圣像及圣物具备的神圣力量超越佛塔、佛殿等不可挪动的固定空间,在更为广阔的空间中展示与巡行,也从而成为

---

[1] 今阿富汗贾拉拉巴德(Jalalabad)东南 Kila 或 Hidda 地区。Kila \ Hidda,系梵语 Hilo 之转讹,意为"骨",醯罗城又名佛顶骨城,[日]足立喜六著,何建民等译:《〈法显传〉考证》,贵阳:贵州大学出版社,2014 年,第 87 页。

[2] [唐]玄奘、辩机著,季羡林等校注:《大唐西域记校注》卷二,北京:中华书局,1985 年,第 239 页。

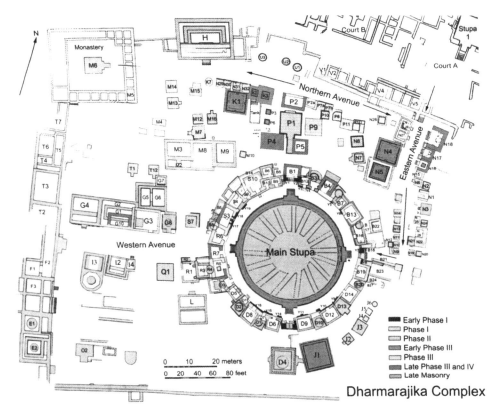

图 1.8　达摩拉吉卡佛寺遗迹平面图（采自 *The Buddhist Architecture of Gandhara*，fig. 1）

宗教宣传最为有力的方式。因此，这些仪式不仅在印度及犍陀罗地区流行，也广泛影响到犍陀罗以东的地区，在公元 3 到 5 世纪，塔里木盆地南北两路的诸多小国大兴佛教且深受犍陀罗地区佛教影响。

　　以展示为主题的宗教仪式，除了供养舍利的仪式，还包括"行像"仪式。行像基本上是一种以宗教仪仗队伍为主体，驾舆佛像举饰佛幡，巡行展示吸引俗众的宗教仪式。与法显所记醯罗城的舍利展示相比，行像具有与其相似的结构与功能：一方面，它们都是以供养及展示"圣物"与"圣像"为目的，在宗教仪仗队伍中配以华丽装饰性的法具与道具，包括台座、舆车、佛幡伞等；另一方面，二者皆遵循特殊的展示路线，其作用既在于吸引更多俗众参与及观瞻，也具备以其宗教神圣性护佑巡行空间的特征。

　　值得注意的是，早期行像与供养舍利的仪式，并不是一般的佛寺僧团组织可以完成，往往需要强大的国家组织与财力支撑。醯罗城对顶骨的供奉及展示仪式正是以国王及城中豪族共同参与完成。根据公元 9 到 11 世纪敦煌地区的寺院文书来看[①]，即便已经过了几个世纪的发展，行像仪式所需的装饰供具及各类奇异珍宝，仍是地方政府及寺院财产中的重要支出。

在公元 4 到 5 世纪，最广为人知的也许是塔里木盆地以南于阗国的行像活动。法显于抵达醯罗城的前一年（402 年），在于阗国参观了一场盛大的行像活动，这是法显西行之旅所遇到的第一场由当地国家组织的大型宗教仪式，并且在抵达于阗之前，法显对此地隆重的行像仪式应该早有所闻或寄望颇多，因而，为了观看这场仪式，他放弃了与同行高僧前往至竭叉国的打算，在于阗国停留等待了三个月。三年后（405 年），法显在"凡诸中国，唯此国城邑最大"的摩竭提国巴连弗邑又观看了一场隆重的行像活动。可以说，这些仪式虽需要国家的支持与运作，但也是彰显国家力量的重要方式，也许这正是佛教自葱岭以西向东传播过程中，被各个国家广为接受及大肆流行的重要原因之一。

自公元 7 世纪初到 9 世纪末，唐代法门寺佛指舍利所受到的隆重皇家供养，最令人印象深刻的便是佛塔地宫三十年一开的传统。佛指舍利自地宫取出迎送至洛阳、长安的宫廷及皇家寺院供养，即借助盛大的迎送及展示仪式昭示天下。据上文分析可知，唐代有规律地打开佛塔，并将舍利迎送至皇宫供养的方式，并非前所未见，犍陀罗地区及塔里木盆地所流行的舍利及佛像的展示仪式极有可能是其重要的灵感来源。

3. 舍利容器及舍利供奉物

目前犍陀罗地区年代最早的纪年铭文舍利容器出土于白沙瓦西北方向巴爵尔（Bajaur）地区，由公元前 58～57 年（塞卡人统治时期）[②]，印度塞卡王（Azes）及王后、公主、王子所供养，刻记铭文提及供养人为了寻找更安全的供奉与安放空间，

---

① ［法］童丕著，余欣、陈建伟译：《从寺院的帐薄看敦煌的二月八日节》，《法国汉学》第 5 辑，北京：中华书局，2000 年，第 58～106 页；［法］王微著，余欣、陈建伟译：《春祭——二月八日的佛教仪式》，《法国汉学》第 5 辑，第 107～126 页；余欣强调琉璃、玛瑙之类的宝物只出现在寺院什物历和施入疏中，而非契约、归义军官衙点检历中，意味着它们更可能是作为宗教圣物，而非流通领域的等价物或商品，详见余欣：《敦煌佛寺所藏珍宝与密教宝物供养观念》，《敦煌学辑刊》2010 年第 4 期。

② David Jongeward, Introduction, *Gandharan Buddhist Reliquaries*, p. 27.

将瓶中舍利从一座石窟寺塔移至此处①。在此，一个尤为明显的特征是佛教舍利崇拜与贵霜帝国王室及贵族供养的紧密关系。贵霜帝国时期，庞大的佛教赞助群体不仅来自富裕家庭的僧尼及僧团，还包括商人阶层以及王室贵族，这直接体现在犍陀罗地区出土数量颇丰的舍利容器及各类舍利供奉物。在斯瓦特博物馆中还保存有表现当时贵族供养人手捧舍利容器的浮雕石板（图1.9）②。

图1.9　犍陀罗浮雕石板（斯瓦特博物馆藏，采自 *Gandharan Buddhist Reliquaries* 2.19a，2.19b）

据统计，目前各地博物馆及私人收藏所见，出土于阿富汗及巴基斯坦地区，保

---

① Richard Salomon, The "Avaca" Inscription and the Origin of the Vikrama Era, *Journal of the American Oriental Society*102（1），1982，pp. 59 – 68.

② 这两件石刻从其尺寸来看（左件高60厘米，右件高33厘米），不似独立的雕塑，更有可能是表现分舍利场景的石板浮雕的局部，依据在于犍陀罗地区分舍利场景中往往出现贵霜贵族装扮的人物形象，手捧舍利容器等待舍利分配，关于犍陀罗地区分舍利场景的分析详见第四章第二节。

存较为完好的舍利容器共计 400 余件。从使用材质上看，数量最多的是石质舍利容器，占据总数量的二分之一，此外，根据所占比例的多少，还依次有铜质、水晶、金银、陶质舍利容器。考古学家根据容器形制的不同，进一步将其石质舍利容器分为四类：球状圆盒、带盖圆罐、深腹直身圆盒以及微型窣堵坡①。2012 年最新出版《犍陀罗舍利容器研究》（*The Reliquary from Ancient Gandhara*），对这批材料有详细及系统的整理及研究，书中还附有华盛顿大学邵瑞琪（Richard Salomon）对犍陀罗地区出土的舍利容器表面所刻带铭文的录入、翻译以及研究②。在此，仅以三点特征来说明犍陀罗舍利容器的特殊之处。

首先，犍陀罗地区舍利容器具有特殊的展示功能。5 世纪初，法显对醯罗城盛大的舍利供养仪式的描述中提到，佛顶骨被移出窣堵坡后，放置在一个特殊的容器内，"出佛顶骨置精舍外高座上，以七宝圆碪碪下，琉璃钟覆上，皆珠玑校饰"③。"碪"是中国古代对捣衣石的称谓，法显对此名称的借用，应是缘于二者在外观上的相似性，以石碪作为底座，其上覆钵体部分变换使用另一种材质：琉璃，顶部相轮应是极尽装饰，美轮美奂。因此，"七宝圆碪"正是指盛放及展示舍利的容器，其具体形制为石质底座，琉璃材质的覆钵体，以及华丽的相轮。实际上，这种在覆钵体部分特别使用琉璃或水晶材质的方式，恰可以在犍陀罗地区佛塔的出土物找到相应的例子，比如收藏在日本广岛平山郁夫丝绸之路博物馆（Hirayama Ikuo Silk Road Museum）这件金铜与绿色玻璃组成的舍利容器（图 1.10），高度有 6 厘米，在尺寸上应小于法显在醯罗城所见的七宝圆碪。据《犍陀罗舍利容器研究》统计，这种混合使用金属及水晶或玻璃材质的微型窣堵坡，数量并不少，且保存完好，大约存在于公元 3 到 5 世纪④。然而，书中对这类舍利容器的特殊功能并未有所关注。结合法显的观察和记

① David Jongeward, Survey of Gandharan Reliquries, *Gandharan Buddhist Reliquaries*, pp. 39–110.

② Richard Salomon, Gandharan Reliquary Inscriptions, *Gandharan Buddhist Reliquaries*, pp. 164–199.

③ ［东晋］法显：《法显传》，北京：文学古籍刊行社，1955 年，第 25 页。此书影印北京图书馆藏宋绍兴初思溪藏通字号法显传一卷；另一通行版本见［东晋］法显著，章巽校注：《法显传校注》，第 46 页。此处，章巽依照日本石山寺古写本（简称石本）以及日本镰仓初期法显传的古抄本（镰本）取"椹"，宋思溪藏本取"碪"，本文从宋本，依据在于"碪"强调容器的石质，从而更接近犍陀罗地区考古所见的大量石质舍利容器。

④ David Jongeward, Survey of Gandharan Reliquries, *Gandharan Buddhist Reliquaries*, pp. 88–90.

图 1.10　窣堵坡形舍利容器（广岛平山郁夫丝绸之路博物馆藏，采自 *Gandharan Buddhist Reliquaries*, fig. 3.36*c*）

录，这类在覆钵体部分选择琉璃材质的特殊设计，很有可能是为了便于观看舍利，在特别的仪式中用以舍利展示，这正是当地有关舍利展示仪式十分流行的体现。

其次，佛教舍利容器与贵霜贵族所使用的"香盒"十分相似。以圆形结构为主要特征的舍利容器，最早出现于中印度地区佛寺及佛塔遗址（图 1.11），在犍陀罗地区这些石质圆盒并非仅出自佛寺遗址，也发现于城市定居区，比如斯尔坎普城的私人礼拜堂或小型祠堂①。从外观上看，这类小型舍利圆盒保存完好，没有磨损及使用的痕迹，根据其特殊的出土地点，马歇尔认为，它们极有可能是从家用器物演变而来，在一定的宗教仪式与活动中被再次利用，作为合适的容器盛放舍利。实际上，随着考古发现的增多，犍陀罗地区舍利容器与贵族生活器皿在形制上的转借与共用变得尤为突出。

20 世纪五六十年代，意大利及日本探险队陆续对犍陀罗地区的其他古代城市遗址进行发掘，当时贵族所使用的大量生活器具被不断发现。Dobbins K. Walton 指出犍陀罗佛寺遗址出土的深腹直身舍利圆盒，与城市定居区所发现的巴克特里亚及印

---

① 这一类型集中出土于塔克西拉地区。20 世纪 30 年代，马歇尔最早从类型学角度对这批材料展开研究，试图比对出其形制变化的规律，并推测在一些私人礼拜堂，这些曾经盛放香料、油及珍珠的容器，具有特殊的宗教用途。在一些佛寺遗址，这些昂贵的容器被放置在窣堵坡内，用以盛放舍利，周围还摆放其他价值极高的私人物品，包括宝石、金银物品，详见［英］约翰·马歇尔著，秦立彦译：《塔克西拉》卷一。

图 1.11 达摩拉吉卡遗址佛塔出土舍利容器（Mashall 绘，采自 *Gan-dharan Buddhist Reliquaries*，fig. 3.1）

度－希腊时代盛放香料的盒子在形制上十分相似①。这种关联在之后被进一步深化，尤其是 1978～1979 年苏联与阿富汗考古学家对贵霜帝国晚期重要贵族墓葬 Tilya Tepe 的考古发掘之后。Tilya Tepe 位于阿富汗靠近苏联边境的席巴尔甘地区

① 20 世纪五六十年代，意大利及日本考古队开始对斯瓦特谷地 Chapalaq Tepe 等城市遗址展开考古发掘。详见 Dobbins，K. W.，Buddhist Reliquaries from Gandhara，Devendra Handa，Ashvini Agrawal，eds.，*Ratna Chandrikā*，New Delhi：Harman Publishing Housepp，pp. 105－124.

(Shibarghan)，总共分布有八座贵族墓葬，年代从公元前 50 年至公元 50 年，被认为是贵霜帝国末期的王族或贵族墓葬，经考古发掘的六座墓葬中共出土有 2 万件金器，因此 Tilya Tepe 被称为"黄金之丘"。

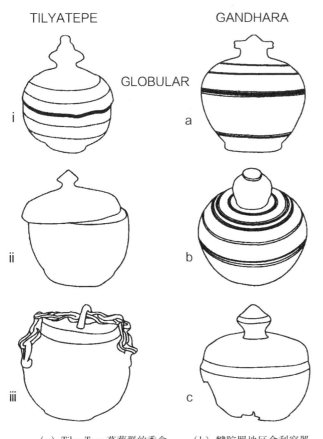

（a）Tilya Tepe 墓葬群的香盒　（b）犍陀罗地区舍利容器

图 1. 12　Tilya Tepe 墓葬群出土香盒与犍陀罗地区舍利容器
对比（Robert L. Brown 绘，采自 *Gandharan Buddhism Archaeology Art and Texts*，fig. 8. 20）

对于舍利容器研究来说，Tilya Tepe 墓葬群的重要性在于，其内所出土的贵霜时期王族或贵族使用的各类香盒，与犍陀罗地区舍利容器在形制上的相似性，为讨论舍利容器的功能及意义提供了新的线索。Robert L. Brown 将这批贵霜贵族墓葬所出土的香盒与犍陀罗地区出土的舍利容器进行仔细比照，发现它们在形制及装饰上的相似处（图 1. 12），并进一步从佛典文本中，为二者的联系寻找宗教上的解释，认为舍利容器对香盒的转借，与涅槃经典中对佛陀涅槃之后的归所"香室"的描述相呼应，

同时，香气也是佛陀舍利象征性的某种体现，从而香盒与舍利容器在象征舍利神圣性方面具有同一性。实际上，由香盒转变为舍利容器最为著名的例子是出土于雀离大塔，被认为是贵霜鼎盛时期迦腻色伽王所供养的"迦腻色伽舍利银盒"（图 1. 13），以往根据雀离大塔的年代及舍利盒上的铭文，认为此盒是迦腻色伽王为舍利

供养专门制作①。

根据 2006 年对铭文的最新研究，银盒表面铭文对容器的自称显示，这本是一件盛放香料之用的香盒，其铭文内容不同于犍陀罗地区舍利容器铭文的一般体例，同时，在造型上，除去银盒盖顶部的佛像装饰，整个盒身的结构与香盒也十分接近，就此可知这件银盒是由香盒特殊改制而来的舍利容器。关于"迦腻色伽舍利银盒"的最新研究进展，集中在容器的年代上，一方面阿富汗地区几件巴克特里亚铭文石碑的发现，尤其是 1957 年阿富汗的巴格兰地区

图 1.13 迦腻色伽舍利容器（大英博物馆藏，采自 *Gandharan Buddhist Reliquaries*，fig. 3. 32a）

（Baghlan）发现的苏尔赫·科塔勒（Surkh Kotal）石碑，以及 1993 年发现的腊跋闳柯（Rabatak）碑，古文字学家对这两个碑所记录内容的破译，使得我们对贵霜王国的世系有了更清晰的认识，迦腻色伽的活动范围集中在公元 2 世纪上半叶（127～151 年）；另一方面，容器内的供奉物还包括迦腻色伽之后贵霜国

① 经 19 世纪初的发掘，雀离大塔中共发现 4 组舍利容器，应是不同时期放入，迦腻色伽舍利容器是其中一组，目前这些舍利容器及其内供奉品收藏在大英博物馆。根据 D. B. Spooner 的发掘报告 *Archaeological Survey of Indian Annual Report for* 1908－1909，银盒内部六面水晶小盒中盛放三片碎骨头，非常细碎。这件舍利容器最初被认为是迦腻色伽本人的圣骨函或者迦腻色伽供养，但目前更多意见在于指明它与迦腻色伽的关系不是那么的直接，尤其这件舍利容器并非出自佛塔中心而是塔侧，极有可能是后来供养者所补入。有关迦腻色伽舍利容器的最新研究进展详见 David Jongeward，Survey of Gandharan Reliquaries，*Gandharan Buddhist Reliquaries*，pp. 82－84.

王所发行的钱币，因而，目前关于这件舍利银盒的年代更多认为是在公元 2 世纪中叶或稍后①。然而，可以肯定的是，大致在迦腻色伽时期前后，犍陀罗地区舍利容器表面的装饰呈现出新变化，不再是简单的弦纹装饰，而更趋于立体且繁复，尤其是佛陀的形象开始出现在舍利容器表面。

　　另一件较具代表性的是阿富汗地区巴米扬石窟遗址以西所发现的比马兰舍利容器（Bimaran Reliquary）（图 1.14）。从出土情况来看，这件圆柱形金盒被放置在套层舍利容器的最内层，尺寸并不大，顶部及底部的位置皆环绕镶嵌有红色的宝石。器身表面凸刻八个拱廊形龛，其内为带有背光的神祇形象，虽然八位神祇在细节上略有不同，但从姿态及服饰上来看，基本上是四位神祇形象的两次重复表现，包括佛陀两侧的帝释与梵天，与佛陀相对的另一位神祇则较难确定其身份，一说是印度教守护神，另一种说法是弥勒。在这些神圣形象之外，穿插在拱门之间的还有展翅的鹰鸟形象，宝石之间也点缀以花瓣纹饰，金盒底部则是浮雕形式的莲花纹饰。就制作的精美程度而言，这件舍利容器比迦腻色伽舍利银盒更加细致。值得注意的是，这种连续的拱廊作为装饰主题，被认为极有可能移植自公元 1 至 2 世纪的罗马石棺②，且流行于犍陀罗地区窣堵坡的方形塔基表面，这显示犍陀罗地区多元艺术传统对舍利容器的影响。

图 1.14　比马兰舍利容器（大英博物馆藏，采自 *Gandharan Buddhist Reliquaries*，fig. 4.26）

　　最后，与极尽华美的舍利容器同时出现的还有犍陀罗地区愈加丰富的舍利供奉品。在比马兰舍利金盒周围，比马兰（Bimaran）2 号塔内还有数量众多的琉璃、珊

①　David Jongeward，Survey of Gandharan Reliquaries，*Gandharan Buddhist Reliquaries*，p. 84.

②　［美］罗伊·C. 克雷文著，王镛等译：《印度艺术简史》，北京：中国人民大学出版社，2004 年，第 79 页。

瑚、水晶、宝石材质的珠子，以及花形及心形的各类金箔。这些供奉品同样见于其他地区佛塔遗址的舍利容器之内或周围，是犍陀罗地区舍利供奉的普遍特征。重要的是，这些遗物并非仅出土于佛教遗址，心形及花形的珠子或金箔同样大量见于Tilya Tepe 的贵霜王族墓地。因而，Robert L. Brown 认为，舍利容器是对贵族盛放高级香料的香盒的转借，这一联系的背后是犍陀罗地区的舍利崇拜，尤其为舍利施供大量珍贵私人物品的方式，受到了当时贵霜王族及贵族墓葬随葬传统的影响①。

舍利容器装饰语言的日趋多元化显示，犍陀罗地区的舍利崇拜过程中，舍利容器本身便具有特殊的意义，而供奉物的多样化及丰富性实际上体现了当时对舍利的新看法。这一时期，佛经中对舍利的定义及分类，为舍利崇拜的流行提供了经典依据。从早期经典的记载来看，一方面，材质坚硬、色彩丰富、光泽度高的珠子都与佛陀的内脏器官及佛陀身体的其他部分有关②。且佛陀在涅槃，经荼毗之后所获得舍利不应是一般意义上的骨灰，从某种意义上，珠子或碎石被认为是实际舍利的转化，由荼毗后身体的变形所创造。另一方面，围绕舍利出现更多的分类体系：或根据身体的不同部位，分为佛发、佛牙、佛骨等；或根据历史上佛的真实存在，分为佛的身体、佛的用具，比如佛钵、佛杖等；以及根据佛的行迹，包括佛讲经、涅槃处等。这种对佛陀舍利观念上的转变，以及大量所谓"替代品"舍利的出现，无疑也是为了应和这一时期不断高涨的舍利崇拜。

（三）唐之前中国舍利容器中的"舶来品"风格：以弦纹带盖圆盒为例

对舍利容器的研究，往往强调佛教自印度、经中亚至东亚的世界传播过程中，舍利容器的形制及装饰与当地文化的融合及本土改造③。一个通行的说法，是唐高宗

---

① Robert L. Brown, The Natrure and Use of the Bodily Relics of the Buddha in Gandhara, *Gandharan Buddhism Archaeology Art and Texts*, pp. 183 – 209.

② 见于公元 5 世纪南传上座部里经典，觉音（Buddhaghosa）所作《清净道论》中，收入《世界佛学名著译丛 101》，台北：华宇出版社，1989 年，第 267～272 页。觉音引用了整个南传三藏要点并参考斯里兰卡当时流行的许多古代三藏义疏和史书而写成。其作品被认为保存了诸多印度地区的早期佛教观念。

③ 详见绪论学术史第一部分。

时期，开始采用棺椁形式的容器瘗埋舍利，从而实现了佛教舍利瘗埋的中国化①。但是在唐代之前，中国境内依旧有一定数量外来样式特征的舍利容器，尤其是在印度及犍陀罗地区较为流行的，以弦纹装饰的宝珠纽深腹圆盒。以往认为这类外来样式的舍利容器出土数量并不多，仅见于河北正定北白店村隋代塔基1件②。然而，2014年11月~2015年2月浙江省博物馆"定州静志、净众佛塔地宫文物展"展出有数件被认为是外来形制的舍利容器③。这批新公布的材料对于研究中古时期佛教舍利容器的传播、保存、复制及仿造具有特殊的意义。本节便是围绕出土所见具有外来样式特征的舍利容器，来探讨中古时期舍利容器中的"舶来品"风格现象。

1. 来源与特征

2014年底由浙江省博物馆与定州市博物馆联合举办的"定州静志、净众佛塔地宫文物展"展出了两座地宫中自北朝至宋代不同时期递藏的舍利容器及舍利供奉品，数量达三百余件（组）。这是河北定州静志、净众佛塔地宫出土物的首次全体亮相④，其中几件特殊形制的舍利容器尤为引人注目，包括隋代瘗埋的宝珠纽弦纹深腹铜盒、以套层组合形式出现的弦纹直腹扁铜盒、石质带盖圆罐、石质蕉叶纹圆罐等。结合前两节的分析，可以看出它们的特殊之处，正在于同印度及犍陀罗地区舍利容器的相似与接近。另外，在宋代瘗埋的舍利及其供奉品中，还出现了以白釉仿制上述几种类型的器物。无论是从圣物的流传与历代供养，还是从材质变换的仿品来界定这些宗教圣物，都不能忽略的一个问题是这些外来样式在定州地区曾经广受欢迎，并

① 徐苹芳：《中国舍利塔基考述》，《传统文化与现代化》1994年第4期；杨泓：《中国隋唐时期佛教舍利容器》，《中国历史文物》2004年第4期。

② 冉万里：《中国古代舍利瘗埋制度研究》。

③ 2014年11月~2015年2月由浙江省博物馆及定州市博物馆所共同主办，在浙江省博物馆武林馆公开展出三百件（组）工艺精品，展览图录见浙江省博物馆、定州市博物馆编：《心放俗外：定州静志、净众佛塔地宫文物》，北京：中国书店，2014年。

④ 河北定州净众、静志寺佛塔地宫早在1969年由定县博物馆发掘，虽有简报出版，但一直未有完整的材料及图录公布。简报见定县博物馆：《河北定县发现两座宋代塔基》，《文物》1972年第8期；1992年4月3日~7月10日故宫乾清宫西庑曾展出由定州市博物馆与故宫博物院联合举办的《定州市文物精品展》，陈列展出200件文物；1997年赴日本大阪及东京出光美术馆展出：《出地下宫殿の遗寶：中国河北省定州北宋塔基出土文物展》；2014年11月~2015年2月由浙江省博物馆及定州市博物馆所共同主办的《心放俗外：定州静志、净众佛塔地宫文物》展出及介绍两座地宫的整体情况，包括所有舍利容器、各类供奉品以及地宫中的宋代壁画。

且一直保存至宋代，成为新一轮圣物制造的范本。

　　1987 年在河北省正定县北白店村所发现的隋大业元年（605 年）舍利石函内，有一件宝珠纽弦纹铜盒，直径 6.2、通高 9.2 厘米，直壁深腹，平底。盒外体装饰有十道瓦楞状间距的双线凸弦纹，盒上有宝珠纽弦纹盖，由其内所摆放的盛放舍利的小银瓶，及其外舍利石函的年代，判断这件铜盒属于隋代所使用的舍利容器①（图 1.15a）。在正定县东北方向，距离其 60 公里处的河北定州县城东北的静志寺地宫，建于太平兴国二年（977 年），内藏自北魏兴安二年（453 年）以来，经隋大业二年（606 年）、唐大中十一年（857 年）、十二年（858 年）、龙纪元年（889 年）、北宋乾德三年（965 年）、太平兴国二年（977 年）历代递藏供养舍利的各类遗物。其中有五件弦纹装饰的深腹圆盒，三件为铜质、两件白石质表面涂金（图 1.15b、c），与正定北白店村所发现的大业元年舍利石函内的宝珠纽弦纹铜盒，在形制及装饰细节上皆一致，被推定属于隋代大业二年入藏的舍利容器②。

（a）隋代河北正定出土铜质圆盒（采自《中国河北正定文物精华》第 45 页）

（b）隋代河北定州静志寺佛塔地宫铜质圆盒（采自《心放俗外：定州静志、净众佛塔地宫文物》第 23 页）

（c）隋代河北定州静志寺佛塔地宫白石质表面敷金圆盒（采自《心放俗外：定州静志、净众佛塔地宫文物》第 7 页）

图 1.15　弦纹带盖深腹圆盒

---

① 赵永平等：《河北省正定县出土隋代舍利石函》，《文物》1995 年第 3 期。
② 浙江省博物馆、定州市博物馆编：《心放俗外：定州静志、净众佛塔地宫文物》，第 17 页。

据考古报告描述，定州与正定两地发现的弦纹深腹圆盒，其盖身之间子母扣非常严密，不见加工物件摆动的迹象，盖纽及盒身的弦纹周围都有同心圆旋转痕迹，刻痕纹理细密，深浅一致。这类细致、匀整的弦纹，与商周时期青铜器上以陶范法分铸组成的弦纹不同，被认为是机械加工的痕迹①。第一节所介绍，中印度地区公元前2世纪左右的舍利圆盒表面，即有这类简单的弦纹装饰（图1.16）。弦纹作为基本装饰元素广泛出现在印度以及犍陀罗地区各类舍利容器表面。

图1.16   公元前2世纪至公元1世纪中印度地区弦纹装饰舍利容器（采自 *Buddhist Reli-quaries from Ancient India*，fig. 80，fig. 57，fig. 58）

就制作技术而言，在器物表面刻划弦纹并非印度地区所独有。但是，弦纹作为舍利容器的装饰元素则有着明显的异域背景，宝珠纽深腹圆盒的形制也更多见于阿富汗地区所流行的舍利容器。其中最具代表性的是目前保存在塔克西拉博物馆的片岩质深腹圆盒，盒身表面阴线刻有带状分布的菱格等纹饰组成的装饰花纹，盒盖周围刻莲瓣，盒盖中心莲蕊位置有凸出的盖纽（与宝珠纽相似），器身高10.5厘米（图1.17b）。这件舍利容器出土于斯尔坎普宫殿区附近，年代在公元2~3世纪。此外，在阿富汗其他地区，也发现有青铜材质的弦纹深腹圆盒，比如出自 Manikyala 大塔的铜盒，年代在公元3世纪，其表面的弦纹装饰与正定北白店村隋代舍利圆盒更为接近（图1.17a）。同时，此种形制的舍利容器形象不仅有实物出土，还往往出现在犍陀罗地区的浮雕石板中，尤其是表现舍利供养的场景里，以及表现手捧舍利容器的贵族供养人石像中，可见这是公元2~3世纪犍陀罗地区广为流行的一类舍利容器，且是贵霜皇室及贵族所喜爱的样式。值得注意的是，这一类型容器集中分布在

---

① 赵永平等：《河北省正定县出土隋代舍利石函》，《文物》1995年第3期。

阿富汗东南 Hidda，即宋云及法显曾到访的醯罗城古代佛寺遗址，此地最为著名的便是佛顶骨及佛牙崇拜。

（a）Manikyala 佛塔出土，大英博物馆藏（采自 *Gandharan Buddhist Reliquaries*，fig. 4. 6）

（b）斯尔坎普王宫佛塔遗址出土，塔克西拉博物馆藏（采自 *Gandharan Buddhist Reliquaries*，fig. 3. 21c）

（c）白沙瓦博物馆藏（采自 *Gandharan Buddhist Reliquaries*，fig. 3. 20a）

图 1. 17　公元 3～5 世纪犍陀罗地区锥纽带盖弦纹装饰深腹圆盒

杨泓曾论述中国新疆境内出土的木质舍利容器（图 1. 18）与犍陀罗地区所流行的这类深腹带盖圆盒在形制上的联系，迦腻色伽舍利银盒便与其基本结构一致，但这类容器在中国甘肃以东地区并未发现。冉万里指出河北正定北白店村所见隋代弦纹舍利深腹圆盒与中亚地区关系密切，属于外来形制的容器类型，但在中国各地历代佛舍利供养中仅此一件。

对比而言，新疆地区所见的木质舍利容器虽然延续深腹带盖圆盒的形制，但在盒身的装饰主题上似乎另有传统①，远不及正定及静志地宫所见的弦纹深腹圆盒，在

---

① 1957 年，熊谷宣夫认为这件出土于新疆库车东北苏巴什雀离大寺遗址的木胎舍利盒，年代在公元 7 世纪，熊谷宣夫：《クチャ将来の彩画舍利容器》，《美術研究》第 191 号，1957 年；1985 年，霍旭初考证盒身周壁装饰的乐舞图像，所描述是龟兹地区流行的假面舞"苏幕遮"演出的场面，霍旭初：《龟兹舍利盒乐舞图》，《丝绸之路造型艺术》，乌鲁木齐：新疆人民出版社，1985 年，第 131 页；2010 年，扬之水强调作为时令歌舞的"苏幕遮"特征并不存在于乐舞图中，其主题应当是伎乐供养，以供奉其内所盛放的舍利，扬之水：《龟兹舍利乐舞图新议》，《文物》2010 年 9 月；最近日本学者服部等作的研究认为，这种歌舞列队场面，来自粟特地区纳骨盒表面表现葬礼场景的传统。见服部等作：《スバシ出土舍利容器と信仰の姿：大谷探検隊の将来品と汎アジア世界の宗教》，柴田幹夫编：《大谷光瑞：「国家の前途」を考える》，2012 年，第 139～146 页。

整体形制及装饰细节上与犍陀罗地区舍利容器保持相似。出土于塔里木盆地南北两道佛寺遗址的这些木质舍利容器的年代多在公元7世纪左右，但是，克孜尔石窟壁画中对这些舍利容器的表现①，提示我们这些舍利容器在龟兹地区出现的时间也许更早。如此来看，这些木质舍利圆盒与定州及正定两地所发现的宝珠纽弦纹深腹圆盒的流行时间几乎同时或更早。然而，河北地区所见的舍利容器，反而比甘肃以西的新疆地区保留了更多的域外特征。

（a）苏巴什佛寺遗址出土　　（b）克孜尔石窟出土　　（c）苏巴什佛寺遗址出土

图1.18　公元7世纪左右丝绸之路北道库车地区出土木质舍利容器（采自《丝绸之路·新疆佛教艺术》第170、172、174页）

　　限于材料的零散，过往研究无法对这类在中国出现的外来样式舍利容器展开集中研究。定州静志寺地宫为这一问题增添不少新的材料，使我们看到在隋代，这种类型的舍利容器并非仅有一二。实际上，进一步系统整理目前中国境内所见此类形制的容器，可以发现它较为集中地出现在河北中部及南部地区，并且不只出自佛塔遗迹，还出现在同时期的墓葬环境中，甚至在同一地宫宋代入藏的供奉品中出现白釉仿制品。

表1.1　目前所见弦纹带盖深腹圆盒一览表

年代	形制	材质	尺寸	保存及出土情况
隋（605年）	宝珠纽盖、深腹圆盒、通体饰凸弦纹	青铜	高8.94、径6.1厘米	河北正定北白店村塔基地宫，大业元年石函。其内放置银舍利瓶
隋（606年）	宝珠纽盖、深腹圆盒、通体饰凸弦纹	青铜	高9.5、径7.8厘米	河北定州静志寺地宫隋大业二年入藏

① 朱英荣：《龟兹石窟研究》，乌鲁木齐：新疆美术摄影出版社，1993年，第232页。

续表 1.1

年代	形制	材质	尺寸	保存及出土情况
隋 （606 年）	盖残、深腹圆盒、通体饰凸弦纹	青铜	高 8.0、径 7.8 厘米	河北定州静志寺地宫 隋大业二年入藏
隋 （606 年）	宝珠纽盖、深腹圆盒、通体饰凸弦纹、涂金	白石	高 8.9、径 7.7 厘米	河北定州静志寺地宫 隋大业二年入藏
隋 （606 年）	宝珠纽盖、深腹圆盒、通体饰凸弦纹、涂金、盒内涂橘红色粉	白石	高 9.2、径 8.0 厘米	河北定州静志寺地宫
隋 （595 年）	奁状瓷器，宝珠盖、腹部饰以弦纹、腰部较细	白瓷	高 6.5 厘米	河南安阳隋代张盛墓 葬于开皇十五年
南北朝 （传）	宝珠纽盖、深腹圆盒、通体弦纹	青铜	高 5.2、径 4.6 厘米	日本京都藤井有邻馆， 且内包括宝珠纽盖圆扁 盒、宝珠纽盖圆罐
唐 （传）	宝珠纽盖、深腹圆盒、通体弦纹、鎏金	青铜	高 7.0、径 4.5 厘米	日本京都出光美术馆， 盒内有两件圆形扁盒， 一铜、一鎏金
唐 （传）	宝珠纽盖、深腹圆盒、通体弦纹、鎏金	青铜	高 13.8 厘米	日本白鹤美术馆
宋 （977 年）	白釉弦纹筒形盒（无纽）	白釉瓷	高 10.8、腹径 7.1、底径 4.7 厘米	河北定州静志寺院地宫 兴国二年入藏
宋 （995 年）	白釉弦纹柿蒂纽盖盒	白釉瓷	高 11.2、腹径 13.3、足径 8.3 厘米	北宋净众院塔地宫 至道元年入藏
宋 （995 年）	白釉弦纹盖盒、圆饼形纽、周身饰瓦纹	白釉瓷	高 12.4、腹径 14.3、足径 8.3 厘米	北宋净众院塔地宫 至道元年入藏

　　根据上表的统计，目前所见弦纹装饰的宝珠纽深腹圆盒总共有十二件。

　　从出土年代来看，弦纹装饰的深腹宝珠纽带盖圆盒分布在隋及宋两个时代，其中青铜材质圆盒的年代下限是隋代大业二年，宋代器皆为白釉材质。散见于日本各地博物馆的深腹圆盒，皆为青铜材质，更接近出土材料中隋代容器的特征，其年代可能在隋或唐代初期。

从分布地点来看，这类形制的舍利容器只出现在河北中部的正定及其东北部的定州。张盛墓所在地安阳位于河南北部与河北南部交界处，自北朝以来，便属于邺城（或邺都）的中心地带①，加之张盛主要活动于北朝及隋初，因而在文化传统上，张盛墓与河北邺城地区的关系更为紧密。

在所使用的材质及尺寸方面，隋代不仅有石质与铜质，还包括以白瓷制成的弦纹深腹圆盒。其中静志寺地宫所见的石质与铜质深腹圆盒，在尺寸及装饰上完全相同，并与正定北白店村的铜盒在尺寸上保持一致，皆在 10 厘米左右，可以代表隋代此类舍利容器的基本特征。与出土于佛塔地宫的弦纹圆盒相比，张盛墓中所见的白瓷奁盒尺寸较小，为 6.5 厘米，并且将盒身与盒盖连为一体，器盖并不能打开。换言之，白瓷仅模仿了其外形，而不在意其作为"盒"的功用。宋代的白釉弦纹深腹圆盒占据整体数量的三分之一，显示宋代对这类形制及装饰的浓厚兴趣。

以上来看，这类外来样式特征的舍利容器集中出现及流行于隋代的河北中南部地区。如果将其分为两类，一类是以铜或石质为基本材料，二者也见于犍陀罗地区；另一类白瓷及白釉质，则仅见于中国地区，如果将前者作为标准，那么后者应属于仿制品，模仿前者的弦纹装饰和基本形制，但在细节上有所改变。

2. 流行范围及背景

在定州静志寺隋代入藏的舍利及其供奉物中共有五件弦纹装饰深腹圆盒，显示出当时寺院对这类异域风格舍利容器特别的珍重及需求。加之日本收藏的三组弦纹深腹舍利圆盒，皆传为中国境内出土，可以推测此类舍利容器在隋代分布数量也许比目前考古所见材料更多。从出土地点来看，定州特殊的地理位置无疑为这种影响提供了条件，宿白曾分析河北定州"西依太行山，东展沃原，且是大漠南下华北大平原之要冲"②，自战国以来便是中原与北方交流的重镇，且佛教传播较早，根基深固。目前所见的十六国到北魏时期的金铜佛像也集中出土于河北地区③。张盛墓出土

① 周伟、彭晓丹：《河南安阳地区隋墓的发现与研究简述》，《中国文物报》2013 年 9 月 13 日，第 6 版。
② 宿白：《定州工艺与静志、净众两塔地宫文物》，《文物》1997 年第 10 期。
③ 李玉珉：《河北早期的佛教造像——十六国和北魏时期》，《故宫学术季刊》第 11 卷第 4 期，1994 年；刘建华：《北魏泰常五年弥勒铜佛像及相关问题的探讨》，《宿白先生八秩华诞纪念文集·下》，北京：文物出版社，2002 年。

的白瓷奁盒显示在河南北部的安阳即邺城附近，同样曾出现此类弦纹装饰舍利圆盒。

关于这类犍陀罗风格舍利容器的流行年代，其上限应早于隋代。参照上海博物馆收藏的北齐武平三年（572 年）马仕悦等造像碑，此碑正面中央龛内表现一佛二比丘二菩萨，其中左侧比丘手中所盛举的容器，为弦纹装饰的深腹圆盒（图 1.19）。虽然件容器在此亦可能是作为香盒而使用，但也说明这种形制的容器自北齐便已出现。换言之，这类异域风格舍利容器的使用及流行范围极有可能始自北齐，并延续至隋代。然而，仅以北齐马仕悦碑上的容器表现及佛塔地宫出土的信息似乎还不足以说明这类舍利容器在中古时期的流行及使用程度。因此，下文尝试借助张盛墓中弦纹深腹圆盒的白瓷仿制品，来对这类舍利容器在当时的使用环境、流行范围及特殊宗教功能展开进一步的讨论。

图 1.19　北齐武平三年马仕悦造像碑及局部（上海博物馆藏，于薇摄影）

张盛墓是 1959 年发掘于河南安阳的一座隋代砖室墓。墓中总共出土 192 件随葬品①。除了侍吏俑、武士俑、伎乐俑等，张盛墓集中呈现了北方地区早期白瓷的使用，出土了为数甚多的白瓷质日常生活用具，包括水桶、凭几、盘等。这些器具尺寸比实际要小，属于明器类型，专以随葬所用。其中一件名为"奁状瓷器"，与定州静志地宫隋代弦纹深腹圆盒舍利容器形制相似。通过报告对其定名可以看出，它被认为是模仿当时盛放梳妆用品的日用器具，但是白瓷奁盒的盖子并不能打开，因而

① 　考古研究所安阳发掘队：《安阳隋张盛墓发掘记》，《考古》1959 年第 10 期。

它并不是普通意义上的"圆盒",无法盛放任何物品。

据表1.1统计,这类弦纹装饰的深腹圆盒集中出土于佛塔地基或地宫,张盛墓的白瓷奁盒是唯一出土于墓葬的例子。冉万里认为这件白瓷奁盒同正定北白店村所见弦纹深腹圆盒形制虽然相同,"但还是有很大差异"[①]。这种判断主要基于二者在具体功用及性质上的区别,一为墓葬明器,一为佛教供具。然而,这种模仿关系是否恰恰反映了这类异域风格的舍利盛放容器在当时的流行?

具体来看,张盛墓的白瓷奁盒不仅在盒身饰以凸弦纹,也在盖顶饰以弦纹,这与静志地宫隋代弦纹舍利铜盒或石盒上的纹饰装饰位置几乎完全一致,同时,二者在高度与腹径的比例上也保持相似。稍有不同之处,在于白瓷盒身腰部略细,这种特征在静志寺舍利铜盒上并不突出(图1.20),但可见于犍陀罗地区的弦纹深腹舍利圆盒。换言之,它呈现出更多犍陀罗地区舍利容器的风格特征。以往认为这件白瓷奁盒是模仿生活器具的明器,但是,我们并没有在同时期其他墓葬或遗址发现类似的器形。

（a）隋 白瓷"奁盒" 河南安阳张盛墓出土（河南博物院藏,于薇摄影）　（b）隋 铜质 弦纹带盖圆盒舍利容器 河北正定出土（采自《中国河北正定文物精华》,第45页）

图1.20 张盛墓白瓷奁盒与静志寺地宫隋代弦纹舍利铜盒对比

实际上,张盛墓中大量随葬品所呈现出的佛教文化因素显示墓主与佛教关系密切。最直观且特别的便是墓中所发现的两件僧人陶俑及百余枚念珠[②]。同时,在瓷

---

① 冉万里:《中国古代舍利瘗埋制度研究》,第51页。

② 马世之:《关于隋代张盛墓出土文物的几个问题》,《中原文物》1983年第4期。

座、瓷兽和博山炉上皆出现仰俯莲的装饰纹样，且侍吏俑、武士俑也立于圆形莲花座之上。与僧俑及器物中的佛教装饰特征相比，这件白瓷奁器的佛教文化因素并不明显，因而并未获得足够关注。

值得注意的是，张盛墓中还有一组十五件尺寸相同的白瓷扁圆盒①，这种圆形扁盒与静志寺地宫隋代递藏的三件扁圆形铜盒的形制完全相同。与其相同的还包括1969年陕西耀县（今陕西省铜州市耀州区）神德寺塔出土的隋仁寿四年（604年）"大隋皇帝舍利宝塔铭"石函内盛装头发的圆形铜盒，可知它同样是作为舍利容器。同时，以静志寺地宫出土物情况来看，这类盖平顶，饰三周弦纹，直腹圆形扁盒，往往与弦纹深腹圆盒组合出现，这种组合方式也见于目前保存在日本京都藤井有邻馆所收藏的一套舍利容器②（图1.21）。

图 1.21　南北朝—隋　舍利容器（日本京都藤井有邻馆藏，采自《六朝の美術》，fig. 157）

由此来看，张盛墓不止有一件白瓷容器与当时流行的舍利容器相仿，这些联系显示世俗墓葬中的随葬品与同时期佛教舍利瘗埋物之间的密切关系，阐释这种关系的基础是确定墓主张盛的佛教信仰，但在没有更多文字资料的支持下很难对此展开深入阐释。然而，这并不影响我们继续追寻这类异域风格舍利容器在当时的流行情况。

根据墓志所记，墓主张盛生于北魏景明三年（502年），卒于隋开皇十四年（594年），

① 　未见于发掘报告，目前陈设于河南博物院。

② 　大阪市立美术馆：《六朝の美術》，图版157，平凡社，1976年，图版说明定其名为墓葬明器，年代定为"南北朝"，结合上文的分析来看，将其限定在"南北朝至隋"更稳妥，且从其材质、尺寸、组合方式，尤其是可开闭的实用特征来看，它们更可能是一组佛教舍利容器。

家中历代为相，官至朝野大夫①。从对其生平的描述来看，以 93 岁高龄死于隋初的张盛，其活动范围主要集中在北朝时期。张英群根据张盛墓中出土乐伎俑的姿势及所持乐器判断，其所表现应为"安国伎"，安国伎在公元 436 年被北魏政府吸收，尤风行于北齐皇室及上层贵族②。同时，其墓中大量重复出现的莲花座，为重叠覆莲样式且莲瓣尖细，这种样式始见于北朝石窟中的莲座，比如距离其不远的磁县南响堂北齐石窟第 7 窟内中央立佛像座。换言之，魏征虏将军中散大夫张盛虽然葬于隋初，且大量使用烧造于隋代的珍稀白瓷来提示这些随葬物的珍贵③，但其中白瓷奁盒及其他随葬物所体现的社会及佛教文化因素需要从北朝寻找源头④。

距离张盛墓不远处的安阳西北方向，清凉山上修定寺内，有北齐天保五年（554年）文宣帝供养的佛舍利，盛放舍利的"莲花纹带盖圆函"分三个部分，函身素面，函盖为覆莲瓣装饰，函底部为仰莲瓣装饰。圆函通高 130 厘米，被放置在一个方形底座之上。底座四周有北齐天保五年的铭文：

> 释迦牟尼舍利塔……天保五年岁次甲戌四月丙辰八日癸亥，大齐皇帝供养，尚书令平阳王高淹供养……⑤

据李裕群考证，安阳修定寺塔原型为天保元年（550 年）北齐高僧法上，为纪念文宣帝受菩萨戒而于寺中起建的支提⑥。天保五年铭的舍利容器应与此有关。值得注意的是，这件由北齐皇室供养的莲花纹饰舍利圆函，在形制上区别于北魏皇家供养所

---

① 考古研究所安阳发掘队：《安阳隋张盛墓发掘记》，《考古》1959 年第 10 期。

② 北齐后主高纬让"曹妙达、安未弱、安马驹之徒，至有封王开府者，遂服簪缨而为伶人之事"，［唐］魏徵等：《隋书》卷十四《音乐志》，北京：中华书局，1973 年，第 331 页。

③ 据王睿统计分析，隋代早期白瓷的使用并不广泛，仅见于河南地区高等级墓葬，王睿：《早期白瓷使用情况分析》，《华夏考古》2011 年第 2 期。

④ 安阳，入隋为相州，居民主要来自安阳北侧北齐邺都的遗民，隋代在丧葬及制度方面承袭北齐，并且张盛墓在甬道两侧设壁龛，于其中放置随葬品的方式在安阳地区仅此一例，有可能是受到西安地区的影响，参见苏哲：《安阳隋墓所见北齐邺都文物制度的影响》，王辉编：《远望集》，西安：陕西人民美术出版社，1998 年，第 673 页。

⑤ 河南省文物研究所编：《安阳修定寺塔》，北京：文物出版社，1983 年，第 160～164 页。

⑥ 李裕群：《安阳修定寺塔丛考》，《宿白先生八秩华诞纪念文集》，第 442～443 页。

使用的盝顶方形石函，而与同时期北齐贵族墓中所见颇具异域风格的容器相类似①。

根据开元三年（715 年）《相州邺城天城山修定寺之碑》②对佛塔名称的记载："又有龙华瑞塔，降于仍利；雀离仙图，来于天竺。"及"龙花飞塔，雀离涌图。"可确定寺内所矗立的两座佛塔，一为龙华瑞塔，一为雀离仙图，后者正是瘗藏北齐"释迦牟尼舍利"及舍利圆函的佛塔③。换言之，北齐天保元年至五年，瘗埋皇家供养舍利是一座模仿"雀离浮图"的北天竺（犍陀罗）风格建筑。

"雀离浮图"位于当时北天竺首都富楼沙（今阿富汗白沙瓦东南郊），传为贵霜帝国鼎盛时期，迦腻色伽王供养舍利而建。这座佛教历史上的标志性建筑物，其纪念意义主要体现在它代表了佛教在贵霜帝国时期所能达至的最高地位。因此，"雀离浮图"被视为一个家喻户晓的典故，反复出现在各类佛教或教外文献中。值得注意的是，这座迦腻色伽所建的大塔，是否就是北齐皇室供养舍利所起佛塔模仿的对象？

一个更大的可能是，"雀离"已经成为一种异域风格的泛指，在当时北齐邺都内还有一座"雀离佛院"④。目前学界多认为，修定寺浮雕砖塔方形平面、单层的建筑结构基本延续了北齐佛塔的原貌，就此而言，修定寺塔模仿的更可能是前文所述在公元 3 到 5 世纪犍陀罗地区广为流行的以方形结构为主的单层"舍利方堂"建筑，而不是追求高度的窣堵坡式样的"雀离浮图"。毫无疑问，北齐皇室所供养的舍利塔是一座北天竺风格的砖石结构建筑，它不同于曾经盛极一时的北魏永宁寺九层木质佛塔。

在天保五年（554 年）北齐皇室供养舍利之前，北魏佛教舍利瘗埋所使用的为盝顶方形舍利石函，其例证见于河北定州华塔塔基出土物。根据石函盖上的铭文，可知这是北魏太和五年（481 年），孝文帝与文明太皇太后"于州东之门"下瘗的舍

---

① 这类贴塑装饰的白瓷或青瓷瓶可见于北齐及隋代墓葬，关于北齐佛教舍利容器的进一步讨论见第二章第二节。

② 艺风堂旧藏清代拓片，北京大学图书馆藏，此拓片最早经由李裕群整理及介绍，见李裕群：《安阳修定寺塔丛考》，《宿白先生八秩华诞纪念文集》；全碑录文见侯卫东：《相州邺城天城山修定寺之碑校读》，《殷都学刊》2012 年第 4 期，侯卫东强调此碑对修定寺各类建筑及景观的描述属于北齐遗迹。

③ 李裕群：《安阳修定寺塔丛考》，《宿白先生八秩华诞纪念文集》，第 442～443 页。

④ 《北齐书》卷十三《赵郡王高深传附高叡传》，第 173 页。

利，舍利及所有供奉品皆被盛放在盝顶方形的石函之内①。就此而言，北齐皇室舍利供养显然没有继承北魏的瘗埋传统，而采用了与方形石函形式迥异的圆函形制。简言之，从修定寺出土北齐皇家供养舍利容器的形制，到佛寺内起立佛塔的建筑风格，都显示北齐供养佛舍利的方式，远较北魏呈现出更多犍陀罗地区舍利供养传统的特点。

可以说，定州特殊地理位置为早期佛教舍利信仰的传播及影响提供了最基本的条件，但在隋初异域风格佛教舍利容器的流行，更可能同北齐皇室供养佛舍利深受犍陀罗传统影响的社会及宗教背景有关。结合北齐武平三年（572 年）马仕悦碑上所表现的弦纹深腹圆盒，以及隋张盛墓随葬的白瓷奁盒来看，舶来品风格的舍利容器极可能自北齐即已流行，且颇为珍贵，并为与佛教关系密切的上层贵族阶层所习见或供养，从而在隋代世俗墓葬中成为新的明器类型。

实际上，张盛墓对异域风格舍利容器的俗用，集中呈现了此类容器的流行阶层及地域范围。与之后隋唐两代皇室舍利供养所使用的盝顶方函，以及棺形形制的舍利容器不同，后两类舍利容器主要出现在佛塔地基，或高等级的皇家佛寺佛塔地宫，流行时间较长，且在官方力量的影响下分布于全国范围的重要佛寺佛塔。这类具有犍陀罗风格的舍利容器只出现在河北中部及南部地区，集中流行于北齐至隋大约 30 年间，不仅出现在佛塔地基或地宫，且流行在与佛教关系密切的上层贵族阶层，以至被俗用到其墓葬环境当中。

3. 异域风格的消失

在隋代之后，作为舍利容器的弦纹装饰深腹圆盒便在佛教舍利瘗埋制度中消失。究其原因，一方面，隋初社会上层贵族墓葬中对其的俗用，既体现当时它在社会中的流行程度，也意味着这类舍利容器的宗教象征功能不断减弱。在宗教崇拜中，圣物的稀有程度，以及在象征层面的唯一性，是保证其宗教权威及神圣性的重要条件，同时，在舍利崇拜过程中，为舍利制造新的盛放容器，往往既是供养行为的一部分，也是再次赋予舍利神圣性的重要过程。这意味着，在隋代之后，中国出现了一套新的赋予佛教舍利神圣性的容器风格及瘗埋制度。

另一方面，异域风格舍利容器的消失与隋代仁寿年间（601～604 年）全国范围

---

① 河北省文物局文物工作队：《河北定县出土北魏石函》，《文物》1966 年第 5 期。

颁送舍利建塔直接有关。在国家运作与地方寺院的合作下，全国各州佛寺使用统一
的舍利瘗埋模式，这包括形制相同的盛放容器——盝顶方函；函盖盝顶刻铭"大隋
皇帝舍利宝塔铭"；盖下放置统一体例的纪念性铭文石板，经过仁寿元年（601 年）、
仁寿二年（602 年）、仁寿四年（604 年）三次仪式性舍利颁送及瘗埋，盝顶方函成
为隋代全国各地佛寺瘗埋舍利的主要容器形制。

另外，河北定州静志寺隋代大业二年的瘗埋情况也可以从侧面说明，隋代之后舍
利供养中，盝顶方函逐渐取代这类外来形制的舍利容器。在定州静志寺地宫隋代供养
活动中，虽然有五件颇具异域风格的弦纹装饰深腹圆盒入藏，但在大业三年的活动中
最具纪念性，制作最为精致华丽的舍利容器，是一件盝顶方形的鎏金铜函，函体四周所
刻铭文：

> 大隋仁寿三年五月廿九日，静志寺与四部众修理废塔，掘得石函奉舍利有
> 四，函铭云大代兴安二年十一月五日，即建大塔，更作真金宝碗琉璃等瓶，上
> 下累叠表里七重，至大业二年十月八日内于殿内。[1]

首先，此次舍利瘗埋缘于仁寿三年无意发现的前代舍利。这是仁寿二年隋代官方
在全国范围颁送舍利的第二年，定州静志寺掘出北魏瘗埋的四颗舍利。定州曾是隋文
帝仁寿元年第一次分送舍利的三十个州之一，当时迎接舍利的寺院为定州恒岳寺，由
此推测这四颗舍利的发现，也许并非修塔之际的偶然所得，尤其从其选择盝顶方函作
为主要容器形制来看，这极有可能是对全国范围舍利信仰活动的配合及模仿。

其次，三年之后大业二年（606 年），为纪念舍利发现的佛塔建成，还为其制作
了新的盛放容器，这套舍利容器共有七层，由外向内依次是真金宝碗、琉璃等瓶，
之后再放入同样最新制作的鎏金盝顶铜方函之内，方函高 19.5、边长 23 厘米[2]。从
尺寸来看，这五件弦纹铜盒不太可能被放置在铜方函内，也不属于真金宝碗之列。
根据报告描述，这些铜盒与铜方函一道，并列放置在大业二年铭的盝顶方形石函之
内。换言之，静志寺大业二年的舍利瘗埋中，这类弦纹装饰的铜盒、石盒已经不再
作为主要供养的舍利容器，逐渐被官方配置的盝顶方函形式所取代。实际上，静志

---

① 定县博物馆：《河北定县发现两座宋代塔基》，《文物》1972 年第 8 期。
② 定县博物馆：《河北定县发现两座宋代塔基》，《文物》1972 年第 8 期。

寺还包括其他几件年代被定在隋唐时期的石质圆罐（图 1.22），从材质及蕉叶纹的装饰纹样来看，这些容器同样颇具异域风格，它们极有可能制作及流行于隋大业二年之前，并在隋代之后的舍利瘗埋遗迹中不再出现，这说明在隋代仁寿年间的全国舍利分配活动之后，异域风格的舍利容器使用及传播频率的大大减少。盝顶方函已经成为无论官方统一颁送舍利，还是地方寺院舍利供养的主要盛纳容器。

图 1.22　河北定州静志寺佛塔地宫出土的三件隋代白石材质舍利容器（采自《心放俗外：定州静志、净众佛塔地宫文物》，第 46、57、58 页）

小结

公元前 2 世纪，中印度地区的 Vedisa 城周围最早出现佛教舍利崇拜。大约 3 个世纪后，西北印度的犍陀罗地区制造出最早的佛陀形象。公元 1 世纪末《八千颂般若》（《道行般若颂》原典）的编纂者们目睹了当时佛像制作，以及佛像供养的盛行，批判此类新的潮流不过是在释迦牟尼入灭之后，获得功德的权宜之计，远不及以佛经供养诸佛重要且有效[1]。

---

[1]　"譬如佛灭度后，有人作佛形像，端正姝好，如佛无异。人见，莫不称赞，持花、香、缯彩供养者。贤者！谓佛神在其像中耶？"对曰："不也。所以作像者，但欲使人系意敬自警修，得其福耳。亦不用一事、二事成。有金，有智人，若有见佛时人。佛灭度后，念佛故，作像，欲使十方供养得其福。"（出自《大正藏》第 8 册，No. 225，第 507 页。）新发现的犍陀罗语本《八千颂般若》残片经碳 13 检测，有 81% 的可能性问世于公元 47～147 年，辛嶋静志认为《道行般若经》最早的译本中被后世删除的一部分，正是颇具时代意义的历史主题，即在公元 1 到 2 世纪上半叶的犍陀罗地区所流行一种看法：与无佛时代的佛像崇拜相比，供养《般若波罗蜜》经卷更为重要，详见 ［日］辛嶋静志著，裘云青、吴蔚琳译：《佛典语言及传承》，上海：中西书局，2016 年。

与佛陀"形象"流行伊始备受质疑的处境不同,佛陀舍利以其物质性、真实性与专属性,及与佛陀之间具有毋庸置疑的稳固联系而受到崇拜与供养,并在犍陀罗地区大兴佛教时期达至顶峰,佛教舍利不仅被安放在寺院空间接受信徒供养,也出现在王室及贵族的私人礼拜堂,便于信徒供养和礼拜。从更大的层面来看,舍利崇拜又成为国家彰显权力、宣扬国威的宗教媒介,藏于窣堵坡内的舍利被频频拿出,用于盛大仪式中的展示,在更广泛的城市及公共空间,接受各界信徒及求法僧人的观瞻、礼拜与供养,并成为邻国仰重与不断供养的政治资本。

如果说印度地区开启了舍利"瘗藏"的传统,那么犍陀罗地区尤为发展了舍利的"示现"及展示功能。这一功能不仅需要新的佛塔盛放空间,也在一定的仪式及佛寺或城市空间中完成和实现,这些变化直接影响舍利容器的形制及装饰。一方面,为了满足舍利的可见,容器的形制做出适宜展示的特殊改变,比如仅在覆钵体部分使用琉璃或水晶材质。同时,容器表面的装饰愈加丰富华丽,不断重复及数量众多的贵重金属、宝石既是彰显舍利神圣性的道具,也是信徒施以供养以获得功德的结果,正是它们保证了以舍利为主的宗教仪式具有最佳的视觉性及"可看性"。另一方面,舍利容器与世俗生活中贵族所使用的某类特殊用品,尤其是盛放香料的容器,在形制上出现共用的现象,香气本身特殊的宗教象征意义成为二者之间转借得以发生的媒介。

实际上,我们也可以将上述变化视为贵霜帝国时期舍利容器装饰发展出一套新的视觉语言的表现,舍利容器表面不仅有纪念或记录性质的铭文,而且开始出现镶嵌宝石以及圆雕或浮雕形式的佛像,显示舍利容器本身被寄予了更多的象征性及宗教功能,它不再是简单以圆形容器盛放在窣堵坡之内,或以缩微形式重复窣堵坡的形状,借助外在的窣堵坡来提示其内舍利神圣性的存在。换言之,贵霜时期犍陀罗地区的舍利崇拜,通过对舍利容器之视觉呈现的精细化,使得舍利容器本身成为舍利供养中尤为重要的角色。

从公元 1 世纪到 5 世纪,犍陀罗地区舍利崇拜大肆流行之际,中国境内对佛舍利并非一无所知。公元 7 世纪初,道宣总结"乃梦金人于永平之年。观舍利于赤乌之岁"[①],赤乌是三国东吴孙权的年号(238~251 年),道宣认为 3 世纪中亚僧人康僧会在建业向

---

① [唐]道宣撰:《广弘明集》,《大正藏》第 52 册,No. 2103,第 168 页。

吴主孙权显示佛舍利变化的种种奇迹，是中国境内最早出现的关于舍利的记载。按照常理来说，佛骨舍利应当都是从印度传来，那么伴随舍利一同而来的舍利容器，自然属于宗教舶来品。对于文献中记载东吴地区的舍利信仰，目前并没有实物发现。然而，从考古发掘情况来看，外来的舍利容器在进入中国后很快就被"中国化"的舍利容器所替代，比如目前所见年代最早出自定州静志地宫北魏大代兴安二年（453 年）的方形石函，便与印度及中亚地区所流行以圆形结构为主的坛罂式容器所迥异。然而，与此同时，中国地区也流行着一类颇具有犍陀罗地区舍利容器风格的弦纹装饰的深腹圆盒，它们集中出现于北齐至隋代的河北中部及南部地区，不仅出现在寺院环境及塔基之下的舍利瘗埋中，且为与佛教关系密切的上层贵族所习见并俗用至墓葬环境。从社会及宗教背景来看，这类异域风格舍利容器的流行背景是北齐皇室在首都邺城附近供养佛教舍利所依照的犍陀罗地区传统。它们在中国舍利瘗埋活动中逐渐消失，则与隋代官方在全国范围分布舍利的活动直接相关。由此，异域风格的舍利容器在中国舍利瘗埋传统中逐渐消失，盝顶方函取代异域风格的舍利圆函成为官方统一配置的舍利容器，也是无论皇家供养还是地方寺院所共同使用的舍利容器类型。

二 圆函或方函：南北朝时期的舍利容器与瘗埋规制

1986 年，陕西临潼新丰镇唐代庆山寺址出土一座开元二十九年（741 年）所瘗埋的石质舍利宝帐。石帐表面布满减地阴线刻的装饰纹样，蜿蜒细密的线条制造出亦幻亦真的视觉效果。帐体右侧表现的是佛陀涅槃、经过荼毗之后，各国代表等待舍利分配的场景。整幅画面不遗余力地表现每个细节，包括后景矮榻之上的六扇花草围屏、前景各国使者所跪坐毯褥的花纹及边缘，更为惊喜的是，这幅分舍利场景集中表现了数种形制不同的舍利容器：壶、碗、方盒及盘，似乎在极力强调每个国家使用不同风格的舍利容器。从亚洲地区佛教历史来看，佛教自印度东传的过程中，不同地域国家衍生出了不同的舍利瘗埋规制。中印度及犍陀罗地区流行的舍利容器皆以圆形结构为主，而在中国出土所见刻铭年代最早的则是一件方函。早期舍利容器的形制及组合方式是如何在经典依据、外来传统与现实选择三个影响因素下实现及改变？本章聚焦于南北朝时期南方与北方政权面对外来佛教舍利供养或接受或改造的不同处理方式。

（一）北魏北周舍利容器的形制与瘗埋规制

北魏太和十七年冬十月（493 年），北魏孝文帝诏司空穆亮及将作董迩讨论新都洛阳营建之事，作为其汉化政策最重要的构想[1]。太和十九年九月（495 年），文武

---

[1] 《魏书》卷一百零五《天象志四》，北京：中华书局，1974 年，第 2427 页。

及六官迁至洛阳，景明二年九月（501 年）集聚境内五万匠夫，短短四旬即构筑完成京师三百二十坊，又新造明堂、太庙、国学，兴筑华林园、景阳山等园囿楼池①。

经过缜思筹划，以汉风之制为目标的新都，在营建之初对佛寺有严格的控制，仅在城内置僧尼寺各一，其余皆位于城外。这一安排并未能维持很久，正始三年（506 年）北魏管理佛教事物的沙门统破坏禁令，自是"卷诏不行，私谒弥众，都城之中，寺踰五百"，夺占了城内民居分布区域的三分之一②。自此，新都佛寺之多远远超过了旧都平城，呈现与之完全不同的城市地貌。尤其在熙平元年（516 年），灵太后主持营建的永宁寺塔，矗立在洛阳城最宽的一条南北向街道北端的西侧。

根据《洛阳伽蓝记》的描述，这座穷极世工、雕饰华美的九层木塔塔刹之上有一个巨大的金宝瓶可"容二十五石"，后世往往设想这个宝瓶应是放置佛陀舍利之用。然而，魏收、郦道元及杨衒之对永宁寺塔的记载中并未提及佛塔安置舍利之事。1979 年展开对洛阳永宁寺塔基的考古发掘，在方形塔基的中心有一方形竖穴坑，其内并无遗物出土，约 1.7 米见方，深 5 米的空间，被推测是盛放舍利的"地宫"③。但是，其面积及深度远大于唐代出现的佛塔地宫，比如泾川大云寺佛塔地宫。简言之，我们没能在北魏都城重要的皇家寺院找到舍利供养的遗迹或遗物。

以上简短的历史介绍旨在呈现一个问题，北魏都城佛教蓬勃发展的过程中，并没有明显的佛教舍利供养痕迹，这与下文将会讨论的北齐及南朝都城的情况形成鲜明对比。目前出土所见的北魏舍利供养遗物皆位于都城之外，集中在河北定州地区，且年代都在北魏迁洛进一步深化汉化政策之前。

以盝顶方函作为舍利容器最早出现在北魏时期。北魏太和五年（481 年）春二

---

① 《魏书》卷七《高祖纪下》，第 178 页；《魏书》卷八《世宗纪》，第 194 页。

② 《资治通鉴》卷一百四十九《梁纪五》："任城王澄奏；昔高祖（孝文）迁都，制城内唯听置僧尼各一，余置城外……正始三年（506）沙门统惠深始违前禁，自是卷诏不行，私谒弥众，都城之中，寺踰五百，占夺居民三分且一，……臣谓都城内寺未成者，宜悉徙于郭外……然卒不能行。"宿白先生曾就此论述北魏迁洛之初即安置了佛寺，开都城设计未有的前例，详见宿白：《北魏洛阳城和北邙陵墓》，《文物》1978 年第 7 期。然而，如果从洛阳城设计的汉制理念来看待这段文献，某种程度上，它亦传达出北魏迁伊始对佛寺及其布局的严格控制。

③ 中国社会科学院考古研究所洛阳工作队：《北魏永宁寺塔基发掘简报》，《考古》1981 年第 3 期。

月，孝文帝与文明太皇太后（冯太后）车驾南巡①，经过定州时有感于太行山脉川陆通达之景，决定"于州东之门显敞之地"起建五层佛塔，塔下瘗埋舍利，并入藏大量供奉品，这些遗物于 1964 年在河北定县（今定州市）城内东北隅一座土丘之下被发现。出土时全部遗物盛放在一个长 65、宽 58、通高 59 厘米的盝顶方形石函内，包括盛放舍利的容器：琉璃瓶、玻璃钵、铜钵，以及数不胜数的玛瑙、珊瑚、珍珠、红宝石、贝壳及 41 枚波斯钱币等大量珍稀供奉品（图 2.1）②。石函盖顶部刻铭 12 行，除了叙述建塔缘由，还提及帝后命以官财起建佛塔，且在夏五月廿八日塔基始建之时，帝后亲至塔前发愿③。

（a）盝顶方形舍利石函　　　　　　　　　（b）银瓶

（c）琉璃钵与琉璃瓶

图 2.1　河北定州塔基出土物（北魏太和五年，采自《文物》1966 年第 5 期，图版五、七）

---

① 石函铭文记载："太和五年……二月驾东巡狩，次于中山，御新城宫，北幸唐陵，……帝后爰发德音，……造次五级佛图"。此事也见于《魏书》卷七《孝本纪》："太和五年春正月乙卯，车驾南巡，丁亥至中山；……二月癸卯，还中山，乙酉，讲武于唐水之阳。"

② 雷建宏：《定县北魏石函》，河北省文物研究所编著：《河北考古重要发现 1949～2009》，北京：科学出版社，2009 年，第 243 页。

③ 石函铭文"遂命有司以官财顾工，二圣乃亲发至愿"，见河北省文化局文物工作队：《河北定县出土北魏石函》，《文物》1966 年第 5 期。

北朝时期的舍利瘗埋遗物发现数量虽然不多，但十分具有代表性。定州北魏塔基出土这批宝物可视为北魏皇室供养舍利的遗物，对于讨论北魏舍利瘗埋规制十分关键。以往研究多围绕供奉品中某类器物出现的历史背景及其来源，本节尝试在这些研究基础上，讨论数量众多种类庞杂的舍利供奉品是如何作为一个整体出现在盝顶方形石函之内，继而结合新近公布的一件北魏兴安二年（453 年）盝顶石函，讨论盝顶方函作为舍利容器与其他瓶、钵、罐类容器的不同功能。

河北定州北魏太和五年瘗埋舍利及其供奉品的数量众多，且种类繁多，有些随奉品未出现在后代的舍利瘗埋中，比如大量铜质兵器。我们可将石函内的所有遗物分为三类：一，盛放舍利的容器；二，舍利供奉品；三，奉纳舍利及其供奉品的盝顶方形石函。下文首先解决它们的来源问题，其次讨论它们作为一个整体背后可能暗含的某种逻辑。

第一类，盛放舍利的容器。

总共有 8 件，包括一件银宝瓶、一件琉璃钵、一件铜钵、五件琉璃瓶。其中琉璃钵的尺寸最大，高 7.9、口径 13.4 厘米；铜钵次大，高 3.8、口径 11 厘米；五件琉璃瓶中，两件为小口圆唇鼓腹，平均尺寸高 4、腹径 4.8 厘米；另外三件为长颈下球形，平均高度 5 厘米。

这是中国目前所见年代最早的一批舍利容器，除却一件银瓶、一件铜钵，其他皆为琉璃材质的"瓶"，数量有 6 件。琉璃瓶也一直是中国舍利瘗埋中使用的"核心容器"，常常出现在后代的舍利瘗埋遗物中。在此，值得强调的是，在北魏太和五年舍利遗物中，与石、铜、银质相比，琉璃材质舍利容器显然在当时更受欢迎。这也意味着在中国早期舍利瘗埋中，琉璃材质是最早被选择使用在舍利容器之上的物质媒介。为什么早期舍利供养选择琉璃，而不是其他材质作为舍利容器的主要材质，北魏皇家供养舍利出现如此之多琉璃材质盛放容器的社会背景为何？这些是比对这些材料进行分类整理更为重要的问题，由此我们可以进一步观察早期舍利供养的特征，突破以往仅仅依靠僧传中的相关记录讨论南北朝时期舍利瘗埋规制的有限性。下文尝试结合佛典中的"七宝"的概念，及北魏社会特殊的"奢侈"观念，以及西行求法高僧所带回中亚地区的舍利供养传统，对此进行一番探讨。

这 6 件琉璃器一直是研究早期玻璃史的代表性材料，根据安家瑶所做的检测及研究，它们皆是中国自制的琉璃器，加工地点在都城平城附近。其中琉璃瓶的造型与同时期陶器十分接近，显示北魏琉璃制作技术发达，已经可以模仿其他的器形①。然而，就佛教舍利供养而言，为什么在这次瘗埋中有意大量使用琉璃而不是其他材质？

对于舍利容器，佛经中往往有专门的称呼："七宝函""宝瓶""金瓮"等，从名称来看，都是形制略有不同的盛放容器类。容器前的修饰词指其材质，或"金"或"银"皆为佛教宝物观念——"七宝"之列。值得注意的是，佛典中有关于七宝的分类却不止一种，且不断增多。仅以公元6世纪之前较具代表性的说法来看，法炬译《大楼炭经》记为金、银、琉璃、水精、赤真珠、车璩、玛瑙；鸠摩罗什译《妙法莲华经》则记为金、银、琉璃、车璩、珍珠、玫瑰，等等。

在定州北魏石函之内我们发现了舍利容器对琉璃材质的特别钟爱，这意味着现实中的舍利瘗埋在依照佛典中的宝物概念之外，亦应受到其他因素的作用，比如当时北魏社会新的奢侈观念。

一个时常被引用的故事是《洛阳伽蓝记》中关于"河间王琛最为豪首"的记载：

> 琛常会宗室，陈诸宝器。金瓶银瓮百余口，瓯檠盘盒称是，自余酒器，有水晶钵、玛瑙琉璃碗、赤玉卮数十枚。作工奇妙，中土所无，皆从西域而来。②

无论是文献中对贵族奢侈生活的夸耀，还是北魏贵族墓葬时常出土的玻璃器皿，都显示出玻璃这一材质在当时受到特别的钟爱。在这些舶来品中，"琉璃"往往作为酒器使用，大致因其特殊的材质与流动的液体相组合会产生一种视觉上的美感。但是，与金银瓮有所不同的是，"琉璃"自战国时期传入中国，因与"玉"的接近早在汉代即已为汉人审美所接受，尤其在诸王贵族中广为流行。但是，北魏玻璃与汉代玻璃却因为不同的工艺，呈现出各异的视觉效果：汉代玻璃仿造玉的质感，更追求润泽的朦胧感。但是，北魏玻璃由于新的吹制技术，可以被制造得更加纯净透彻③。

北魏时期玻璃所呈现出的这一特征——清澈与透明感，使得我们联想到上一章提到的犍陀罗地区圣物展示仪式。公元5世纪初法显在中亚醯罗城的佛骨展示仪式中看到

---

① 安家瑶、刘俊喜：《北魏玻璃》，《汉代考古与汉文化国际学术研讨会论文集》，第558页。
② ［北魏］杨衒之著，周祖谟校释：《洛阳伽蓝记校释》卷四，北京：中华书局，2010年，第150页。
③ 安家瑶、刘俊喜：《北魏玻璃》，《汉代考古与汉文化国际学术研讨会论文集》，第556页。

专门用以"观看"圣物的特殊盛放容器，即是由石质底座与琉璃材质的覆钵体所构成。法显对其材质细节的观察描述提示我们，对圣物观看的需要，也许是佛教七宝观念、北魏社会奢侈概念之外，琉璃材质被广泛运用在舍利瘗埋的另一个重要原因。虽然文献中并无关于北魏时期舍利瘗埋过程的具体描述，但是在下一章隋代舍利瘗埋活动，尤其是仁寿年间国家颁送舍利到各州下瘗起塔过程中，一个重要的仪式就是高僧亲举盛放舍利的琉璃瓶向众人巡示。我们可以设想，在仪式中，琉璃较高的可见度，与其表面对光线折射所产生出不断变化的光泽感相互作用，从而向信众证明了舍利的存在及神力。琉璃材质舍利容器在后世被继续使用，出土数量多，延续时间最久，这一特殊媒材几乎成为证明佛教舍利神圣性不可或缺的一部分。

第二类：舍利供奉品。

夏鼐曾考证石函内 41 枚萨珊银币出现的具体历史背景，认为这些北魏初年由波斯使臣所带来的银币，在北魏并不以流通货币使用，而是作为"珍宝"，与金、银、珠、玉等收藏在宝库。换言之，塔下瘗埋的大量珍稀供养品很可能出自皇室国库①。石函内还有 12 件铜质兵器，铜片、铜匕首、铜盖弓帽、铜镞等，徐苹芳提示这些是北魏鲜卑族葬俗影响的结果，可以视为墓葬传统对舍利瘗埋供奉品的影响。值得注意的是，公元 4 世纪末拓跋珪建魏国前后不久的拓跋贵族墓葬已不随葬弓、镞等②，鲜卑早期墓葬特点正逐渐被汉族墓葬传统所取代，从中原一带的北魏墓葬来看尤为明显，以大同北郊北魏皇室贵族及中下层墓葬群的情况来看，在孝文帝初期鲜卑葬俗似乎已经被刻意避开。这意味着太和五年北魏皇室瘗埋舍利是有意将鲜卑传统加入到舍利供奉中。这些兵器在鲜卑墓葬中也并非作为实用武器，而更多是地位的象征，女性墓葬也有随葬环手铁刀、铁镞③，在冯太后永固陵也有数件铜兵器发现④。

---

① 夏鼐：《河北定县塔基舍利中波斯萨珊朝银币》，《考古》1966 年第 5 期。

② 宿白：《盛乐、平城一带的拓跋鲜卑遗迹》，《文物》1977 年第 11 期。

③ 宿白：《东北、内蒙古地区的鲜卑遗迹》，《文物》1977 年第 5 期。这类随葬兵器的墓葬主要分布在东北与内蒙古地区。北魏建国初期墓葬中，此类器物的数量已在逐步减少，在平城附近的北魏皇族更是在墓葬中效慕汉人传统。

④ 大同市博物馆王雁卿对 12 件散落在甬道的铁条状器，进行细致比对分析，认为它们是当时墓室内部石作雕刻所使用的工具，而非以往简报所称"铁箭镞"随葬品，见王雁卿：《大同北魏方山永固陵出土的雕刻器具》，《文博》2012 年第 4 期。

这些铜兵器毫无疑问是作为宝物从墓葬传统进入舍利供奉品行列，但是，这很难说是葬俗影响的结果，因为它们已被同时期的鲜卑葬俗所放弃。在太和改制汉化政策不断深化的背景下，北魏皇室在供养舍利之际，加入在其他领域被刻意隐藏起来的鲜卑传统。

第三类，盝顶方形石函。

以上舍利容器及舍利供奉品，全部被放置在盝顶方形石函内所凿刻深 14.5 厘米的函洞中。正如杨泓所强调，这件北魏石质盝顶盖方函的造型，区别于古印度地区盛装舍利的容器：坛、盒以及覆钵塔形状，表明了舍利容器的造型日渐中国化。从犍陀罗地区的出土情况来看，仅有两例方形石函出土。康宁汉 19 世纪末在中印度地区所发掘的一个方函，出土于窣堵坡之外，更可能是印度教的供养遗物①。

那么，北魏皇室所使用的盝顶方形石函从何而来？2015 年新近公布的河北定州静志寺佛塔地宫出土北魏兴安二年（453 年）舍利石函为此提供了新的线索（图 2.2）。作为迄今所见最早有明确纪年的舍利容器，整体为盝顶方形结构，顶部与函身相接，一侧凿空开龛，其背后函体素面，表面自右向左刻记铭文"大代兴安二年岁次癸巳十一月□□朔五日癸□……"②，开口两侧函体外满饰阴线浅刻佛说法及山林坐禅场景。与同为定州地区所出土北魏太和五年（481 年）孝文帝供养瘗埋的舍利石函相比，兴安二年石函装饰图像的面积远大于铭文，而北魏皇室太和五年供养舍利却使用了完全素面的舍利容器，并于函盖顶部大面积刻记铭文。

这件石函带来的新启发在于，其整体造型虽为盝顶方形，但一侧开龛的方式，使其更接近一个小型的方室，同时其于开口两侧函体线刻图像的装饰方式，使其更像一座缩小了的石室。这件最早的北魏舍利石函与太和五年舍利石函有很多相似，显示二者之间的紧密联系，但是后者对前者做出了很多改变：第一，将其石室的整体造型改作容器，保留盝顶的形制，由此启发我们思考盝顶方函的结构原本极有可能是比拟建筑空间而来，在后来被改为了容器；第二，改变刻铭的位置，将其从函体改至盖顶，冉万里已分析，盖顶这篇太和五年帝后发愿文的内容与体例十分接近同时期的墓志铭。实际上，从其物质形制的改变上来说，既已呈现这样的特征：盝

---

① Michael Willis, Relic and Reliquary, *Buddhist Reliquaries from Ancient India*, p. 21.

② 浙江省博物馆、定州市博物馆编：《心放俗外：定州静志、净众佛塔地宫文物》，第 10 页。

图 2.2　北魏兴安二年河北定州静志寺佛塔地宫出土石函开龛及左侧面图（于薇摄影）

顶盖的容器形制十分接近新出现的带盖墓志；盖顶刻铭的位置及排列方式也是模仿墓志。根据学者的研究，在北魏太和年间，这类方形带盖墓志还并不普及，往往是皇族刻意汉化的举措，因为盝顶方函的结构与中国传统的中"式"相似，是汉人"象天地"宇宙观念的表达①，可以说，对盝顶的使用传达出对汉文化的倾慕与认同。

　　由此我们可以将以上三类器物作为一个整体考虑，琉璃材质舍利容器更接近佛教观念及仪式的要求，大量供奉品则被加入了鲜卑传统，最后这些都被奉纳在一个顺应其汉化举措的盝顶方形石函内。

　　与北魏盝顶方形石函相互参照的，还有一组不常被提及的北周时期舍利遗物。1969年，在甘肃平凉泾川县唐代大云寺塔基地宫遗址西侧 200 米处，出土有一套北周时期的舍利瘗埋遗物。在最内层绿色琉璃瓶之外，依次套有鎏金铜函、铜函、石函，皆为盝顶方函形制（图 2.3）。外层石函高 25、宽 40 厘米，函体正面有阴刻铭文 96 字，显示北周天和二年（567 年）八月宝宁寺比丘慧明供养，背面浅浮雕方式表现比丘供养场面，以香炉为中心，两侧分立手执香炉的比丘与狮子②（图 2.3c）。

---

① 赵超：《式、穹窿顶墓室与覆斗形墓志——兼谈古代墓葬中"象天地"的思想》，《文物》1999 年第 5 期。

② 目前收藏及展示于平凉市博物馆。石函表面浮雕及铭文拓片见张宝玺：《甘肃佛教石刻造像》，兰州：甘肃人民美术出版社，2001 年，图版解说第 219 页；图版 214～215，第 162 页（书中误将石函认定为佛座）。舍利石函照片及出土情况详见张怀群等：《丝绸之路上的世界遗产：泾川文化遗产录》，北京：中国文史出版社，2011 年。

（a）外层石函　　　　　　　（b）石函内所置放的铜函及琉璃瓶

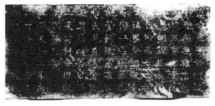

（c）舍利石函浮雕细部图　　　　　　（d）舍利石函一侧刻铭

图 2.3　甘肃平凉泾川出土石函（图 a、b 采自：《丝绸之路上的世界遗产：泾川文化遗
　　　产录》第 121 页；图 c、d 采自：《甘肃佛教石刻造像》图版 214~215）

　　根据新近公布的材料，平凉虽地处陇东，但当地北魏石刻造像多延续关中风格，
显示作为丝绸之路重镇的平凉地区与关中一带佛教的紧密联系①。石函表面比丘与双
狮供宝的装饰主题亦多见于长安地区的北周造像，因而，某种程度上，这套北周舍
利石函亦同关中地区舍利瘗埋规制不无关系，可以视为北周舍利瘗埋的代表。

　　这套遗物出土时石函内只有少量供奉物，包括铜及银质刀各一，白玉发钗一个，
金质发钗一个，铜质发钗十多个，种类及数量远逊于北魏定州太和五年瘗埋的舍利
供奉品。但是，外层石函盝顶方函的形制，提示出它同北魏传统的紧密关系。尤其，
这套舍利容器一个明显的特征在于，变换不同材质重复盝顶方函的形制，这一方式
在后代舍利瘗埋中并不少见，比如下一章所介绍隋代仁寿四年（604 年）京畿地区耀
州神德寺舍利瘗埋遗物，在盝顶方形石函之内，还出现尺寸缩小、同样形制的铜函。

　　正如第一章中所分析，以套层方式组合舍利容器的方式，在公元前 1 世纪的中
印度地区最早出现，并在公元 1 到 5 世纪犍陀罗地区狂热的舍利崇拜中广泛使用。实

① 王怀宥：《平凉出土北魏佛教石刻造像探析》，《丝绸之路》2015 年第 4 期。

际上，伴随佛教的传播，套层组合舍利容器的方式在佛教世界十分普遍。6 世纪中叶泾川宝宁寺比丘慧明所施供的这套舍利容器，正是基于套层组合的方式，对盝顶方函形制进行不断地重复与强调，这一定程度上反映"盝顶方函"在北周时期的流行，北魏皇室供养舍利所使用的容器类型，在泾川地区北周时期的佛寺舍利瘗埋中得到继续。

除此之外，石函一侧的铭文内容也显示，它沿用了北魏时期舍利瘗埋铭文传统：

> 真容虚寐，妙惬疑神，圣智无私，言谈绝然，宝宁寺比丘慧明谨衣钵之余，仰为七世所生法界合识，敬造石像一区，琢磨已就，莹芳殊丽，虽不见释氏见存，与真踪无异，籍此善颠上来而外，合国黎庶，俱登正觉，北周天和二年岁次丁亥八月庚子。①

以上铭文中并没有出现"舍利"，而是强调了敬造石像的功德。参照定州所见北魏帝后发愿铭文：

> ……帝后爰发德音而诏群臣曰……遂命有司以官财顾工，于州东之门显敞之地造此五级浮图。……真容谢矣，式照灵像；于穆帝后，仪形是钦；爰因游幸，播此惠心；建兹图寺，寄诚投衿；愿因此果，永离昏况。②

这段铭文虽然同样刻于舍利石函表面，却没有强调舍利供养。这是北魏时期舍利瘗埋所特有的现象，舍利石函表面上的刻铭，并不言及"舍利"及舍利供养，而是强调敬造灵塔或佛像的功德。一件北魏正始二年（505 年）《七宝瓶铭》铭拓同样出自定州，从名称及拓片形制来看，这件"七宝瓶"可能同舍利盛放容器有关③，铭文提及北魏定州七帝寺沿革，以及太和十六年（492 年）僧晖为七帝建造三丈八的弥

---

① 张宝玺：《甘肃佛教石刻造像》，图版解说第 219 页。
② 河北省文化局文物工作队：《河北定县出土北魏石函》，《文物》1966 年第 5 期。
③ 20 世纪初，定州城内料敌塔前发现。此石出土后不久被盗，据县志描述石形如盆，中央为圆空，四周略低，刻铭分上下两列刻于四面。从名称及拓片形制来看，此石有可能是舍利容器的组成部分，虽然没有确凿证据，但可存为一说。定州地区最早出现舍利供养遗物，亦保留较多容器种类，它们出现的背景与当地佛教发展历史不无关系，宿白曾讨论定州地区早期佛教发展的历史文化背景，参见宿白：《定州工艺与静志、净众两塔地宫文物》，《文物》1997 年第 19 期。

勒金铜像及二菩萨[1]，其内容同样是强调造像之功德，而非舍利供养之事。

常盘大定及关野贞的《中国文化史迹·山东卷》曾收录一件太和元年光州（今光山县）灵山寺塔下铭[2]，是一件圆形石函的函盖部分，盖顶铭"魏光州灵山寺塔下铭"，盖内侧铭文在罗列供养人姓名之后，同样仅提及"敬造灵塔"。

就此来看，北魏、北周舍利瘗埋使用盝顶方形石函，石函表面记刻铭文不提奉安舍利之事，而是强调起塔或造像的功德。这一方式与隋唐时期舍利塔铭，尤其隋代仁寿年间舍利颁送活动中石函盖顶的刻铭"大隋皇帝舍利塔铭"截然不同，下一章将会详述"舍利"作为一种圣物，在舍利容器表面被尤加强调，是自隋代仁寿年间才开始出现的现象。

（二）北齐舍利容器的形制与舍利瘗埋

北齐佛教舍利瘗埋遗物十分少见，唯有河南安阳修定寺出土北齐文宣帝天保五年（554年）所施供的莲花瓣纹舍利圆函及其方形底座。这组舍利容器几乎从未被舍利瘗埋制度及舍利容器等相关研究所提及，一方面在于，其圆函形制与目前所见数量较多的北魏及隋代盝顶方函形制有所区别；另一方面，在于北齐佛舍利瘗埋遗物数量十分有限，难以展开深入讨论。然而，这套舍利圆函及其底座刻铭，对于说明北齐时期舍利供养非常重要。这在于作为皇室供养舍利的遗物，北齐天保五年文宣帝供养舍利的遗物，与目前所见北魏太和五年（481年）于定州城东，孝文帝及太皇太后所瘗埋舍利的遗物形成鲜明对比。中古时期，皇室供养舍利的瘗埋规制，对于一个朝代的佛教舍利崇拜具有绝对的影响力，尤其在宋代舍

---

[1] 定州地方志编纂委员会：《定州市志》，北京：中国城市出版社，1998年，第1016页。拓片可见于北京图书馆金石组编：《北京图书馆藏中国历代石刻拓本汇编》第三册，郑州：中州古籍出版社，1989年。

[2] ［日］常盘大定、关野贞：《中国文化史迹》（7），东京：法藏馆，1976年；这件石函清咸丰间（1851～1861年）山东黄县出土，阳文"魏光州灵山寺塔下铭"九字，书法方整秀雅。有翻刻本二。关于此塔铭的拓本流传等详见：《蓬莱文史资料》第9辑，烟台市新闻出版局，1992年，第125～127页。然而，其真伪亦有怀疑，见《中国书法篆刻大辞典》记录原石之细石沕痕极自然，重刻皆不类。但又记建德周季木谓"此铭原石亦不真，乃潍县人伪作"，详见李国钧主编：《中国书法篆刻大辞典》，长沙：湖南教育出版社，1990年，第505页。

利供养逐步世俗化之前①。因此，这两组北魏及北齐皇室供养的舍利遗物很大程度上可以代表同时期的佛教舍利瘗埋规制，也反映北魏与北齐舍利供养及瘗埋制度上所体现出的差异。

修定寺位于河南安阳市西北三十五公里清凉山南麓，舍利圆函出土于寺内一座残存的白石塔塔基，一同出土的还有小型砖雕残佛像十五尊，以及石雕佛像七尊②。石函之内并无遗物，结合同出雕像多肢体残缺判断，舍利石函应该经过扰动或迁移。

图 2.4　河南安阳修定寺石塔塔基出土舍利石函及底座铭文拓片（采自《安阳修定寺塔》
　　　　图版 1、3）

这件"莲花纹带盖圆函"（图 2.4），分三个部分，函身素面，函盖及底部雕刻莲瓣装饰。圆函通高 130 厘米，被放置在一个方形底座之上。底座四周有北齐天保五年的铭文：

> 释迦牟尼佛舍利塔……天保五年岁次甲戌四月丙辰八日癸亥，大齐皇帝供养，尚书令平阳王高淹供养……③

与北魏、北周舍利石函刻铭只言"建塔"或"造像"，而未提及"舍利"的状况不同，北齐皇室下瘗舍利石函刻记铭文，显示他们所供养的是释迦牟尼的舍利。根据邵瑞琪（Richard Salomon）对中亚地区出土舍利容器刻铭内容的研究与统计，公

① 徐苹芳：《中国古代舍利塔基》，《中国大百科全书·考古卷》，北京：中国大百科全书出版社，1986 年。
② 河南省文物研究所编：《安阳修定寺塔》，第 12 页。
③ 河南省文物研究所编：《安阳修定寺塔》，第 160～164 页。

元 3～5 世纪犍陀罗地区舍利容器刻铭内容有一个共同特点，即皆强调容器内盛放的是历史上释迦牟尼的舍利①。由此来看，北齐舍利供养刻铭更接近犍陀罗地区的方式，而不同于北魏、北周的传统。

北齐佛教艺术与域外传统的紧密关系，尤其体现在山东青州龙兴寺佛像窖藏出土的佛像上。宿白令人诚服地分析了 6 世纪中叶北齐青州地区佛像所突然出现的域外风格之原因及背景，并指出这一新趋势应来自两条途径：一为 6 世纪之前天竺佛像一再东传、葱岭东西诸胡和天竺僧众在北齐的活动与影响；另一条线索，高齐对北魏汉化的某种抵制，以及高齐佛教与南朝佛教的紧密关系。

河南安阳的修定寺同样体现了上述北齐与中亚地区佛教的紧密关系。根据开元三年（715 年）《相州邺城天城山修定寺之碑》②上的记载："又有龙华瑞塔，降于彻利；雀离仙图，来于天竺。"李裕群结合寺内遗迹遗物的特征，推定北齐时期修定寺内曾矗立着一座模仿"雀离浮图"③的北天竺（犍陀罗）风格建筑。

"雀离浮图"或"雀离佛图"指当时北天竺首都富楼沙的一座舍利大塔，这座佛塔在当时的佛教世界闻名遐迩，被称为"百丈浮图""西域浮图，最为第一"④，为北朝时期中国求法高僧西行必定礼拜与瞻仰的圣地。传为贵霜帝国鼎盛时期，迦腻色伽王供养舍利所建，其内保存有"如来舍利一斛"⑤。因此，修定寺内这座犍陀罗风格的"雀离仙图"极有可能就是天保五年瘗埋皇家供养释迦牟尼佛舍利的佛塔。与此遥相呼应，北齐邺都内还有一座被称之"雀离"的佛院。可见北齐当时对这座佛教圣地重要的纪念性建筑极大的兴趣。

实际上，从容器形制上看，北齐的舍利圆函更是迥异于北魏北周所使用的方函。

① 早期印度舍利石函之上铭文则并不十分强调这一点，且多为高僧及佛陀弟子的舍利遗物，最知名的 Sānchī 3 号塔内所藏释迦弟子大迦叶及舍利弗的舍利，详见邵瑞琪文，Richard Salomon：Gandharan Reliquary Inscriptions，*The Reliquary from Ancient Gandhara*，pp. 164－199.

② 艺风堂旧藏清代拓片，北京大学图书馆藏；最早经由李裕群整理及介绍，见李裕群：《安阳修定寺塔丛考》，《宿白先生八秩华诞纪念文集》；全碑录文见侯卫东：《相州邺城天城山修定寺之碑校读》，《殷都学刊》2012 年第 4 期，侯卫东强调此碑对修定寺各类建筑及景观的描述基本是北齐遗迹。

③ 李裕群：《安阳修定寺塔丛考》，《宿白先生八秩华诞纪念文集》。

④ ［北魏］杨衒之著，周祖谟校释：《洛阳伽蓝记》，第 203 页。

⑤ 玄奘描述其内"如来舍利一斛而置其中，式修供养"，［唐］玄奘、辩机著，季羡林等注释：《大唐西域记校注》卷二，第 239 页。

图 2.5 公元 3 世纪 新疆约特干出土陶制贴塑舍利罐（采自《丝绸之路·新疆佛教艺术》，第 175 页）

这类在表面贴塑装饰元素，以圆形结构为主的容器，最早可见于 20 世纪初由英国探险队在新疆和田约特干地区所发现，年代为公元 3 世纪的陶制贴塑圆罐①（图 2.5），以及塔里木盆地西南侧图木舒克遗址一件公元 5 世纪的陶制贴塑三耳舍利罐②。

在河南登封嵩岳寺塔的两座天宫内发现有两件瓷制舍利罐③，一件施褐色釉，一件施绿色釉，皆为腰鼓形、鼓腹圈足，器表装饰凹弦纹之外，在口沿及腹部中央皆贴塑"乳丁"纹饰（图 2.6）。其中一件，高 19 厘米，其内除了放置细沙和少量舍利子外，还放有银塔 1 件、白瓷葫芦 2 件、银饰 2 件、水晶石 2 件、玻璃瓶 1 件。另一件高 16.5 厘米，其内发现红色、白色和黑色的晶体，显示其与舍利瘗埋的直接关系。虽然嵩岳寺塔体修造年代多数意见定在唐代，但在其他唐代舍利瘗埋遗物中并没有见到相类似的形制。根据塔内出土物的铭文，嵩岳寺塔的创建历史可最早追溯至北魏时期④，借此推测这些作为寺院重要宗教遗产和佛教圣物的舍利容器年代可能更早，而后被继续使用在唐代佛塔天宫。

值得注意的是，在北齐墓葬中还有一类带有佛教装饰元素的青瓷莲花尊或圆罐，这类器物的形制与装饰元素，也许与同时期所流行的以圆形结构为主的舍利容器不

① 霍旭初、祁小山编著：《丝绸之路·新疆佛教艺术》，乌鲁木齐：新疆大学出版社，2006 年，第 175 页。值得注意的是，斯坦因在和田附近的约特干发现的大量文物，都是由其直接从当地村民手中购买的地上遗物，因而，缺失具体的出土环境。在约特干地区，这种红陶特别多见，且不乏制作精美的红陶制品。见［美］芮乐伟·韩森著，张湛译：《丝绸之路新史》，北京联合出版公司，2015 年 9 月。

② 霍旭初、祁小山编著：《丝绸之路·新疆佛教艺术》，第 176 页。《北齐书》卷十三《赵郡王高深传附高叡传》，第 173 页。

③ 河南省古代建筑保护研究所：《登封嵩岳寺塔天宫清理简报》，《文物》1992 年第 1 期。

④ 河南省古代建筑保护研究所：《登封嵩岳寺塔天宫清理简报》，《文物》1992 年第 1 期。

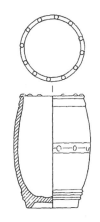

（a）瓷制舍利罐　　　　（b）舍利圆罐线图及俯视图

图 2.6　河南登封嵩岳寺塔 2 号天宫出土瓷制舍利罐（采自《文物》1992 年第 1 期，第 27、28 页）

无关系。颇具代表性的是目前收藏在镇江博物馆的"青瓷有胆莲花尊"，高度为 40 厘米①（图 2.7）。

　　整体上来看，这件器物与修定寺北齐舍利圆函十分接近：鼓腹的造型、盖顶覆莲与底座仰莲雕刻上下呼应。同时，器身表面贴塑连珠纹、蕉叶纹、兽面纹，乃至这些装饰元素的分布方式，都与约特干贴塑陶制舍利圆罐表面几乎完全一致，唯一的不同在于后者的陶制较为粗糙。这些相似提示我们，北齐时期这类鼓腹圆函的流行程度也许远比目前所见的要更广泛②，由此也可以推想北齐时期舍利容器在造型及装饰上的异域特征。

图 2.7　公元 6 世纪青瓷有胆莲花尊（镇江博物馆藏，采自《中国古陶瓷研究》第七辑，第 234 页）

① 刘丽文：《青瓷有胆莲花尊》，《中国古陶瓷研究》第七辑，北京：紫禁城出版社，2001 年，第 233～236 页。

② 这类贴塑装饰的青瓷四系罐与八系罐亦发现于山东博兴地区的一处规模较大的寺院遗址，据县志称为"龙华寺"，见常叙政、李少南：《山东博兴县近年出土的青瓷器》，《文物》1985 年第 8 期；徐波：《龙华寺遗址素烧器和青瓷器产地试析》，张淑英、肖桂田主编：《山东白陶佛教造像》，北京：文物出版社，2011 年。

在隋大兴城内清禅寺佛塔塔基砖室内出土两个灰陶圆罐、两件瓷瓶、一件四耳瓷罐。其中一件瓷瓶内盛放琉璃、玛瑙、水晶玉石，口沿置琉璃瓶①。清禅寺塔舍利是由国俸施纳的高规格舍利瘗埋遗物，这几件圆罐、圆瓶的造型进一步提示我们，北齐修定寺出土以圆形结构为主的舍利圆函在当时并非特例，而应属于当时一套特定的瘗埋规制，它区别于北魏舍利容器的盝顶方函形制，并在隋初被继续使用（图2.8）。

图2.8　隋开皇九年（589年）陕西西安隋清禅寺砖室出土绿釉四耳瓷罐与褐釉瓷瓶（采自《考古与文物》1988年第1期，第63页）

最后，在距离安阳不远的邯郸临漳县县城西南的古邺城遗址，北齐邺南城中轴线——朱明门大道向南的延长线东侧，经考古发掘有一座东魏北齐佛寺塔基。在塔基刹柱础石下面发现有可能用于瘗埋舍利或圣物的砖函，平面呈正方形，长、宽、高均约0.7米。从其地理位置来看，这应是一座等级较高的寺院。可惜的是，砖函内的遗物已经被盗，仅存残损的琉璃舍利圆瓶②。值得注意的是，虽然此塔与洛阳城北魏永宁寺塔基遗址在平面布局上十分近似，但是，在塔心柱础下以黑灰色砖砌筑而成的砖函尚属首次发现，这种特殊的设置显示出对舍利瘗埋空间的特殊重视，也意

① 郑洪春：《西安东郊隋舍利墓清理简报》，《考古与文物》1988年第1期。

② 中国社会科学院考古研究所/河北省文物研究所邺城考古队：《河北临漳县邺城遗址东魏北齐佛寺塔基的发现与发掘》，《考古》2003年第10期。

味着舍利作为宗教圣物在北齐佛寺及佛塔空间中的重要地位。与此相似的是，同时期南朝皇室在供养舍利方面所体现出的积极态度和高涨热情。

（三）舍利之争：南北朝时期阿育王塔的"被发现"

虽然目前并没有南朝境内舍利供养遗迹或遗物被发现。但从文献记录来看，这里至迟在宋齐之际便已出现"阿育王舍利塔"，梁武帝时期在都城建康围绕阿育王舍利塔展开的一系列佛事，更是远胜于北朝。公元 5～6 世纪，这些不断涌现的阿育王塔，其分布已从南朝延伸至东魏北齐境内。与此相呼应的是，北齐与南朝在佛教美术上也呈现出诸多共同特征，其中就包括在两地共同流行的"阿育王塔"形象（宝塔纹），这些平面的装饰元素极有可能反映当时实际的地面建筑风格，以及南北朝时期盛行的"阿育王舍利"信仰。因此，以阿育王舍利塔及对其形象的表现为线索，可以对南北朝时期佛教舍利信仰活动进行更为深入的观察。

许理和曾指出中国至少从公元 4 世纪初，兴起一股寻找"阿育王舍利"的热潮。这些"阿育王寺址"多是由与朝廷过从甚密的人所指认，一方面它们被用以说明佛教在中国早已存在，并为当时的僧人提供必要的谱系，同时，这些发现也被解释为因世俗君主的德行而显现的祥瑞①。这无疑是说明，"阿育王舍利"既是佛寺僧团建立神圣谱系的宗教圣物，也是被统治集团所利用的政治资源。基于此，本节尝试从考古及美术史角度出发，围绕北齐和南朝在与阿育王舍利塔及阿育王塔装饰纹样（宝塔纹）上的紧密关系，来说明阿育王塔不断"被发现"的背后，也许是不同政权对"阿育王舍利"这一政治及宗教资源的激烈争夺。

1. 文本中的舍利与阿育王舍利塔的"被发现"

文献中关于舍利在中国出现的时间，以及阿育王寺在中国的"被发现"，都有着明显的地理框架：南方与北方的相呼应。舍利信仰在中国最早出现的时间，往往以梁慧皎所记中亚僧人康僧会赤乌三年（240 年）在东都建业向吴主演示舍利灵验感应的奇迹为始。然而，在慧皎稍后，北齐魏收于《魏书·释老志》中将类似的故事

① ［荷］许理和著，李四龙、裴勇译：《佛教征服中国》，南京：江苏人民出版社，2017 年，第 399 页。

搬演到曹魏洛阳：外国沙门向魏明帝（227～239 年在位）演示使舍利感应的灵异现象。一南一北两个故事之间具有高度相似性，同为胡僧向帝王演示舍利超自然的神奇力量，且二者皆发生在当时南北政权的都城，具体来说是王朝宫殿之内。两个故事在叙事结构上的相似提示其内容所具有的象征意味远大于叙事性。与此相类，在记录公元 4～6 世纪阿育王塔在中国境内不断"被发现"的具体过程，慧皎与魏收的书写也带有明显的地理框架：

表 2.1　公元 4～6 世纪中国境内"阿育王塔"相关记述出处

出处	成书时间	阿育王寺址
《明佛论》	［南朝宋］宗炳（375～443 年）	临淄（南朝境内）
《高僧传·慧达传》	［南朝梁］慧皎，554 年以前	丹阳、会稽（南朝境内）
《魏书·释老志》	［北齐］魏收，554 年	洛阳、彭城、姑臧、临淄（北齐境内）

从以上文献记载的情况来看，"阿育王塔"最先被发现于 4 世纪长江中下游的东吴地区，在 6 世纪上半叶梁武帝一系列崇佛活动中，礼拜阿育王塔成为南朝皇室主要的佛教活动。稍后，到 6 世纪中叶，阿育王塔开始出现在东魏北齐境内①。学界往往将这一现象解释为前后关系，即阿育王信仰从南朝对北齐的影响。

然而，如果我们不以时间的先后顺序分析这些文本，而将它们视为一种平行的关系，也许对这些记录有新的发现：魏收不仅将舍利在北方出现的时间较东吴略微提前，还将阿育王寺址全部安排在北齐境内，且数量增加一倍。魏收书写《魏书》时是否有意以慧皎《高僧传》的记录作为比照对象？文本中体现出的这种模仿又超越的关系，是否同现实中南北方佛教的情况相一致？

从这一角度看，这些文本呈现出两个基本特征：一、早期舍利信仰与"阿育王塔"的紧密关系；二、"阿育王塔"是当时南朝与北齐政权相互争夺又共享的宗教与政治资源。这种竞争关系不仅体现在有关舍利出现的最早时间，及"阿育王塔"分

---

① 唐初法琳《破邪论》提及中国境内有六处阿育王塔；道宣《广弘明集》记载有十七处；道宣《集神州三宝感通录》（664 年），总共有十九处阿育王塔寺遗址；道世（？～682 年）的《法苑珠林》增加到二十一所。

布的历史书写上，也可于当时的佛教遗存，尤其是在对"阿育王塔"的视觉表现上窥见一斑。

阿育王塔，是指公元前 3 世纪古印度孔雀王朝第三代国王阿育王统一印度，大兴佛教之际，打开先前佛陀涅槃之际经茶毗、舍利分配之后所起立供养的佛塔，将以往人间八王、诸天、龙王供养释迦牟尼佛舍利收集且统一起来，并再次分至全瞻部洲，并以神助之力于一夜之间起立八万四千座塔。敦煌出土的文书材料显示，在隋代之前中国境内既已存有 19 处阿育王塔①。虽然，目前并没有 9 世纪之前的阿育王塔实物的发现，但根据南北朝时期佛教石窟塔龛及大量造像碑顶部的宝塔纹样，可以推定当时阿育王塔的样式。

2. 宝塔纹的分布及象征意义

南北朝时期流行于单体造像的背光、造像碑顶部，以及石窟、塔龛中的宝塔纹样，很大程度上所表现的正是阿育王塔形象②。其结构一般为覆钵顶或平顶的单层方塔，并由天人举捧或围绕以示供养。有意思的是，这类宝塔纹的流行具有明显的时间性与地域性，根据苏铉淑的统计，它最早出现在 6 世纪初的北魏与南朝地区，以南朝数量较多，见于四川成都地区所出土南朝背屏造像（图 2.9）。至 6 世纪中叶，这类宝塔纹突然在北齐境内极为流行，北齐遗物上所出现的宝塔纹样占据南北时期总数量的 82% 以上③。

蒋人和将北齐石窟中出现的阿育王塔形象解释为高齐皇室对"转轮王"的兴趣。苏铉淑则进一步搜寻了高齐皇室与转轮王有关的材料论述北齐皇帝模仿转轮王的种种举动。然而，结合第一部分的分析来看，视觉材料上呈现出南北方共同特征的时间，与上一部分所论述魏收对慧皎文本的模仿时间几乎完全一致。因此，这是否意味着，北齐对南朝宝塔纹样的模仿与流行，与历史书写中所呈现的相一致？亦是一种对舍利的争夺？

---

① 杨富学、王书庆：《隋代以前的舍利塔》，《兖州佛教历史文化研讨会论文集》，北京：科学出版社，2011 年 10 月。

② Katherin R. Tsiang, Miraculous Flying Stupas in Qingzhou Sculpture, *Orientations*, 2000, pp. 45 – 53；苏铉淑：《东魏北齐庄严纹样研究》，北京：文物出版社，2008 年，第 82 ~ 125 页。

③ 苏铉淑：《东魏北齐庄严纹样研究》，第 84 页。

（a）梁　四川成都万佛寺出土双菩萨立像侧
面之塔形（采自《中国国宝展》图版 119）

（b）梁中大通二年（530 年）释迦造像
碑顶部宝塔纹（采自《文物》1988 年第
11 期，图版 13）

图 2.9　四川成都地区出土南朝背屏造像中的宝塔纹

（a）北齐 山东青州龙兴寺出土造像顶
部宝塔纹（采自《青州龙兴寺佛教造
像艺术》图版 209）

（b）东魏天平三年（536 年）龙兴寺出土
造像顶部宝塔纹（采自《青州龙兴寺佛教
造像艺术》图版 207）

图 2.10　青州地区宝塔纹

同时，与东魏北齐，尤其北齐时期急剧出现的大量宝塔纹形成鲜明对比的是，
这类宝塔纹在西魏北周极为罕见。并且，北齐境内大幅增加的宝塔纹不仅数量猛然
增长，并且已经开始呈现地域特征，青州地区单体造像及造像碑中所见宝塔纹，不
仅与邺城地区石窟宝塔纹具有共性，且出现了具有南朝特征的宝塔，尤其在临朐出
土的造像碑，其特征兼具北朝与南朝宝塔特征[1]（图 2.10）。

---

[1]　苏铉淑：《东魏北齐庄严纹样研究》，第 103～104 页。

可以说，宝塔纹的分布特征进一步说明了北齐与南朝佛教艺术上的紧密关系。结合上文对文献的分析，文献中对阿育王佛塔的发现及所有权的争夺，恰与图像分布规律相契合，其背景正是在北齐与南朝所共同流行的"阿育王塔"信仰：

第一，这类宝塔纹所表现的不仅是"阿育王塔"形象，更代表了当时普遍流行的舍利塔的建筑结构——覆钵顶或平顶的单层方塔。比如7世纪《集神州三宝感通录》中对鄮县阿育王塔的描述：

> 案前传云晋太康二年（281）又并州离石人刘萨诃者⋯⋯忽于中夜闻土下钟声。即迁记其处，刿木为刹。三日忽闻有宝塔及舍利从地踊出。灵塔相状青色似石而非石，高一尺四寸、方七寸、五层露盘，似西域于阗所造。①

从小杉一雄以来，学者们强调这条文献中对阿育王塔形制的描述②，其基本形制为方形塔身。值得注意的是，这段描述对建筑细节塔刹、露盘的特别关注，以及"似"之后所指向的"西域于阗"，无疑是在强调阿育王塔、舍利方塔的异域风格及其神秘性，并暗示当时对这类域外风格的推崇与流行。

同时，北齐地区所流行覆钵顶单层方塔纹，与北齐境内北响堂与小南海石窟所流行的塔龛、安阳附近宝山灵泉寺遗址北齐河清二年（563年）所造的道凭禅师塔十分相似，往往被认为反映当时地面寺院建筑的实际情况。正如第一章所论述河南安阳修定寺的砖塔，其单层方塔的结构始建于北齐时期③。从源头上来看，这种单层方塔的结构极有可能与犍陀罗地区公元3～5世纪大量出现的舍利方堂不无关系，这也正与文献中对舍利方塔异域风格的强调相一致。

第二，我们将这些阿育王塔的形象视为一个宗教或政治符号，这些在造像碑、石窟建筑装饰中出现的装饰元素，往往位于十分关键的位置以突出其重要的象征功能。从各类僧传故事中可见，南北朝时期阿育王塔的修建与发现，常伴随着一定的

---

① 《大正藏》第52册，No. 2106，第404页。

② 小杉一雄：《中國仏教美術史の研究》，第19页。

③ 据曹汛转述，修定寺塔在80年代重修之前"塔顶部分已残，塔刹部分不存，覆钵的外面部分已被拆毁，仅存内部结构层，内里是叠涩砌造的四角攒尖，外面已拆成方锥体。后来河南同志找到据说是20世纪40年代刊行的《河朔古迹图识》上所收照片。塔顶外观是略成圆柱体的覆钵，上置火焰宝珠，表面镶贴绿色琉璃饰件。曹汛：《修定寺建筑考古又三题》，《建筑师》2005年第6期。

奇异事件或奇迹，而这些奇迹往往与舍利的显灵有关。最广为流传的便是，慧达（刘萨诃）对东晋首都建康长干寺阿育王舍利的发现，圣物的发现正是基于长干寺所发出的一道奇异光芒，这种奇异光芒常被视为舍利的显灵①。阿育王塔便是当时最为典型的舍利塔。

第三，对于舍利崇拜及供奉而言，"阿育王塔"的重要意义在于说明"舍利的来源"问题，这一点与舍利的神圣性直接相关。一般认为中国最早的舍利供养便是南北朝时期的阿育王塔的建造，阿育王塔异域特征的建筑风格也恰与这一时期舍利的来源相一致，南北朝时期舍利多来自天竺或西域各国，而这正是赋予舍利神圣性及意义的重要方式。

以文献记录较多的梁武帝的"阿育王"信仰来看②，在公元512年，梁武帝赞助僧伽婆罗（456～520年）将《阿育王经》译为汉语③之后，便开始一系列造像、供养舍利及修建佛塔之事：

表 2.2　梁武帝供奉造像、舍利及修建佛塔表

时间	事件	出处
中大通二年（530年）	将荆州长沙寺的阿育王像迎至都城；丹丹国送牙像及塔，并献火齐珠、古贝、杂香药等	《广弘明集·佛德篇·佛像瑞集》《梁书·丹丹国传》
中大通六年（534年）	盘盘国遣使贡献真舍利	《梁书·盘盘国传》
大同二年（536年）	刘萨诃改造会稽鄮县佛塔，出阿育王舍利，迎至都城礼拜，尔后将舍利返回鄮县，并新建佛塔瘗埋舍利	《梁书·扶南国传》

---

① 《高僧传·慧达传》，《大正藏》第50册，No. 2059。

② 关于梁武帝与佛教的关系的代表性研究参见周一良：《论梁武帝及其时代》，《中华学术论文集》，后收入氏著《魏晋南北朝史论集》，北京大学出版社，1997年；颜尚文曾对中日学者研究史做以梳理，见颜尚文：《梁武帝》，台北：东大图书股份有限公司，1999年。

③ 中国境内与"阿育王"有关的传说，其出现时间远早于6世纪初《阿育王经》的翻译，这部经典的翻译并没能提供更多关于"阿育王"的信息，而是为了满足梁武帝对阿育王的兴趣及佛教供养的行为。在4世纪之前，关于阿育王传的故事便出现于《付法藏因缘传》与《杂阿含经》中，这些内容见于4世纪初西晋安法钦《阿育王传》。在这些故事之外，"阿育王"作为"印度佛王"在中国广为传播，还依靠"阿育王塔"的发现。

续表2.2

时间	事件	出处
大同三年（537年）	8月，改建都城长干寺阿育王寺阿育王塔，出佛舍利和发爪；9月5日取一粒迎宫中供养；寺内有阿育王第四女所造的阿育王瑞像	《集神州三宝感通录·卷上〈东晋金陵长干寺塔缘二〉》
大同四年（538年）	9月15日，设无遮大会，新建两座佛塔，内各以金罂次玉罂重盛舍利及爪发、置七宝塔中。又以石函盛宝塔、分两刹下。及王侯妃主百姓富室所余金银环钗等珍宝充积	《梁书·扶南国传》
大同五年（539年）	梁武帝遣云宝至扶南国迎请佛发	《梁书·扶南国传》

由上表来看，南朝皇室所供奉的舍利、佛像与佛塔建筑风格，都与印度有着直接的关系。并且，除了南朝境内被不断发现"阿育王舍利"来自天竺，佛舍利还经由朝贡与高僧求法自中亚及西域各国而来。更早的还有南朝陈武帝（503～559年）所供养的佛牙，由法献在南朝宋元徽三年（475年）西行至于阗获得，一并带回的还有舍利十五粒，龟兹国金锤揲像等。这颗佛牙原保存在中亚地区的乌缠国，后传到芮芮，及法献回到建业，秘密供养十余载，至齐永明七年（489年）为文宣帝所感，进而成为齐梁之际皇室所重的佛教圣物①。以上，这些圣物的"谱系"，尤其是同天竺、中亚及西域诸国的关系，成为其获取神圣性与重要意义的来源与保证。这正是南朝与北齐阿育王塔信仰背后佛教舍利崇拜与供奉的重要特征。

总的来看，南北朝时期阿育王塔信仰的流行，使得大量颇具异域风格的宗教景观出现在南朝与北齐境内，这包括：供养舍利的覆钵顶单层方塔，以宝塔纹为主要装饰元素的塔龛及佛教造像碑等。这些阿育王塔神秘的域外特征，既意在说明其内供养的舍利来自天竺或中亚，用以彰显舍利及佛塔的神圣性，同时，这种覆钵顶单层方塔的形象本身，即成为一种神圣性的象征符号，出现于社会各阶层的佛教供养活动之中。

---

① 陈垣：《佛牙考》，载《陈垣集》，北京：中国社会科学出版社，2000年，第380～388页；陈垣《法献佛牙隐现记》，《文史》第一辑，北京：中华书局，1962年，第55～56页；汤用彤：《汉魏两晋南北朝佛教史》，北京：昆仑出版社，2006年，第343页。

实际上，供养佛舍利、佛塔，乃至佛像等一系列活动，往往作为一个整体出现。正如梁简文帝萧纲（503～551 年）在为礼忏仪式所作《唱导文》中所说："敬礼舍利形象、菩提妙塔、多宝涌现、释迦碎身"，四类并列关系的供养活动无疑呈现了时人眼中佛教"舍利""宝塔"以及"释迦"形象之间某种微妙且紧密的关系。

小结

从学术史角度而言，南北朝时期佛教舍利容器及瘗埋规制的研究一直未见有深入讨论，然而，这一时期却是佛教舍利信仰初传入中国的关键性时刻，体现出的诸多特征及历史现象值得深入的讨论。比如，为何琉璃材质的舍利容器大量集中出现在北魏早期舍利瘗埋遗物中，为何盝顶方形石函成为奉纳舍利及其供奉的容器。第一节从佛教宝物观、北魏时期流行的奢侈概念，以及西行求法高僧带回的中亚供养舍利的经验入手，来分析早期舍利容器对琉璃材质的选择。之后，依据最新公布的河北定州静志寺佛塔地宫北魏兴安二年舍利石函，及以往较少被关注的甘肃平凉泾川出土的一套北周舍利遗物，试图勾勒出盝顶方形石函在北魏及北周的流行情况。第二节则以安阳修定寺石塔出土北齐文宣帝供养"释迦牟尼佛舍利"的俯仰莲装饰圆函为中心，分析其形制与北魏北周所流行盝顶方函的区别，提出北齐的舍利容器形制及瘗埋规制深受中亚地区传统的影响，且在形制及装饰上追求异域风格特征。

南朝舍利供养呈现的诸多特征，比如帝王供养舍利的传统一直延续至隋唐时期，也是讨论早期舍利信仰与政治之紧密关系的重要例证。第三节尝试转换视角，从南北方史书及僧传对早期舍利的不同书写切入，结合造像碑、石窟龛楣等上宝塔纹的分布及规律，试图说明阿育王舍利信仰在南北朝时期的流行，尤其早期舍利信仰在南朝与北齐之间形成一种相互竞争的关系，它体现佛教舍利不仅是宗教圣物，更被视为一种政治资源。

总的来说，隋代仁寿年间的舍利颁送活动之前，中国境内流行着两类不同的舍利瘗埋传统，这尤其体现在最外层舍利容器的形制上，一类是 5 世纪下半叶至 6 世纪初北魏、北周境内所流行的盝顶方函，另一类是 6 世纪中叶在北齐境内出现具有异域装饰特征的舍利圆函。这种鲜明对比也体现在供养舍利的佛塔建筑形制上，与

《洛阳伽蓝记》所记北魏时期洛阳城极为流行的高层楼阁塔不同，东魏北齐时期，虽然高层佛塔继续被建造，但邺城地区的覆钵顶单层塔及以此为形制的塔窟、龛更为流行，这些遗存的佛塔及石窟，一定程度上反映地面寺院建筑的实际状况，换言之，建造颇具异域风格的覆钵顶单层方塔，是东魏北齐时期更为盛行的潮流[①]。可以说，前者所使用的高层楼阁塔及盝顶方函，颇具"中国化"的特征，而后者的覆钵顶单层方塔，以及仰覆莲装饰的舍利圆函则成为异域风格的典型代表，并与"阿育王塔"传统直接相关。

　　回到开篇所介绍的开元二十九年（741 年）唐代庆山寺舍利宝帐上装饰的分舍利场景：画面中心正在主持舍利分配的婆罗门身后，有一件细颈鼓腹短柄高足的"壶"，也许是婆罗门用来盛放舍利主持分配的道具，被放置于一个方形底座上以示珍贵。各国王者及使者面前摆放的舍利容器虽然形制各有不同，但大致可以分为两类，以方形结构为主，或以圆形结构为主。有意思的是，在左侧列第一位头戴通天冠的中国帝王，其面前所摆放的是一个方形结构的容器，仔细辨识细节的话，可以发现它是一个盝顶盖的方形容器。这与其他诸蕃使者身前所摆放的圆钵、碗、盘、盒形成鲜明对比，应是当时画家的有意安排，盝顶方函成为"中国化"舍利容器最直接的代表。

---

① 苏铉淑：《东魏北齐庄严纹样研究》，第 106 页；同时，以云冈、龙门为代表的北魏石窟中所表现的佛塔形象，亦可用来说明当时佛塔的潮流。在云冈石窟 120 余座佛塔中，覆钵顶单层方塔仅有十三座，仅占全部佛塔的 10.8%；龙门石窟十七座佛塔中，覆钵顶单层方塔仅有三座，占全部佛塔的 17.6%。引自杨超杰、严辉：《龙门石窟雕刻粹编—佛塔》，北京：中国大百科全书出版社，2002 年。

三 圣物制造：隋文帝仁寿年间舍利颁送活动

隋代被认为是中国佛教舍利供养的重要时期，尤指隋文帝于仁寿年间（601～604 年）三次在全国范围内分布舍利广建佛塔，首次从国家层面在全国范围展开统一的舍利崇拜活动。仰赖考古材料的不断累积与文帝时期的政教政策研究，学界关于仁寿年间天下广立舍利塔之事已有较多讨论①。本章着重从物质及仪式层面，对隋文帝时代的舍利崇拜及统一的瘗埋规制展开分析，围绕出土材料所见隋代舍利容器的形制及舍利瘗埋规制，来论述文帝时期如何利用物质及视觉手段制造出大量"圣物"，并使其服务于当时的宗教需要及政治目的。本章尝试指出，隋文帝虽以佛典中的阿育王分舍利建塔为权力建构的模仿对象，却力图塑造出有别于域外风格的舍利瘗埋规制，这体现在舍利容器的形制及供养方式上，有意抛弃北齐及南朝的舍利瘗埋传统，而以北魏皇室所开创的盝顶方函为统一推行的容器类型，从而在一套政治运作与宗教仪式相结合的重复运动中，完成宗教圣物的制造与政治权力的统一。

（一）盝顶方函与"样"

从考古及零散发现来看，中古时期佛教舍利容器大致可以分为三类：盝顶方函、棺椁、塔帐。其中盝顶方函是出现时间最早、使用时间最长且数量较多的容器类型，在一些塔铭记中被称为"石匣"或"石函"。虽然它的使用范围自北魏大代兴安二年

---

① 详见绪论学术史部分。

（453 年）一直延续到宋元时期，但却往往被认为是隋代典型的舍利容器，这很大程度上源于隋文帝仁寿年间三次颁送舍利活动，广泛以盝顶方函作为全国统一使用的舍利容器。

目前关于盝顶方函形制的讨论，集中在其造型所具有的社会或宗教象征内涵。盝顶盖及方函的结构往往被视为一个完整的"宇宙模型"，袁泉认为它源于自东汉以来就流行的覆斗顶方形墓室，这种建筑形式往往和墓室壁画结合用以象征宇宙[①]，杨效俊结合陕西耀州神德寺石函表面的装饰纹样，认为石函的四方造型与图像中呈现的方位意识结合，用以表现中国传统的宇宙观念[②]。实际上，二人的观点都源于学界对墓葬传统中覆斗形墓室空间、盝顶式墓志志盖之象征性的解释[③]。然而，本章的目的并不是讨论盝顶方函在形制上的象征内涵，而是侧重于探讨它作为舍利容器，在重新定义宗教圣物方面的作用。尤其文帝为何会从不同的舍利瘗埋传统中，选择盝顶方函作为统一使用的舍利容器。这既涉及隋文帝仁寿舍利的来源问题，也与仁寿年间舍利颁赐活动赋予舍利神圣性的方式直接有关。

1. 隋开皇年间的舍利瘗埋规制

582 年，隋文帝建国第二年，在汉长安城东南龙首原兴建新的都城，名以大兴城。新都初建，与宫城、皇城、里坊、水渠等浩大工程同时展开的还有立寺建塔的宗教事业，且从营建速度到数量都颇为可观，北宋《长安志》援引唐时韦述《两京新记》记载：

> 文帝初移都，便立寺额一百二十枚于朝堂，下制云：有能修造，便任取之。

可以说，隋大兴城中佛寺林立的地理景观在隋初开皇时期既已成型。陕西西安东郊清禅寺塔基砖室，是少有的内部保存完好，出土年代明确的佛塔遗迹。根据其内墨书铭文砖及僧传中的相关记载可知，此次舍利瘗埋于隋开皇九年（589 年），由清禅寺寺主昙崇主持，并得到隋文帝、皇后与晋王杨广的支持，可视为开皇年间由

---

① 袁泉：《舍利安置制度的东亚化》，《敦煌研究》2007 年第 4 期。

② 杨效俊：《隋唐舍利瘗埋空间中的世界图像》，《文博》2013 年第 5 期。

③ 赵超：《式、穹窿顶墓室与覆斗形墓志——兼谈古代墓葬中"象天地"思想》，《文物》1999 年第 5 期；李星明：《北朝唐代壁画墓与墓志的形制和宇宙图像之比较》，《美术观察》2003 年第 6 期；Donald Harper, The Han Cosmic Board（式），*Early China* 4（1978 ~ 79），pp. 1 – 10.

国家供养的舍利瘗埋代表。从出土舍利容器及舍利供奉品的规制来看，在隋仁寿年间三次分舍利运动展开之前，开皇年间的舍利瘗埋继续使用"舶来品"风格的舍利容器，并在瘗埋规制及供奉品上呈现出中亚地区的影响。

清禅寺塔基砖室内长 0.89、宽 0.37、高 0.36 米，其内舍利容器的种类以瓶、罐为主，包括：灰陶罐 2 件（内盛有骨灰、粟状物），绿釉四耳罐 1 件，酱色釉瓷瓶 1 件，米黄色瓷瓶 1 件，且在瓷瓶口上又置琉璃瓶 1 件①（图 3.1a）。此外，砖石中还有大量各类玉石、玛瑙、水晶、紫水晶、绿松石、琉璃，以及更加稀见的琥珀做成的珠子②（图 3.1b）。尤为特殊的是，这些供奉品中还零星分布有两件金箔制作而成的圆饼和棱角形的金饰，皆在正面镶嵌蓝色料石③，这在中国舍利瘗埋及其供奉物中十分少见。根据上一章对犍陀罗地区舍利供奉品的分析，这种金箔制作的圆形、花形或心形饰物，以及质地坚硬、颜色鲜艳的各类珠子，是从公元 1 世纪末到 5 世纪，在犍陀罗地区的佛塔内广为流行的舍利供养品，同样也见于贵霜王室及贵族的墓葬随葬品，是颇具地域风格的高等级舍利供奉品。这些规格高级的供奉品显示，砖室内灰陶圆罐以及琉璃瓶中所盛放的舍利非同一般。

关于清禅寺瘗埋舍利的历史，可从僧传中得到更多线索。出土砖铭显示该塔所在清禅寺主人为高僧昙崇④。根据《续高僧传·昙崇传》所记，清禅寺及寺塔的兴建与皇室的赐奉不无关系。首先，是晋王杨广、隋文帝以及皇后先后为寺檀越水硙、碾，敕送棉锦、剃刀等各类寺产及法物。之后，昙崇"福感于今，愿流于后望，建浮图一区，用酬国俸"⑤。"浮图"建成之后，文帝大悦，"内送舍利六粒，以同弘业"。鉴于当时"释教除开，图像全阙"，于是文帝又"敕为追匠杜崇，令其缮绩，料钱三千余贯，计砖八十万。帝意功业引费，恐又匮竭，又送身所著衣及皇后所服

---

① 郑洪春：《西安东郊隋舍利墓清理简报》，《考古与文物》1998 年第 1 期。

② 郑洪春：《西安东郊隋舍利墓清理简报》，《考古与文物》1998 年第 1 期。

③ 郑洪春：《西安东郊隋舍利墓清理简报》，《考古与文物》1998 年第 1 期。

④ ［宋］宋敏求：《长安志》卷九"唐京城三"，提及清禅寺是隋文帝于开皇三年为昙崇而建。砖铭显示此次舍利瘗埋时间在开皇九年（589 年）。

⑤ 《续高僧传》卷十七《隋京师清禅寺释昙崇传》，《大正藏》第 50 册，No. 2060，第 568 页。

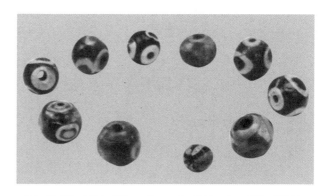

（a）凸雕玻璃容器（采自《心放　　（b）琥珀珠（采自 *China*：*Dawn of a Golden Age*，200 - 750*AD*，
俗外：定州静志、净众佛塔地宫　　fig. 55）
文物》，第 14 页）

图 3.1　隋大兴城清禅寺出土舍利瘗埋遗物

者总一千三百对……"① 这段描述往往用来说明，隋文帝崇佛之深切，大兴布施②。
然而，对于讨论清禅寺的舍利瘗埋，这段描述也尤为关键。

　　首先，昙崇先建塔，文帝再送舍利。"内送舍利六粒"，意味着文帝入藏舍利，
是在佛塔建成之后，换言之，这个平面呈南北向的长方形砖室，是佛塔建成之后再
砌进而成的。这也许可以解释为什么它的舍利瘗埋空间不同于北魏或东魏北齐佛塔
直接于塔基夯土层置放舍利，后者多是瘗埋舍利的同时修建塔基。清禅寺塔基地宫
常常被认为是目前所知年代最早的佛塔地宫③，在这里，我们也许可以推测，这种特
殊形制砖室的出现，是由于塔成之后，为了入藏舍利，再次开凿而成④。

　　其次，文帝不仅为清禅寺新建的佛塔递藏了六粒舍利，又追敕了更多料钱及衣
物。可想而知，在大量国俸进入清禅寺的背景下，皇帝入藏的舍利一定遵照较高规
格。因而，清禅寺塔基砖室内出土舍利容器，及大量珍稀舍利供奉品所体现的犍陀

① 《续高僧传》卷十七《隋京师清禅寺释昙崇传》，《大正藏》第 50 册，No. 2060，第 568 页。
② 郭朋：《隋唐佛教》，济南：齐鲁书社，1980 年，第 25 页；周雁飞：《隋文帝的转轮王形象及个性》，
　李振刚主编：《2004 年龙门石窟国际学术研讨会文集》，郑州：河南人民出版社，2004 年，第 590 页。
③ 对比初唐泾川、庆山及法门寺地宫的面积，这个砖室面积并不大，甚至小于仁寿年间舍利石函的平均
　体积，并且没有后代地宫所具备的甬道。因此，本文更倾向称其"砖室"为慎。
④ 实际上，唐代出现带有甬道结构的地宫，也许正是为了便于佛塔的不断开启与进入，这是隋唐时期舍
　利崇拜及供养仪式的一个重要背景。

图 3.2　绿釉四耳瓷罐（隋开皇九年隋
大兴城清禅寺出土，采自《考
古与文物》1988 年第 1 期，第
63 页）

罗风格，也许是皇家供养的结果。这样来看，
昙崇盛放舍利所使用的灰质陶罐及青瓷罐，虽
不及后世的金棺银椁华丽，但却是当时高规格
的供养方式且最接近犍陀罗地区瘗埋传统中，
以圆形结构为主的容器类型（图 3.2）。

最后，将砖铭记述与《昙崇传》两相比
照，瘗埋过程不仅有"儒林大夫"官方代表参
与，还有国家委派的敕匠"杜崇"建塔。值得
注意的是，与僧传记述不同的是，出土砖铭的
内容似乎并未强调"皇帝"的檀越与供养，而
是以"深可谓□□阿育王普妙塔者哉。□谷十
月十一日……"[1] 结束。这里"阿育王普妙塔
者"，显然是将此塔或舍利视为阿育王所起八
万四千座佛塔中的一例。这一点颇为关键，在下文的讨论中，我们将看到"阿育王"
传统在之后仁寿年间的舍利颁送活动中"被消失"了。

以上，开皇九年隋都大兴城清明门内清禅寺的舍利瘗埋属于隋皇室供奉，其内
舍利及舍利供奉品的递藏，使得清禅寺佛塔归于阿育王塔传统之列，且入藏品及舍
利容器具有明显的犍陀罗地区风格。目前认定为开皇年间的佛塔地宫遗址，还包括
西安唐青龙寺遗址发现的隋开皇二年（582 年）建的灵感寺塔基，但是塔基面积过大
也无发现出土遗物[2]，更可能是早期佛塔塔基遗址而非地宫。在都城之外，开皇十年
（590 年），隋重修相州清凉山修定寺北齐佛塔，并于舍利圆函底座之上附记供养铭
文。上章已述安阳清凉山修定寺塔，北齐天保五年（554 年）铭覆莲盖舍利圆函是由
北齐皇室供养，且颇具异域风格的容器代表。隋代修定寺寺监大统修缮伽蓝过程中，
重新瘗埋北齐佛舍利，继续沿用北齐舍利容器，显示异域风格的舍利供养规制在开
皇年间是被普遍接受的。然而，在清禅寺下瘗藏皇室舍利的数年之后，隋代官方于
仁寿年间便推出了一套新的瘗埋规制，在全国范围内统一使用盝顶方函，替代以圆

① 　郑洪春：《西安东郊隋舍利墓清理简报》，《考古与文物》1998 年第 1 期。

② 　中国科学院考古研究所西安唐城考古工作队：《唐青龙寺发掘简报》，《考古》1974 年第 5 期。

形结构为主的舍利容器，具有异域风格的舍利容器及舍利瘗埋规制从此消失。

2. 隋仁寿年间的舍利瘗埋规制

讨论隋文帝仁寿年间在全国各州颁送舍利、敕建舍利塔之事，大致有三类材料可利用：一，官方记述，文献中有隋文帝所作《隋国立舍利塔诏》、隋著作郎王劭《舍利感应记》、安德王雄百官等《庆舍利感应表》，以及隋文帝《诏答》四篇文章①；二，僧传及出土寺院碑刻资料中对此次事件的相关记录；三，考古出土所见仁寿年间舍利瘗埋的舍利容器、纪念碑铭及舍利供养品等实物资料。这些材料之间往往可以彼此印证或补充，尤其是第三类材料的出土使得我们对一、二类材料以及隋文帝的佛教政策有更为深入的理解。

总的来看，仁寿年间的舍利颁送活动可视为以佛教舍利供养为形式，计划周密的政治活动。这直接体现在官方文件对分送活动的部署与记录。成书于唐高宗麟德元年（664 年）的道宣《广弘明集》卷十七《佛德篇》，围绕颂佛、赞佛与皇室护佛事迹，大量使用诏文等官方资料，其中完整收录了隋文帝为仁寿元年（601 年）第一次分送舍利活动所作诏文《隋国立舍利塔诏》。在开篇一段祷词之后，诏文规定：

> 宜请沙门三十人，谙解法相，兼堪宣导者，各将侍者二人，并散官各一人，熏陆香一百二十斤，马五匹，分道送舍利。其未注寺者，就有山水寺，所起塔依前。旧无山者，于当州内清静寺处建立其塔。所司造样，送往当州。僧多者三百六十人，其次二百四十人，其次一百二十人，若僧少者，尽见僧，为朕皇后、太子广、诸王子孙等及内外官人、一切民庶、幽显生灵，各七日行道并忏悔起。行道日打刹，莫问同州、异州，任人布施，钱限止十文已下，不得过十文。所施之钱，以供营塔。若少不充，役正丁及用库物。率土诸州僧尼普为舍利设斋，限十月十五日午时，同下入石函，总管刺史已下，县尉已上，自非军机，停常务七日，专检校行道及打刹等事，务尽诚敬，副朕意焉。主者施行。仁寿元年六月十三日，内史令豫章王臣暕谏宣。②

---

① 收录于道宣《广弘明集》卷十七《佛德篇》，佛德篇多是颂佛、赞佛内容，常使用诏文等资料，卷十七的四篇文章极有可能出自王劭的著作。王劭《舍利感应记》，《隋书》卷三十三记为"三卷"，《法苑珠林》卷四十记为"三十卷"；《大唐内典录》卷十记王劭撰有《灵异志》二十卷。

② ［唐］道宣撰：《广弘明集》卷十七，《大正藏》第 52 册，No. 2103。

作为官方下达的文件，除了对导送执行人员的部署、活动经费的来源与用途，以及官府衙署的相应配合等提出具体要求之外，诏文中最能体现"统一"之规制的在于"所司造样，送往当州"的统一标准，以及"限十月十五日午时，同下入石函"的相同瘗埋时间。

道宣在《续高僧传·昙迁传》中并有"帝意悟，即请大德三十人安置宝塔为三十道。建规制度，一准育王"①。从描述来看，所司规定的"样"指舍利塔的形制，其仿照对象应是自南北朝时期，在中国境内不断"被发现"的"阿育王塔"。遗憾的是，并没有确信的仁寿时期舍利塔留存至今，研究者对其样式的推测不得不建立在文献描述基础之上②。20 世纪 80 年代以来，佛塔塔基或地宫所出土的舍利容器及舍利供养品为此提供了新的资料。根据各地不断出土的仁寿年间瘗埋的舍利容器、舍利供养品以及舍利塔铭，我们对"所司造样"有了更深入的理解，进而发现"样"的指示范围不只是舍利塔的形制，还包括在活动中扮演十分重要角色的舍利容器。

目前考古发现隋仁寿年间瘗埋的舍利容器及供养品总共有 5 组（详见附表），其中以陕西耀州神德寺塔基出土的仁寿四年（604 年）瘗埋舍利遗物最为完整与重要，包括盖顶刻铭"大隋皇帝舍利宝塔铭"的盝顶方形石函、内嵌在石函之内的方碑塔铭、放置绿琉璃瓶的鎏金铜方函一件、内置头发的铜圆盒一件，以及波斯银币、金银环、玉环、铜净瓶等舍利供奉品③（图 3.3）。

---

① 这条文献常被视为仁寿舍利模仿阿育王舍利瘗埋规制的直接证据。但值得注意的是，在有关舍利颁送活动的记录文献中，育王之制仅仅出现这一次，且是在距离舍利颁送活动结束四十余年之后的僧传材料中。换言之，在《隋国立舍利塔诏》等历次活动官方记录中，都未强调育王之制。

② 向达在诏文及僧传的基础上，转引 V. A. Smith《阿育王传》中对阿育王塔制的描述，认为"仁寿元年所造三十余塔，其塔样盖一准育王故制。……即覆钵塔式"；孙宗文进一步认为，作为明文规制和标准图样的"覆钵式石塔"，不仅限于仁寿元年的活动，也是仁寿二年、四年所依照的标准。梁思成、刘敦桢等则主张仁寿舍利塔为中国传统的木构佛塔，其结构可参照《洛阳伽蓝记》所描述的"永宁寺塔"，以及日本奈良法隆寺五层木塔。在没有更多实物资料情况下，很难断定哪一种样式更符合仁寿年间"所司"规定的"样"。孙宗文：《仁寿舍利塔——中国佛教建筑史话之四》，《现代佛学》，现代佛学社，1958 年，第 23 页。

③ 朱捷元、秦波：《陕西长安和耀县发现的波斯萨珊朝银币》，《考古》1974 年第 2 期。

 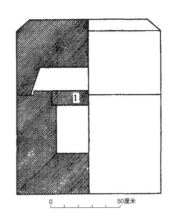

（a）仁寿四年（604年）盝顶方函及塔铭拓　　　　（b）方函剖面图（采自《陕西长安和耀
　　片（采自《隋唐時代の仏舍利信仰と荘厳に　　　　　　县发现的波斯萨珊朝银币》，《考古》
　　関する総合的調査研究》）　　　　　　　　　　　　1974年第2期，第127页）

图3.3　陕西耀州神德寺出土仁寿四年瘗埋舍利遗物

　　幸运的是，2004年在越南北宁省顺城县知果乡春官村发现了一组隋仁寿元年瘗埋舍利的遗物，包括盝顶方形石函一件，带盖《舍利塔铭》石碑一组，以及用以承托舍利容器及塔铭的一块长方形垫石板①（图3.4）。这套遗物是目前出土所见仁寿元年瘗埋舍利遗物的完整实例，虽不见舍利石函之内的其他容器或舍利供养物，但石碑与石函基本完好。以上两套遗物在石函形制及装饰、塔铭尺寸及摆放位置等方面呈现的相似特征，显示出仁寿元年诏文中"所司造样"的具体范围以及实际操作。

　　首先，二者皆以盝顶方形的石函作为外层容器，这与隋文帝诏文中所规定舍利"同下入石函"相呼应。可以说，盝顶方形的石函尤为体现了"所司"制定"样"的统一性，及诏文中明文规制的影响程度。

---

①　这套舍利瘗埋遗物发现于Luy Lâu古城遗迹以西800米的平原地带，附近还有越南最早的古代佛寺遗址，目前收藏在越南北宁省博物馆。2013年，这批材料先后以越南文、日文报告发表；河上麻由子：《トナムバクニン省出土仁壽舍利塔銘、及ひその石函について》，《東方學報》总88期，2013年，第443～462页；2014年10月，中山大学王承文教授在《学术研究》中介绍了这批新发现，并讨论仁寿元年交州舍利瘗埋，折射出交州李佛子割据集团与隋中央王朝之间复杂而微妙的关系。详见王承文：《越南新出隋朝〈舍利塔铭〉及相关问题考释》，《学术研究》2014年第6期。两篇文章在石函结构及尺寸上略有差别，不同之处本文以曾参与实地发掘的前者记述为准。

（a）盝顶方函及塔铭一组   （b）方函及塔铭开启后

图 3.4　越南北部出土隋仁寿元年瘗埋舍利遗物（采自河上麻由子:《トナムバクニン
　　　　省出土仁壽舍利塔銘、及ひその石函について》）

　　根据舍利塔铭内容可知，越南所出土的舍利瘗埋遗物，是文帝仁寿元年颁
送至"隋交州龙编县禅众寺"瘗埋的舍利遗物。"交州禅众寺"属于文帝仁寿
元年《立舍利塔诏》中所列的 30 个州寺，从地理位置来看，"交州"位于今越
南的北部，龙编城是交州郡所之一①，是开皇九年（589 年）隋代建立统一帝国
之疆域的最南端，禅众寺也是距离长安舍利颁发之地最远的州寺。我们无法得
知这次瘗埋活动的具体过程，并且在王劭《感应记》所记录第一次舍利分送活
动在各州所引起的祥瑞感应来看，交州并无献呈瘗埋活动中的任何祥瑞征象，
甚至是唯一没有表呈祥瑞的州郡②。如果不是实物的出土，仅根据文献记录来推
测的话，我们也许会怀疑这次活动在交州是否成功。然而，根据出土情况来看，
所司所规定的"样"在这里得到了有效的贯彻。盝顶盖方形石函的整体形制与
其他地区出土所见的仁寿舍利石函保持一致，为方形函身、盝顶函盖，长宽具

----

① 西村昌也根据 1999 年河内社会科学人文大学和考古学院的遗址调查，并结合文献记载发现三国
　时代的龙编城，遗址内发现较多莲花瓦当，且在城郭外南侧有越南佛教初传之地的 Dau 寺。参
　见西村昌也:《ベトナムの考古・古代学》，東京:同成社，2011 年，第 170 页。
② 这一现象也记录在道世《法苑珠林》卷四十中，记录隋文帝第一次舍利分送活动，提及"交州
　文阙"。[唐] 道世著，周叔迦、苏晋仁校注:《法苑珠林》卷四十，北京:中华书局，2003 年，
　第 1278 页。

体尺寸为 45×46 厘米，连盖高度在 39 厘米①。

所司规定"样"的有效性，自然也在位于隋代京畿地区的陕西耀州神德寺，仁寿四年的第三次舍利分送活动中得到全面实现。从神德寺舍利瘗埋物的组合关系来看，盝顶方石函在函体内部凿出一个深45、宽50厘米的函洞，用以盛放两组舍利容器，一为内置头发的铜质圆扁盒，另一个是盛放绿玻璃瓶的鎏金铜方函。这种内凿函洞的方式也见于上述越南出土仁寿元年舍利石函。可以视为仁寿年间盝顶方石函普遍的特征。下文将进一步详述这种在方函体凿函洞放置舍利的方式，以及盝顶盖方函的形制皆可追溯至北魏的舍利瘗埋传统。

其次，方形舍利塔铭碑是与盝顶方函舍利容器相配套的重要道具。越南出土仁寿元年塔铭：

> 舍利塔铭
> 维大隋仁寿元年岁次辛酉十月
> 辛亥朔十五乙丑
> 皇帝普为一切法界幽显生灵谨
> 于交州龙编县禅众寺奉安舍利
> 敬造灵塔愿
> 太祖武元皇帝元明皇后皇帝皇
> 后皇太子诸王子孙等并内外群
> 官爰及民庶六道三涂人非人等
> 生生世世值佛闻法永离苦空同
> 升妙界
> 敕使大德慧雅法师吏部羽骑尉
> 姜徽送舍利于此造塔

就铭文体例与内容来说，除去敕使大德与吏部官员姓名上的区别，隋交州禅众寺的这件"舍利塔铭"，与同为仁寿元年瘗埋的青州胜福寺"舍利塔下铭"、雍州仙

---

① 河上麻由子：《トナムバクニン省出土仁壽舍利塔銘、及ひその石函について》，《東方學報》总 88 期，2013 年，第 456 页。

游寺的"舍利塔下铭"并无二致①。"舍利塔铭"延续信徒通过造像、立塔等方式实现对佛的供养，并在其上留下供养文字题记的刻铭传统。更为重要的是，其内容与文帝"诏文"中的发愿及祷告部分完全一致。考虑到所有塔铭皆在同一时间入藏，这些刻铭极有可能在仪式中大声宣念，从而强调舍利供养者与所有者正是大隋皇室。

以上两个例子一个隶属京畿地区，另一个远在南海边地，遵照"所司造样"皆使用相同样式的舍利石函，反映出盝顶方函形制在仁寿舍利颁送活动中的重要性，它以一种物质及更为视觉化的方式，与舍利塔铭碑文字性表述中的"诏文体例"相呼应，二者成为舍利分送活动中最具官方意志及体现中央权力的象征物。

对比而言，开皇年间舍利瘗埋规制中与北齐舍利供养相接近的异域传统，并未出现在仁寿年间三次舍利颁送活动当中。前后之差别，一方面体现在仁寿年间所统一使用的盝顶方形石函，全面取代以圆形结构为主的舍利容器；另一方面，与异域风格的舍利瘗埋规制一同消失的，还有自南北朝时期大范围流行并延续至隋开皇年间的"阿育王塔"传统。文献材料提供了进一步的线索，杨富学和王书庆根据史书及敦煌文书材料，发现在隋代以前中国境内已分布有 19 座舍利塔，这些舍利塔与南北朝时期的阿育王塔传统紧密相关，多为"奉育王敕"或"传育王所立"，它们均不在隋文帝三次颁诏在全国诸州建 113 座舍利塔之列②。调查者将这 19 座舍利塔视作中国舍利塔的先驱，它们逐渐在历史长河中隐没，被历史所洗刷③。然而，我们不禁要怀疑的是，阿育王塔传统在隋代仁寿年间的突然消失是否是一种有意而为？

3. 隋代舍利瘗埋规制的来源及变化

根据佐佐木功成、大野雅仁的统计，在隋仁寿年间颁送舍利活动中，由中央派遣各地执行活动的沙门（"敕使大德"），多出身或主要活动于北齐属地④。今西智久

---

① 学界对隋代舍利塔铭体现出的统一规制已有较多研究，最早见于向达文，详见绪论学术史；新近研究以樊波文材料较为全面，樊波：《隋仁寿舍利塔下铭及相关问题探讨》，《碑林集刊》2004 年第 10 期；河上麻由子文亦对相关出土及金石材料进行统计，河上麻由子：《トナムバクニン省出土仁壽舍利塔铭、及ひその石函について》，《東方學報》总 88 期，2013 年。

② 杨富学、王书庆：《隋代以前的舍利塔》，《兖州佛教历史文化研讨会论文集》。

③ 杨富学、王书庆：《隋代以前的舍利塔》，《兖州佛教历史文化研讨会论文集》。

④ 佐々木功成：《仁壽舍利塔考》，《龍谷大学論叢》，总第 283 册，1928 年 12 月。

进一步提供了准确的数字，出自北齐的僧人占三次活动派遣僧总人数的74%①。陈金华也论述曾活跃于北齐的高僧僧肇与僧粲，在隋仁寿颁送舍利活动中的重要指导作用②。

毫无疑问，北齐僧人在隋仁寿舍利颁送活动中扮演十分重要的角色。然而，由上文对舍利容器形制的溯源来看，仁寿舍利颁送活动统一使用的"盝顶方函"，却与北齐皇室供养舍利所使用的"舍利圆函"迥然有别。入隋发挥重要作用的北齐高僧，作为朝代更替过程中宗教传播的重要媒介，为何不将北齐的舍利瘗埋传统介绍或推广到隋代，换言之，隋代仁寿年间重要的颁送舍利活动，为何选择盝顶方函作为附记刻铭的最外层舍利容器？

根据上一章的研究，在隋代之前的舍利瘗埋传统可分为两类，这种盝顶方函最早出现在北魏时期并被北周所沿用，是一种有别于北齐及南朝异域舍利瘗埋规制的"中国化"舍利容器。显然，隋文帝在这场具有政治象征性的舍利颁送活动中，选择北魏、北周盝顶方函作为统一使用的舍利容器。

值得再次强调的是，在隋代之前，北齐及南朝的阿育王传统所附带的异域风格舍利容器及佛塔，较之北魏与北周的传统更加流行且分布广泛。尤其是，开皇年间大兴城皇家寺院清禅寺塔砖室内出现圆形舍利陶罐及犍陀罗舍利瘗埋传统，并且砖铭中突出的"阿育王妙塔"名称，显示具有异域风格的"阿育王塔"传统在隋初继续流行。但是，至仁寿年间的三次颁送舍利活动，尤其是开皇九年（589年）灭陈统一中国之后，北齐与南朝的舍利瘗埋传统反而成为被放弃的选择。下文将从隋代佛教圣物的转移，以及仁寿舍利神圣性的"制造"两个角度，来进一步分析此问题。实际上，选择北魏舍利容器形制及瘗埋传统，意味着隋文帝仁寿年间的舍利不再依赖其天竺及中亚的过去来获取神圣性，尤其不再依靠"阿育王塔"传统来赋予其舍利神圣性。

（二）隋代佛教舍利的转移与集中

从上一章南朝与北齐所共同流行的阿育王塔信仰来看，中古时期，佛教舍利既

---

① 今西智久：《隋仁寿舍利塔事业の基礎的考察：「勅使大德」と起塔地をめぐって》，《大谷学报》2013年第3期。

② Chen, Jinhua, *Monks and Monarchs，Kinship and Kingships：Tanqian in Sui Buddhism and Politics.*

作为宗教圣物，又是必要的政治资源。以供养佛教圣物，实现对政治资源的争夺与控制，是"佛教舍利"进入权力话语的基本模式。如果我们将佛教舍利视为一种宗教及政治资源，那么在隋代的佛教舍利供养活动中，不仅仁寿年间的分舍利活动尤为重要，开皇九年平陈前后，佛舍利的转移也是值得注意的现象，尤其是将南朝都城长干寺阿育王舍利、法献自于阗所获佛牙以及佛教伪经中描述原保存在中亚地区的佛钵辗转至大隋国。实际上，舍利的转移与分配同等重要，二者象征了佛教舍利供养背后，权力的转移及政治合法性的建构。

1. 南朝舍利、佛像及佛经的转移

整个6世纪，中国境内最为著名的佛教舍利，保存在南朝都城朱雀门东南的长干寺。这是由4世纪圣僧慧达（刘萨诃）所指认的阿育王塔寺古址，根据一道奇异光芒，刘萨诃在寺院地下发掘出三个舍利函，其内藏有释迦的佛发与佛爪，这些圣物据说是几个世纪之前，印度阿育王所布施至中国的舍利，原本埋藏在一座阿育王佛塔下面。此外，能够进一步证明长干寺的悠久历史及宗教权威的，还包括寺内所供奉的一尊从印度而来的金佛，其梵文铭记显示它系由阿育王第四个女儿所供养制作（另一说阿育王为其第四女而作）[①]。自此，长干寺便成为集圣像、圣物、佛塔于一体的佛教圣迹。

南梁大同四年（538年）8月，梁武帝下诏重修长干寺，此次重修获得先前由刘萨诃瘗埋的佛发、佛爪等。《广弘明集》中记载了武帝《舍利诏》："改造长干寺阿育王塔，出佛舍利、发、爪。阿育，铁轮王也，王阎浮一天下。一日夜役鬼神造八万四千塔，此其一焉。……凡天下罪无轻重皆赦除之。"[②] 此次瘗埋多了一些对舍利的描述："铁银金三函相重，于金函内有三舍利，光明映彻，及爪甲一，又有一发，伸可数尺，旋则成螺，光彩照耀。咸意以为育王之所藏也。"[③]

至开皇九年平陈之后，这些圣物被隋晋王杨广又一次掘出，并转移至隋大兴城新建的日严寺，道宣律师亲历整个过程，并于664年记下：

> 余本住京师曲池日严寺，寺即隋炀所造，（隋炀）昔在晋藩，作镇淮海。京

---

① ［唐］姚思廉：《梁书·海南诸国传》，北京：中华书局，1973年。
② 《广弘明集》卷十五梁高祖《出古育王塔下舍利诏》，《大正藏》第52册，第203页。
③ ［唐］道宣撰：《集神州三宝感通录》卷上，《大正藏》第52册，No.2106，第405页。

（日严）寺有塔未安舍利。乃发长干塔下取之入京，埋于日严塔下，施铭于上。于时江南大德五十余人咸言：京师塔下舍利非育王者，育王者乃（在）长干本寺。而不则其是非也。至武德七年，日严寺废，余师徒十人配住崇义，乃发掘塔下，得舍利三枚。白色光明，大如黍米。并爪一枚，少有黄色。并白发废余。有杂宝琉璃古器等，总以大铜函盛之。检无螺发，又疑爪黄而小如人者。寻佛倍人爪，赤铜色，今则不尔。乃将至崇义寺佛堂西南塔下，依旧以大石函盛之，本铭覆上，埋于地府。余向隋初南僧，咸曰：爪、发、梁武帝者，舍利则有疑焉。埋之本铭，置于其上。据事以量，则长干佛骨颇移于帝里。①

隋代都城大兴城东南隅青龙坊的日严寺，由晋王杨广供养修建，与大兴城内的胜光寺（蜀王杨秀供养修建）等同属皇子"檀越寺院"。虽然《长安志》记载日严寺的建造时间在仁寿元年，但是王亚宁根据僧传中高僧在大兴城内的活动，提出日严寺的建造时间上限定在开皇十二年，下限在开皇十七年②。因此，长干寺的舍利迁至大兴城的时间也应在仁寿元年之前。

同时，开皇十年前后，杨广坐镇江阳之时，还将江州庐山西林寺大像顶上一座传自天竺的石佛像迁至日严寺，这座石像最早由天竺僧人于梁武太清中进奉给梁武帝，颇为珍贵。与此相类，晋王还遣中使王延寿，于庐山内搜找一份十分稀见的佛像画稿或书册《影像记》，并最终也将其迁到日严寺秘密供养③。从历代经籍目录中

---

① ［唐］道宣撰：《集神州三宝感通录》卷上，第405~406页。
② 王亚荣：《日严寺考——兼论隋代南方佛教义学的北传》，《长安佛教史论》，北京：宗教文化出版社，2005年，第172页。
③ 慧远《佛影铭》云："及在此山，值罽宾禅师、南国律学道士。与昔闻既同，并是其人游历所经。因其详问，乃多先征，然后验神道无方，触像而寄。"（《广弘明集》卷十五，《大正藏》第52册，第198页。）这里的罽宾禅师即指佛陀跋陀罗，而南国律学道士即是指法显。据谢灵运《佛影铭并序》中云："法显道人至自祇洹，具说佛影，偏为灵奇。幽岩甚壁，若有存形。容仪端庄，相好备足，莫知始终，常自湛然。庐山法师闻风而悦，于是随喜幽室，即考空岩……"文中的庐山法师即指慧远，由此可见，慧远是在听闻法显对佛影之描述后，方才因之而造像的。立台之时为义熙八年（412年），而造像则到义熙九年（413年）。慧远《佛影铭》云："晋义熙八年，岁在壬子，五月一日，共立此台，拟像本山，因即以寄诚。虽成由人匠，而功无所加。至于岁次星纪，赤奋若贞于太阴之墟，九月三日，乃详捡别记，铭之于石"，参见张敬川：《庐山慧远与毗昙学》，北京：中国社会科学出版社，2012年，第33页。

难寻《影像记》，但庐山保存天竺佛像的西林寺东侧，有一座东林寺，曾有晋僧慧远（334~416年）所立"佛影台"，这是慧远在听闻法显对那揭国醯罗城"佛影窟"的描述后而立①。《影像记》当与此有关，进而言之，其中所记录或表现的佛像也许正是某类西域或中亚风格的佛像，从而吸引晋王特意搜寻。以上这些颇为难得的印度石像，及中亚佛像的画本或记录，显示晋王杨广对传自天竺的圣像与圣物的极大兴趣，而集中迁移至同一座寺院的作为，似乎意在将隋代都城日严寺制造为一个新的佛教圣迹。

有意思的是，道宣不仅记录了长干寺舍利的迁移，同时还表述了时人对日严寺塔下舍利神圣性的质疑。这些疑问出自隋初最具权威的"江南大德"，他们认为阿育王舍利仍然保存在建康长干。唐代武德七年（624年）隋日严寺已废，道宣及师徒等掘塔下舍利，证验了这些舍利，白发、黄爪的尺寸及形体更像是出自人而非佛的身体。因此，道宣向当初质疑的南僧表示，这些爪发确非育王舍利之属，而是梁武帝舍己之爪发而入。道宣记录日严寺舍利的由来及历史之时，隋已灭亡近50年，隋时下瘗舍利之神圣性伴随朝代更迭亦有所减弱。

不仅著名的长干寺阿育王舍利被迁至都城，《长安志》卷十中还记录了隋文帝将梁陈之际由法献在元徽三年（475年）经于阗所获的佛牙，迁至大兴城大庄严寺②。隋代之前，这件佛牙在南朝境内不断失而复现，是当时僧团竞相争夺的宗教圣物。

搜求及转移佛教舍利之外，在开皇九年灭陈之后，杨广便令远征各军随访收聚佛教的"尊像灵经"。并在新建立的江都"慧日道场"设立《宝台经藏》，杨广亲撰《宝台经藏愿文》：

> 菩萨戒弟子杨广和南：……深虑灵像尊经多同煨烬，结发绳墨，湮灭沟渠。是以远命众军，随访收聚，未及期月，轻舟总至；乃命学司，依名次录……庄严修葺，其旧维新，宝台四藏，将十万轴。……今止宝台正葬，亲躬受持；其次藏已下，则慧日、法云道场，日严、弘善灵刹；此外，京都寺塔，诸方精舍。

---

① 《续高僧传·僧明传》卷二九，《大正藏》第50册，No. 2060，第692页。
② 《长安志》卷十云："大庄严寺，隋初置。……武德元年（618年），改为庄严寺。天下伽蓝之盛，莫与于此。寺内有佛牙，长三寸。沙门法献，从乌缠（缠）国取以归。豫章王崍，自扬州持入京。隋文帝改置此寺。"

而梵宫互有大小，僧徒亦各众寡。并随经部多少，斟酌分付。①

晋王杨广名义上是保护散失江南各地的"灵像尊经"免受战火毁坏，实际上，通过其将所获佛经的分布方式来看，更像是将原本保存在江南的佛教典籍，转移至皇家内道场、都城佛寺塔刹，这一方式与长干寺舍利及天竺佛像的转移完全一致。

杨广这一行为无疑模仿自其父文帝刊定佛经之举，"自开皇之初，终于仁寿之末……凡写经论四十六藏，一十三万二千八十六卷"②。佛经安置方式颇为特别：

> 京师及并州、相州、洛州等诸大都邑之处，并官写一切经，置于寺内；而又别写，藏于秘阁。天下之人，从风而靡，竞相景慕，民间佛经，多于六经数十百倍。③

从《隋书·经籍志》这段记录来看，这些佛教典籍既盛放于寺院，又藏于宫廷秘阁，显示这些典籍在宗教之外的功能。换言之，这些经典及圣像不仅仅是寺院财产，更与其他"宝物"一同作为重要的皇家财产。

以上一系列行为，可以被解释为隋代皇室对佛教的发展与支持④。然而，它更为直接地体现了佛教典藏、圣物、圣像的转移或统一，而其目的在于构建新的圣地——隋都大兴城。

2. 佛钵的转移与供养

由北齐入隋的印度僧人那连提耶舍（490？~589 年）在《德护长者经》的中译本中，插入了一长段未见于他译本的经文。这段经文中，佛陀对月光童子及其转世做了如下的预言：在佛陀涅槃之后，月光童子将会现身护持佛法。而且当佛法进入末法时期，他将会转生在一个叫作"大隋"的国家，其国王号"大行"，在他的治理下，大隋的一切众生都将信仰佛法，种诸善根。大行王以大威德力供养佛钵。之后，佛钵将至沙勒国，以及其他中亚国家，并最终辗转至大隋国。大行王于佛所大设供养，护持一切佛法，书写广布大乘方广经典，处处安置诸佛法藏，建造无量的佛像

---

① ［唐］道宣撰：《广弘明集》卷二二，《大正藏》第 52 册，No. 2103，第 257 页。

② ［唐］法琳撰：《辨正论》卷三，《大正藏》第 52 册，No. 2110，第 509 页。

③ ［唐］法琳撰：《辨正论》卷三，《大正藏》第 52 册，No. 2110，第 509 页。

④ 代表性研究可参见郭朋：《隋唐佛教》；夏金华：《隋唐佛学研究》，上海社会科学出版社，2013 年。

以及佛塔。最后，佛陀进一步预言了大行王自身的命运，大行王将以供养因缘，将于不可称、不可量、无边际诸佛所常得共生，于一切佛刹永作转轮圣王，于一切佛法僧"三宝"都能供养尊重赞叹，造立塔寺，悉以奉施。最终：大行王将成佛①。

这段文献是中古佛教史及政治史所经常提及的，"大隋"国的"大行王"即指隋文帝，它由"月光童子"转世，以护持佛法，供养因缘最终得与佛共生，并成为"转轮圣王"，乃至"佛陀"。这部分被认为是印度僧人那连提耶舍为隋文帝建构佛王身份所伪造的内容②。

值得关注的是，这段内容中对佛钵转移的描述：

> 作大国王名曰大行，能令大隋国内一切众生，信于佛法种诸善根。时大行王，以大信心大威德力供养我钵。于尔数年我钵当至沙勒国。从而次第至大隋国。其大行王于佛钵所大设供养。复能受持一切佛法。亦大书写大乘方广经典。无量百千亿数。出处安置诸佛法藏，名曰法塔。造作无量百千佛像，及造无量百千佛塔。

由于大行王对佛法的护持与虔心供养，佛钵将自沙勒国（疏勒）向东，最终辗转至大隋国。关于"佛钵"的内容，更多见于那连提耶舍另一部译经《莲华面经》，并是其下卷的中心主题。这两部经典皆为那连提耶舍由北齐入隋后于开皇年间所译③。

正如第一章所论述，自公元3到5世纪，犍陀罗地区舍利供养与信仰达至高潮，不断衍生出新的舍利分类体系，其结果即是对佛圣迹、圣遗物更加广泛的崇拜。这些圣物包括"佛顶骨""佛牙""初劫时独觉齿""佛钵""佛扫帚"等。桑山正进曾指出这些崇拜圣遗物的传统来自游牧民族的风俗，很多供养活动是脱离佛教理论的，佛教界内部的非理论倾向恰是俗界状况的反映，而这些立足于具体信仰的活动

---

① 那连提耶舍译：《佛说德护长者经》卷下，《大正藏》第14册，No. 545，第849页。
② 列维认为以往译本，沿用法护《金刚力士会》之译名，预言佛钵经辗转至"秦国"，那连提耶舍的新译本中用当时之朝代名"大隋国"取代过去之国名，关于《月光童子经》及相关经典在西域及中国流传与翻译详见［法］西尔万·列维著，冯承钧译：《王玄策使印度记》，北京：中国国际广播出版社，2013年，第131~135页。
③ 《莲华面经》的翻译时间为584年，那连提耶舍开皇二年（582年）入京城大兴善寺，卒于开皇九年（589年）。

很大程度上在于其供奉群体大多是以国王为首的统治者阶层①。桑山正进对这些供养活动特征的观察无疑是颇为准确的，即这些供奉活动大多是在国家层面，由国王等统治者所组织展开。然而，其来源也许不仅仅是游牧民族风俗使然。结合中国公元6世纪中叶，南朝与北齐对阿育王舍利的争夺来看，更有可能的一种情况是，自公元3到5世纪的中亚地区，这些佛教圣遗物已经被视为一种宗教及政治资源，比如围绕圣遗物所举行的隆重的展示及供养仪式，正是国力及政治权威的展现，由此吸引求法僧的拜谒，以及接受他国呈贡的各类宝物。

　　自印度而来的僧人那连提耶舍，势必对曾在中亚地区广为盛行的圣遗物崇拜颇为熟悉。在《莲华面经》卷下，提供了更多关于佛钵在印度及中亚地区的供养、破坏及流传情况，这些情节同样多被认为是鉴于嚈哒对印度及犍陀罗的入侵造成的佛事止废，进而在担忧佛法俱灭的情况下被虚构出来的。但直到《德护长者经》，那连提耶舍将佛钵辗转的下一个目的地设置在了大隋国②，佛钵进而成为"大隋国"确立政治合法性及获得认可的重要资源。

　　自南北朝至唐代高僧的西行求法行记中，往往有关于礼拜佛钵的记录③。从这些记录来看，自公元4世纪开始，中亚地区诸佛教国家对佛钵皆十分关注④。有意思的是，佛钵作为佛教用具，亦见于隋唐时期的佛寺遗址、佛塔地宫及高僧墓葬。这些出土物进一步证实了文献所描述的"佛钵"，作为宗教圣物亦使用于实际的佛教供养活动。

　　安家瑶及谢明良曾将这些出土所见隋唐时期的佛钵，同日本8世纪的三彩佛钵进行

① ［日］桑山正进著，张亚平译，芮传明校：《迦毕试国编年史稿（上）》，《中亚研究资料增刊》，1985年8月。节译本见：［日］桑山正进著，张亚平节译：《迦毕试国编年史料稿》，《南亚研究》1985年第4期。原文载于《仏教芸術》（137），每日新聞社，1981-07，第86~114页。

② 在竺法护译本中佛钵将至"秦国"，相比之下，那连提耶舍以朝代名称取代了以往的国家名称。

③ 详见印顺：《佛钵考》，《佛教史地考论》，北京：中华书局，2011年，第266~267页。

④ 4世纪末法显的西行记录中即提供了一份佛钵辗转流传的路线。之后，从各类僧传记录中可知，智猛曾于404~424于罽宾见佛钵，不久后，420~430，法勇又在罽宾见到。5世纪中，法维又在大月氏国见之；少年鸠摩罗什（12岁）从罽宾回龟兹的途中，曾在沙勒国见此佛钵，两百年后，玄奘途径犍陀罗时，却未见此钵，据闻佛钵保存在波斯王宫之内。据列维统计，法显之后高僧西行所见佛钵的传播路线与法显所提供的路线并不相符，但是584年那连提耶舍提供了一份新的佛钵自恒河向东传播的路线。详见［法］西尔万·列维：《王玄策使印度记》，第131~136页；桑山正进《罽宾与佛钵》一文，涉及《莲华面经》的成立问题，也梳理了经籍中关于佛钵的相关记载。

细致梳理与对比①，下文将关注佛钵在材质及组合方式上所呈现出的圣物特征。

首先，佛钵的组合方式。洛阳附近南宗七祖神会和尚塔塔基出土的黑陶钵共有三件②。其形制、胎质均相同，仅大小尺寸相异，出土时重叠相套置于一处。这种套层组合的处理，接近同时期舍利容器的组合方式。同时，地宫中出土所见的佛钵往往多件一同出现，比如法王寺二号塔地宫出土的五件黑陶钵③（图3.5）；庆山寺塔基出土了一件黑釉陶钵，四件里施白釉、外罩黑釉的敛口深腹平底瓷钵（图3.6），以及一件鎏银钵④。佛钵套层组合出现的方式，使其具有舍利容器所代表的宗教圣物的形制特征。

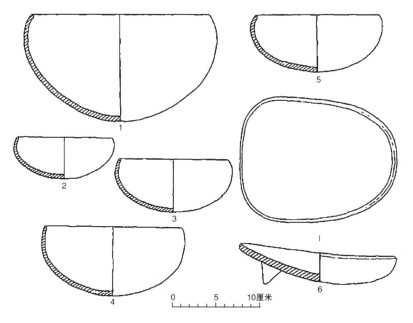

1. 黑钵（D2∶1） 2. 黑钵（D2∶9） 3. 黑钵（D2∶23） 4. 黑钵（D2∶8）
5. 黑钵（D2∶15） 6. 砚（D2∶20）
图3.5 黑陶钵（唐登封法王寺二号塔地宫出土，采自《河南登封市法王寺二号塔地宫发掘简报》，《华夏考古》2003年第2期，图10）

① 安家瑶：《唐代黑陶钵考》，中国社会科学院考古研究所《汉唐与边疆考古研究》编委会编：《汉唐与边疆考古研究》第一辑，北京：科学出版社，1994年，第259～263页；谢明良：《陶瓷手记》，上海古籍出版社，2013年，第103页。
② 洛阳市文物工作队：《洛阳唐神会和尚身塔塔基清理》，《文物》1992年3期，图版7之6；学者较多认为墓中出土的佛具或为神会僧生前传法所用，详见李学勤：《禅宗早期文物的重要发现》，《文物》1992年3期；杨泓：《神会身塔披露禅宗密史》，《中国文物报》总295期，1992年8月9日。
③ 赵志文等：《河南登封市法王寺二号塔地宫发掘简报》，《华夏考古》2003年第2期。
④ 临潼县博物馆：《临潼唐庆山寺舍利塔基精室清理记》，《文博》1985年第5期。

其次，使用特殊的材质及不断缩小的尺寸。最早的玻璃钵，出土于河北定州北魏太和五年（481 年）塔基，从出土情况来看，它亦作为舍利容器使用，尺寸极小（图 3.7a）。同理，法门寺后室出土的鎏金团花银钵盂（图 3.7b），体高 73、径 79、腹深 29 毫米，重 82克。专家推断这些小型钵不只是作为高僧法器或实用品①，更可能以其特殊的

图 3.6　黑釉瓷钵（唐临潼庆山寺佛塔地宫出土，采自《唐の女帝则天武后とその时代展》，第 83 页）

材质及尺寸所具有的象征性以供奉舍利之用。后室出土的另一组纯金钵，其内最小尺寸者迦陵频伽纹纯金钵盂，仅高 33 毫米，其外层素面纯金钵口缘刻铭"文思院准咸通十四年三月二十日敕令造迎真身金钵盂……"（图 3.7c），更指明其被使用在迎奉佛舍利真身的特定仪式中。

最后，特定的出土地点。除了见于佛塔地宫及高僧墓葬，在唐代西明寺及青龙寺遗址唐代地层亦出土有佛钵②，根据西明寺上佛钵底部"阿难"的刻铭来看，它极有可能是寺院仪式所使用等级较高的佛教圣物，而出现在唐代都城的大型皇家寺院中。

这些与舍利接近的特征最直接的见于文献中的细致描述。在关于四天王捧钵的记载中，尤为值得注意的是佛钵的组合方式，《大唐西域记·卷八》"重叠按为一钵，故其外则有四际焉"。重叠放置的处理，与舍利容器惯用的组合方式相仿，这显然加强了其作为宗教圣物的特征。换言之，佛钵虽然本是僧具，但在中古时期的佛教世界，它往往是作为一种圣物，其本身即是舍利，在《莲华面经》中它被称之为"钵舍利"，与佛陀的"碎身舍利"相并列。也许正是基于对钵舍利的供养，佛钵的迁移、流传亦被视为佛法传播的象征，因此在犍陀罗地区浮雕石板中，佛钵位于十分突出的中心位置③。

---

① 安家瑶：《莫高窟壁画上的玻璃器皿》，《敦煌吐鲁番文献研究论集》第二辑，北京大学出版社，1983年，第 425～473 页。

② 安家瑶：《唐长安西明寺遗址发掘简报》，《考古》1990 年第 1 期。

③ 李静杰：《佛钵信仰与传法思想及其图像》，《敦煌研究》2011 年第 2 期。李静杰梳理了佛钵信仰在印度及中亚地区的流行，强调与佛钵有关的图像频繁出现在西北印度地区，其作用在于通过与佛钵有关的佛传事迹及图像来宣传佛陀教化本身。本文则强调佛钵的流行也许更多与中亚地区流行的圣物崇拜有关。

（a）玻璃钵（定州北魏太和五年塔基出土，采自《心放俗外：
定州静志、净众佛塔地宫文物》，第7页）

（b）鎏金团花银钵盂两件，左件高73毫米，右件高32
毫米（采自《法门寺唐代地宫金银器》，第48、49页）

（c）"迎真身"铭素面纯金钵盂及迦陵频伽纹纯金钵
盂，左件高72毫米，右件高33毫米（采自《法门寺唐
代地宫金银器》，第48、49页）

图3.7　佛塔地宫出土小型钵

与其一同出现的往往是表现过去、现在、未来佛转承系谱，这形象化地显示出佛钵
的移动、辗转的时空线索，与佛法的传播与广布直接相关（图3.8）。

　　毫无疑问，这些隋初新见的伪经是为隋王朝实现这些圣物的占有与拥有提供的
依据。有意思的是，开皇九年之前，天竺僧人在经典中所描述的关于圣物、圣像及
佛塔崇拜的故事情节：佛钵（钵舍利）的转移，国王广写经典，广建佛塔、佛像等
功德，几乎是开皇九年平陈之后，隋皇室将南朝圣物、圣像及经典转移至都城这一
系列供养行为，展开的灵感来源与文本依据。

　　总的来说，仁寿年间在全国诸州进行的舍利分配，是与开皇年间所进行舍利的
转移与统一相呼应的行为。如果说转移及统一舍利是对政治权力的占有，那么分配
舍利就是对权力及合法性的证明与展示。

（a）贵霜时期释迦佛像雕塑底座（采自《敦　　（b）公元 3 ~ 5 世纪犍陀罗地区浮雕龛板
煌研究》2011 年第 2 期，图版 24 - 2）　　（德里博物馆藏，巴基斯坦斯瓦特遗址 Kate-
lai 佛塔出土，采自《シルクロード・仏教
美術伝来の道》，第 70 页）

图 3.8　中亚地区佛钵信仰图像

（三）仁寿年间舍利的来源与分配

印度僧人那连提耶舍，将印度及中亚地区佛教国家大肆流行的佛舍利及圣遗物崇拜的具体供养方式介绍给杨隋皇室。这些中亚地区所惯用的方式无疑启发了隋文帝及其皇子的一系列佛教供养活动。然而，隋代最为重要的仁寿舍利颁送活动，其基础及舍利的来源，并非开皇年间由南朝而至都城的阿育王舍利，亦不是佛经所提及由中亚地区辗转至大隋国的佛钵等佛教圣遗物。

仁寿年间的三次舍利颁送活动始于婆罗门沙门所赠予的"舍利一裹"①。601 年

---

① 《广弘明集》："皇帝昔在潜龙，有婆罗门沙门来诣宅，出舍利一裹曰，檀越好心，故留与供养。沙门既去，求之不知所在。……"（《大正藏》第 52 册，No. 2103，第 213 页）"一裹"也用于描述"香"，见于道世《诸经要录》卷十："儿妇以一裹香。涂四部兵并四方来乞者。随意令足。香故不尽"（《大正藏》第 54 册，No. 2123，第 89 页）；此处"一裹"或为"一粒"的音转，作量词用；又或为语气词，相当于"哩""呢"，二者都意在强调前面的被修饰词"一"，尤其用来突出前后数量的对比，如此处"一裹香"的少与"四部兵并四方来者"的多，或婆罗门赠送的区区"一裹"舍利与之后帝后感应无以数计的上百颗舍利。

第一次舍利分送活动中，这自天竺而来的区区一粒舍利，与之后第二、三次经由"感应"而来的"几十"乃至"几百颗"舍利形成鲜明对比，由此，601～604 年，中国境内突获大量舍利，从而实现在全国各州三次舍利颁送活动。除了最初的一粒舍利由天竺而来，其他全部出自中国境内。因而，这些不计其数的仁寿舍利不再是"阿育王舍利"的一部分，而是由文帝及其政教智囊团依其独特的方式所"制造"出的宗教圣物。

　　与此同时，仁寿舍利颁送活动使用北魏、北周舍利瘗埋传统中的盝顶方函舍利容器，恰是以其"中国化"的特征，来说明其内舍利与"阿育王舍利"等源自域外的佛教舍利的区别，自此"舶来品"风格的舍利容器，以及颇具异域风格的舍利圆函、圆罐在中国舍利供养中逐渐消失。在下文的分析中将会发现，阿育王舍利信仰虽然在开皇年间继续流行，但却在仁寿年间的舍利颁送活动中完全消失，而以往颇受欢迎的天竺或西域地区的佛教舍利，也不再是供养的主要对象。仁寿舍利主要来自隋代帝后及高僧，在不同场合和空间通过感应所获。为了使得这些由感应而来的舍利同样具有神圣性，文帝及其政教智囊团不仅组织了周密的颁送计划，更进行充分的舆论宣传，并在舍利瘗埋方式上做了刻意的设计，从而"制造"出不同于"阿育王舍利"的佛教圣物。

1. 舍利的来源与颁送仪式

　　关于仁寿年间的舍利颁送活动，有大量同时期的记录材料流传，集中保存在 7 世纪中叶道宣《广弘明集·佛德篇》中，包括隋文帝所作《立舍利塔诏》、隋著作郎王劭《舍利感应记》、安德王雄百官等《庆舍利感应表》以及隋文帝《诏答》四篇文章①。道宣在《广弘明集·佛德篇》部分常使用官方诏文等资料，其主题往往是皇家供养、颂佛、赞佛的事迹。因此，这些材料的价值不仅在于对舍利颁送活动的完整记录，同时它们也是年代上最为接近及可靠的材料。

　　关于仁寿舍利颁送活动的起因，也是舍利的来源，记录在著作郎王劭的《舍利感应记》（以下称《感应记》）中。《感应记》的两个核心主题是"舍利来源"以及

---

① 收录于道宣《广弘明集·佛德篇》卷十七，《佛德篇》多是颂佛、赞佛内容，常使用诏文等资料，收录于卷十七的这四篇文章，极有可能出自王劭的著作。王劭《舍利感应记》，《隋书》卷三记为"三卷"，《法苑珠林》卷四十记为"三十卷"；《大唐内典录》卷十记王劭撰有《灵异志》二十卷。

"真身应验"。全文顺序为：婆罗门僧人赠送舍利——帝后供养舍利——舍利颁送活动及仪式前后——各州所见"真身应验"——帝后感应获得更多舍利。

可以看出，开篇与结尾都以讲述仁寿舍利的来源为呼应，但却有所不同。

开篇：

> 皇帝昔在潜龙，有婆罗门沙门来诣宅。出舍利一裹曰，檀越好心，故留与供养。沙门既去，求之不知所在。其后皇帝与沙门昙迁，各置舍利于掌而数之。或多或少，并不能定。昙迁曰，曾闻婆罗门说法身过于数量非世间所测。于是始作七宝箱以置之，神尼智仙言曰，佛法将灭……①

结尾：

> ……皇帝当此十月之内，每因食于齿下得舍利，皇后亦然。以银盆水浮其一，出示百官，须臾忽见有两右旋相著，二贵人及晋王昭豫章王王暕蒙赐蚬，敕令审视之，各于蚬内得舍利一，未过二旬，宫内凡得十九，多放光明，自是远近道俗所有舍利率奉献焉。皇帝曰，何必皆是真，诸沙门相相与椎试之，果有十三玉粟，其真舍利铁簪而无损。②

以上来看，仁寿舍利颁送活动，始于文帝年少之时，一位天竺僧人所赠送"舍利一裹"。这里，"裹"或同"粒"，或为语气词修饰"一"③，无论作何解释皆意在强调婆罗门赠送天竺舍利的数量之少。这粒神奇的舍利，在皇帝及昙迁手中变化莫测，数量不定，由"法身"变换而来的 30 粒舍利成为第一次颁送活动的基础。这最初自天竺而来的区区一粒舍利，与之后在帝后及皇室成员于宫内乃至宫外远近道俗由"感应"而获的大量舍利，形成鲜明对比。虽然其中真假相掺，但文帝的"何必皆真"，显示这些舍利的真假并不及"感应"现象本身重要。这些"感应"用以说明文帝及颁送舍利的活动是吸引"舍利"不断应现的起因。

---

① ［唐］道宣撰：《广弘明集》卷十七，《大正藏》第 52 册，No. 2103，第 213 页。
② ［唐］道宣撰：《广弘明集》卷十七，《大正藏》第 52 册，No. 2103，第 213 页。
③ 用作语气词时尤为强调前后两类被描述对象在数量上的明显对比，详见 105 页注释①。

表 3.1　仁寿年间舍利颁送活动表

仁寿年间	下诏时间	瘗埋时间	范围	记录
仁寿元年 （601）	六月三十日诏	十月十五日瘗埋	三十州	文帝《立舍利塔诏》 及王劭《感应记》
仁寿二年 （602）	正月二十五日诏	四月八日瘗埋	五十一州 （又说五十三州）	百官《庆舍利感应表》
仁寿四年 （604）	正月某日诏	四月八日瘗埋	三十州	《续高僧传·洪遵传》

　　以这些感应舍利为基础，仁寿年间的舍利颁送活动分三次进行。从表 3.1 来看，官方材料对第一、二次舍利颁送活动有完整的记录。前两次活动的间隔时间仅为两个月，其中文帝的《立舍利塔诏》下达了分舍利建塔的统一规制及要求；王劭《感应记》从"舍利来源"及"真身应验"两个角度，记录具体的仪式过程，以及第一次活动中瘗埋舍利所见的祥瑞感应；百官进呈的《庆舍利感应表》则是各地官员模仿王劭的《感应记》，献表第二次活动中的祥瑞之事。第三次的诏文仅出现在僧传中且较为简短，但一个突出的特征，是对甄选派送舍利活动的具体指导者"敕使大德"的新标准①。并且在第三次活动中，高僧群体也开始可以感应舍利出现。

　　以记录最为详细的第一次活动来看，除了诏文中的统一规制及要求，王劭的《感应记》提供了更多关于活动的具体信息，尤其是以舍利为中心的仪式过程。

　　总的来说，颁送舍利的活动以两个仪式为中心，一是十月十五日旦时，文帝于都城大兴宫延请高僧所举行的仪式；另一个是十月十五日午时各地瘗埋舍利的仪式。

　　首先，六月三十日，文帝于仁寿宫之仁寿殿发布颁送舍利的诏文，之后：

> 亲以七宝箱，奉三十舍利。自内而出置于御座之案，与诸沙门烧香礼拜。愿弟子常以正法护持三宝，救度一切众生，乃取金瓶琉璃各三十，以琉璃盛金瓶，置舍利于其内，薰陆香为泥，涂其盖而印之。三十州同刻十月十五日正午入于铜函石函，一时起塔。②

---

① 今西智久：《隋仁寿舍利塔事業の基礎的考察：「勅使大德」と起塔地をめぐって》，《大谷學報》2013年 3 期。

② ［唐］道宣撰：《广弘明集》卷十七，《大正藏》第 52 册，No. 2103，第 213 页。

自六月三十日诏文宣布，舍利离开京城，经路途长短不一，诸沙门奉舍利而至各州：

> 初入州境，先令家家洒扫覆诸秽恶。道俗士女倾城远迎，总管刺史诸官人，夹路步引，四部大众容仪斋肃，共以宝盖幡幢华台像辇、佛帐与香山香钵，种种音乐，尽来供养，各执香华或烧或散，围绕赞呗梵音和雅，依阿含经舍利入拘尸那城法。①

舍利迎接仪式由各州地方组织进行，值得注意的是，其中"依阿含经舍利入拘尸那城法"显然意在模仿或比拟经典中所描述，公元前 6 世纪，佛陀在拘尸那城郊外涅槃，经过荼毗之后，舍利由末罗族人迎往拘尸那城供养的故事。王劭在仁寿舍利的颁送与迎接事件中，植入了供养佛陀舍利的最初版本，这个"重演"的情境，跳过了南朝与北齐对公元前 3 世纪阿育王舍利供养的故事。换言之，仁寿舍利颁送活动，并不只是模仿阿育王分赐舍利的行为，更在具体仪式上，重返迎奉佛陀舍利最初的故事情节。

终于，各州陆续迎来由皇帝颁送的佛舍利。在十月十五日午时，经过沙门大声诵念发愿祷词之后，舍利准备入函瘗埋，在此一个尤为特殊的步骤是对舍利的展示：

> ……沙门又称，菩萨戒佛弟子皇帝某，普为一切众生……舍利将入函，大众围绕填噎，沙门高奉宝瓶巡示四部，人人拭目谛视共睹光明，哀恋号泣声响如雷。天地为之变动。凡是安置出悉如之。②

结合仪式中沙门高奉宝瓶向众人巡示，我们可以进一步讨论舍利入函的统一时间——"午时"。"午时"显然不是佛教仪式常用的时间，在佛教重要的迎像、行城等大型公共仪式活动中，"旦时"是常常重点标示的时刻，正如《洛阳伽蓝记·景明寺》对北魏洛阳城盛大迎像活动的描述，以四月初八"旦时"作为仪式的开始。仁寿舍利选择"午时"舍利入函及瘗埋，一方面，也许借自古代政治史及法律史中的时间观念——中国古代各种刑罚"示众"仪式，即往往在"午时"举行，换言之，

---

① ［唐］道宣撰：《广弘明集》卷十七，《大正藏》第 52 册，No. 2103，第 213 页。
② ［唐］道宣撰：《广弘明集》卷十七，《大正藏》第 52 册，No. 2103，第 214 页。

"午时"是一个更适宜向公众"表演"的时间。另一方面，瘗埋当天"旦时"的仪式则由文帝在都城大兴宫内举行：

> 皇帝以起塔之旦，在大兴宫之大兴殿庭西面，执珪而立，延请佛像及沙门三百六十七人，幡盖香华，赞呗音乐，自大兴善寺来居殿堂，皇帝烧香礼拜降御东廊亲率文武百僚……舍利之将行也，皇帝曰今佛法重兴必有感应，其后处处表奏皆如所言。①

从时间上来看，两个仪式在同一天的旦时与午时分别进行；从地点上来看，则是中央与地方诸州的结构，两个仪式无疑是作为一个整体，用以呈现由皇帝颁送的舍利在全国诸州完成瘗埋。各州舍利在同一时间入函下埋的行为，很容易使人联想到《阿育王传》等故事中阿育王在众夜叉的帮助下，一天之内就在整个赡部提洲至少建立了八万四千座塔②。然而，从上文对两个仪式的整体观察中，我们可以发现，文帝所模仿的原型不仅仅是阿育王，而是借助于对过程的描述，将其上溯至佛教历史上拘尸那城对舍利的最初供养。与此同时，这些仪式亦同北魏与南朝皇室供养起塔的仪式有较多联系与不同。

从文献或碑铭材料中所记录北魏、南朝时期的起塔情况来看，"起塔"是尤为关键的供养步骤。帝后或皇帝往往亲至塔下发念愿文以示供养。比如，永宁寺塔成之时，灵太后亲临"塔刹建表"；北魏太和五年，定州城东起立五级佛塔，"夏五月廿八日，基创始建，二圣乃亲发至愿"；又如南朝长干寺塔刹中心柱起立之时，武帝亲临发愿③。

实际上，从安置舍利、供养起塔的角度来看，"塔基初建"或"塔刹起立"，与"舍利瘗埋"几乎是互为先后的同一行为。当舍利完成瘗埋，也意味着安放舍利的塔刹中心柱或者安置舍利的塔基由此完工。某种程度上，"塔基初建"仅仅是舍利瘗埋的另一种表达方式，它既是舍利瘗埋安置的完成，也是建塔工程的起始。正由于佛

---

① ［唐］道宣撰：《广弘明集》卷十七，《大正藏》第 52 册，No. 2103，第 214 页。

② 学者们认为这正是文帝对育王的模仿，持此观点的代表学者冉万里：《中国舍利瘗埋制度研究》；严耀中：《综说隋文帝广建佛塔的意义》，《唐研究》第 20 卷，北京大学出版社，2014 年，第 107～118 页。

③ 小杉一雄曾系统梳理此类记载，并认为起刹仪式是建塔最为重要的步骤。详见氏著《中国仏教美術史の研究》，東京：新樹社，1980 年，第 24～26 页。

塔初建与舍利安置的同一关系，帝后往往亲至塔前发愿供养。然而，不同于南北朝时期佛教供养对"塔"的强调，隋仁寿年间的舍利颁送活动，一方面继承了南北朝时期帝王供养舍利建塔的仪式传统，另一方面，开始将"舍利入函"及舍利瘗埋作为整个仪式的中心。

总的来说，佛教舍利作为宗教圣物在仪式中被展示，同时在舍利容器表面刻铭纪念，从而强调舍利下瘗入藏的方式是自隋代才出现，换言之，隋代几乎将舍利供养凌驾于佛塔供养之上。同时，在隋代仁寿年间颁送舍利活动中，舍利借由特殊的仪式，实现其在宗教及政治层面的双重价值。

值得注意的是，以上史料皆出自王劭的描述。实际上，在仁寿年间的三次舍利颁送活动中，他不仅仅是仪式的记录者，也是重要的活动策划及宣传者。

2. 王劭与舆论宣传

王劭的《感应记》讲述了仁寿舍利的来源，并记录整体仪式过程，以及各州瘗埋舍利时所见的各类祥瑞感应。其具体创作时间，史籍目录中难寻记载，但成书于会昌三年（843 年）的《寺塔记》有一段对大兴善寺发塔的记录：

> 有隋朝舍利，塔下有记云："爰于宫中兴居之所，舍利感应，前后非一。时仁寿元年十二月八日。"①

这条材料为理解仁寿元年的舍利颁送活动补充了新的线索。首先，从时间上看，这段塔铭刻于第一次颁送舍利活动结束后两个月，其内容显然出自王劭所作《感应记》中对文帝感应舍利的记录，并与《感应记》中对感应地点——"宫中兴居之所"的强调相一致。更为重要的是，这段记录显示《感应记》也许并非仅是一份官方文件，更可能是当时颁送舍利前后进行舆论宣传的底本。尤其在第一次颁送活动结束不到两个月，文帝感应舍利的故事就被刻铭于都城内皇家寺院的佛塔表面，这亦体现当时对文帝感应舍利这一事件特别的宣传方式，不仅以官方文本的形式流传，还刻铭在佛塔表面，成为都城皇家寺院公共空间的"观看"对象。这既是纪念文帝感应舍利，又是在不断加强文帝感应舍利的可信性，从而实现文帝"制造"舍利的

---

① ［唐］段成式：《寺塔记》卷上，北京：人民美术出版社，1964 年，第 2 页。

目的。

从文本角度上说，如果将王劭所作的《感应记》与百官进呈的《庆舍利感应表》作为一个整体，便会发现后者对前者的模仿。王劭所创造出的一系列舍利感应故事，成为地方各州上奏表文的模本，它们有着相同的主题，所不同之处在于，地方表文是从比较具体的角度，传达第二次舍利颁送活动中，范围更大的 51 个州的感应事迹。同时，尤为值得注意的是，这些感应故事中诸多意象及象征符号的来源，有些并非出自佛教系统。

刘亚丁从文本分析的角度指出，这些感应故事中常见的"云雾开合""五色云"等对云雾气象的描述，更多与中国历史传统中的政治符号有关。在中国先秦文献中，云与帝王有着直接的联系，"卿云""紫云""赤色云""五色云"等皆是天子之气的祥瑞征兆①。李四龙也分析了这些感应故事中的非佛教成分②。这些观察颇有启发。但进一步来说，与其说这些意象取自中国传统的祥瑞象征体系，不如说，这是对自东汉以来，以天人感应为基础的谶纬之学中各类政治与象征符号的直接借用。在各类史书传记中，作为隋代著作郎、员外散骑侍郎，兼修起居注的王劭，以博学强识、通经览史著称，《隋书·王劭传》有："祖孝征、魏收、阳休之等尝论古事，有所以往，讨阅不能得，因呼劭问之。劭具论所出，取书验之，一无舛误。"

这种博学尤指他在经学方面的造诣，具体来说，就是对谶纬之学的掌握与灵活运用。据说他对当时《易坤灵图》《易乾凿度》《易稽览图》《河图帝通纪》等谶纬之书有精深的研究，常以此对各类所谓"符瑞"征兆做以解释③。这直接体现在：

> 采民间歌谣，引图书谶纬，依约符命，捃摭佛经，撰为《皇隋灵感志》，合三十卷，奏之。上令宣示天下。劭集诸州朝集使，洗手焚香，闭目而读之，曲折其声，有如歌咏。经涉寻朔，遍而后罢。上益喜，赏赐优洽。④

---

① 刘亚丁：《作为佛教灵验现象的舍利崇拜》，《佛教灵验记研究——以晋唐为中心》，成都：巴蜀书社，2006 年。

② 李四龙：《论仁寿舍利的感应现象》，《法门寺博物馆论丛》第四辑，西安：三秦出版社，2011 年，第 354～369 页。

③ ［唐］魏徵等：《隋书》卷六十九《列传第三十四》，第 1078～1083 页；［宋］郑樵：《通志》卷一百六十二《列传七十五》，北京：中华书局，1987 年，第 2621～2623 页。

④ ［唐］魏徵等：《隋书》卷六十九《王劭传》，第 1069 页。

《皇隋灵感志》被认为是王劭谶纬之学的代表作。从"引图书谶纬，依约符命，捃摭佛经"来看，王劭无论对谶纬之学，或佛教经典皆可博引自如。《皇隋灵感志》已佚，但《舍利感应记》无疑也是王劭在经学及佛学两方面才能的集中体现，其中的各类感应故事，正是将谶纬之学注入佛学，亦用佛教思想来解释图谶现象。因此，从王劭的《感应记》到百官进呈的《庆舍利感应表》，二者之间更像是一种政治语言的不断模仿与再造，它们既来自传统谶纬之学中的象征符号，也借用了最新的佛教典故。

同时，正如从《皇隋感应记》的宣传方式："上令宣示天下，劭集诸州朝集使，洗手焚香，闭目而读之"来推断，《感应记》在当时应同样有着深入且广泛的宣传。从目前情况来看，自仁寿元年十月十五日，舍利在全国三十个州完成瘗埋，同年十二月八日，有关文帝感应舍利的故事即以刻铭纪念的形式，出现在都城大兴善寺佛塔表面。王劭的《感应记》几乎与十二月八日刻铭同时或更早出现，换言之，为了配合全国舍利颁送活动，王劭在不到两个月的时间里写就《感应记》，并广为宣传。这些故事不仅以纪念石铭的形式彰刻于城市公共空间，其文本形式更成为第二次舍利颁送活动中各地官员进呈表文的模仿范本。

3. 文帝的新角色：普天慈父

虽然自公元 3 世纪末，佛教舍利最早在三国时期东吴境内的出现，即是吴主受感于舍利感应的神验效果，但在其中起着关键作用的是来自异域的高僧。在交州长大的粟特僧人康僧会，不仅带来了对当时人来说颇为新异的"设像行道"的仪式、佛像，乃至兴建了最早的佛教"精舍"。这些"胡僧"尤其在使舍利显灵方面具有特别的能力，以此更广泛地吸引信众。7 世纪初在全国各州广布的"仁寿舍利"，同样伴随大量的神异感应故事，不同的是，最初这些舍利多是由帝后，在"兴居之所"这一特殊的皇室私人空间所感应而获。在第三次颁送舍利活动中，负责敕送舍利的高僧团体，也成为刺激舍利感应出现的参与者。

值得注意的是，在上文所分析的隋仁寿舍利颁送活动的策划、宣传以及各类舍利感应故事的描述中，都已经不见曾在南北朝时期广泛流行的"阿育王舍利"。从 4 世纪开始出现的"阿育王塔"圣迹的发现模式也未再成为各类故事的主题。虽然文帝在全国诸州颁送舍利的行为本身是对印度阿育王的模仿，但从上一节对盝顶方形舍利容器形制的溯源来看，仁寿舍利在舍利瘞埋传统上，显然是区别于当时流行范围更为广泛的阿育王舍利信仰。这与其说是对北魏、北周瘞埋传统的回归，不如说是对当时广为流行的阿育王舍利信仰的有意回避。

仁寿舍利并未延续先前流行的阿育王舍利信仰①，甚至对其保持一定程度的回避，这尤其体现在三次颁送舍利建塔的选址问题上。在文帝的《立舍利塔诏》中，首先罗列全国三十个州寺的名称，诏文中也进一步确定活动中选寺址的标准："其未注寺者，就有山水寺，所起塔依前。旧无山者，于当州内清静寺处建立其塔。"② 日本学者近年来结合实地考察，对隋仁寿颁送舍利活动建塔选址问题尤为关注，认为文帝在建塔选址问题上，明显参考了中国舆地风水的传统与思想③。结合仁寿舍利感应故事中大量谶纬之学的情节典故，仁寿舍利在选址问题上参考非佛教因素，并非不可能。但其更为重要的历史意义在于，这与南朝梁武帝对阿育王舍利重新瘞埋起塔的方式大为不同，仁寿舍利建塔的选址，不再以阿育王舍利圣迹的指认与被发现为标准，仁寿舍利起塔的因缘，也不再是阿育王舍利的神迹与显灵。

同时，参照杨富学和王书庆对隋代以前中国境内的舍利塔分布的调查与统计，亦可知史书及敦煌文书中所见隋代以前中国境内的 19 座舍利塔，均不在隋文帝三次颁诏在全国诸州建 113 座舍利塔之列，这 19 座塔与南北朝时期的阿育王塔传统相关，多为"奉育王敕"或"传育王所立"④。

仁寿舍利建塔选址对阿育王舍利的有意回避还体现在具体的实例中。以仁寿元年第一次颁送舍利活动对岐州寺址的选择为例，自北魏即以"育王所建"⑤ 而成一方名寺的法门寺（北魏名"阿育王寺"），并未被选为仁寿舍利的安置处，文帝及其政教策士最终选择的是法门寺西北方向十五里的岐山，今扶风县黄堆乡西观山上的

① 陈景福曾提出"文帝并没有在阿育王塔佛舍利崇奉上多下功夫，而是另辟蹊径"，见陈景福：《法门寺：中国的大菩提寺——法门寺佛指骨舍利与玄奘大师的关系蠡测》，《法门寺博物馆论丛》第一辑，西安：三秦出版社，2008 年，第 27 页。

② ［唐］道宣撰：《广弘明集》卷十七，《大正藏》第 52 册，No. 2103.

③ 長岡龍作：《隋仁寿舍利塔と青州勝福寺址》，《中国中世仏教石刻の研究》，第 154 ~ 181 页。

④ 杨富学、王书庆：《隋代以前的舍利塔》，《兖州佛教历史文化研讨会论文集》。

⑤ ［唐］张彧《大唐圣朝无忧王寺大圣真身宝塔碑铭》记：文成帝时"……太白二三沙门……指掌所获，验其铭曰育王所建，因以名焉。"周绍良主编《全唐文新编》第 3 部第 1 册，卷五一六，长春：吉林文史出版社，第 6035 ~ 6036 页。

"凤泉寺"为起塔址①。实际上，成书于开皇十七年（597 年）的《历代三宝纪》中，费长房曾描述当时中国境内阿育王塔"江汉左右，关陇东西，处处皆有"②，并且如第一节所论开皇九年，大兴城内清禅寺皇室檀越的佛塔下，舍利砖函铭上依旧有"阿育王普妙塔"的名称。然而，这些自南北朝时期狂热兴起并延续至隋开皇年间的"阿育王舍利"信仰，却在仁寿年间官方颁送舍利活动中销声匿迹。

由此来看，仁寿舍利瘗埋所使用的舍利容器，也许正是有意弃南朝与北齐阿育王舍利信仰流行背景下使用的舍利圆函，而取北魏、北周传统的盝顶方函。与 6 世纪广为流行的异域风格舍利容器明显相区别的盝顶方形舍利函，作为"所司造样"的重要组成部分，在表明其内盛放"仁寿舍利"的神圣性方面具有特殊作用：一方面，以其形制的"中国化"特征强调其内舍利的来源，它们不再是"阿育王舍利"谱系，或其他传自印度及中亚的佛教舍利；另一方面，这些舍利容器表面的刻铭，尤其是盖顶"大隋皇帝供养舍利"，明确将这些舍利与隋文帝建立直接联系，正如大兴善寺内发塔下的铭文"爰于宫中兴居之所。舍利感应，前后非一。……"与其说它们是皇帝所供养舍利，不如说它们是由皇帝"制造"的圣物。

文帝及其政教团体，正是将由各类感应而来的"仁寿舍利"，制造成与"阿育王舍利"相当的宗教圣物。这一过程，不仅依靠在形制上颇具特殊用意的舍利容器和新的建塔选址原则，更是仰赖一系列宣传活动及特殊仪式，既创作出新的舍利来源故事，这些故事基于在当时远比阿育王舍利圣迹故事更为传统及悠久的谶纬之学中的各类符瑞象征，又以更具展示性及表演性质的宗教仪式，进一步彰显这些舍利的神圣性，并以此保证颁送活动背后中央与地方诸州的结构性关系。这些新的佛教圣物——仁寿舍利，最终服务于文帝的新角色："普天慈父"。

"普天慈父"同样出自《感应记》，王劭不仅结合谶纬之学为一系列舍利感应故事的发生设计了"剧本"，更为文帝创造了有别于天竺法王的新角色。在《感应记》开篇讲述天竺沙门赠送给年幼的文帝一粒舍利之后，他提及了与文帝佛教信仰关系

---

① 《隋仁寿元年凤泉寺舍利塔下铭》，《扶风县文物志》，西安：陕西人民教育出版社，1993 年；中国人民政治协商会议陕西省宝鸡市委员会文史资料研究委员会：《宝鸡文史资料》第 5 辑（内部发行），1987 年，第 132 页。

② ［隋］费长房：《历代三宝纪》卷一，《大正藏》第 49 册，No. 2034，第 23 页。

密切的神尼智仙所说的一段话：

> 佛法将灭，一切神明今已西去，儿当为普天慈父，重兴佛法，一切神明还来。

王劭借神尼之口所道出的正是仁寿年间三次舍利颁送活动的宗旨，不仅制造以帝后感应为来源的新圣物——"仁寿舍利"，并创造有别于天竺佛王的新帝王——"普天慈父"。皇帝于内宫感应舍利之事，不仅被刻铭在都城佛寺的公共空间广而告之，文帝的新角色也借由政教团体的出色舆论宣传，从而天下尽知。这直接体现在唐代相州傀峪寺佛塔的纪念铭文中，在《全唐文》卷九八七收有《傀谷寺建塔记》，残文开头云"食长斋六时礼诵"，下文又云：

> 当州门子，外境博徒……盈目空悲，拍头无迨，追法王之覆育，感慈父之他行，渴仰遗形，愿分灰骨，相州门徒一百人等，于傀谷寺东形胜之所建塔供养，即万岁登封元年岁次景申一月廿六日也。……一州高祖，十县群英，分灰建塔，颂德图铭。①

这是唐代武则天万岁登封元年（696 年），相州一百人等，为一位"外境博徒"胡僧所建的灰身墓塔，有意思的是，相州门徒为其分得舍利的行为所交代的神圣谱系："追法王之覆育，感慈父之他行"，这里"法王"即为育王，而"慈父"当指文帝。"普天慈父"这一角色，自仁寿元年前后被创造出，经过近一百年，继续在民间佛教舍利供养中流传。

小结

1971 年 9 月，郭沫若在甘肃省博物馆仔细鉴定泾川大云寺出土的佛教舍利及舍利容器之后，曾说过一句话："舍利石函，贵在石函。"② 中古时期的佛教舍利供养，

---

① ［清］董诰等编：《全唐文》卷九八七《傀谷寺建塔记》，太原教育出版社，2002 年，第 6037 页下；该寺即今河南林县傀峪寺，关于寺内佛塔遗迹遗物的介绍详见曹汛：《建筑史的伤痛》，《建筑》2008 年 8 月，总第 134 期。

② 张怀群等：《丝绸之路上的世界遗产——泾川文化遗产录》，第 175 页。

往往以石函作为最外层舍利容器，其上所附带的刻铭具有丰富的历史信息。在隋代仁寿年间于全国范围展开的舍利颁送活动中，舍利石函的形制亦传达一定的社会及文化内涵，以及隐藏在其背后的宗教与政治意图。

本章从隋代仁寿年间（601～604 年）三次舍利颁送活动所统一使用的盝顶方形舍利石函切入，讨论其盝顶方函形制延续北魏及北周的舍利瘗埋传统，而有别于南朝及北齐所使用圆形舍利石函的异域风格。据统计三次舍利颁送活动总共有 113 处，东至海州，西至瓜州，北至幽州，南至交州。隋文帝也由此将盝顶方形的舍利石函推广至全国范围，从此，盝顶方函成为之后地方各州佛寺供养舍利所普遍使用的容器形制。

与此同时，仁寿年间还有大量符瑞及感应故事广为流传，这些故事的幕后推手当是与隋代皇室关系密切的著作郎王劭，地方各州百官所递呈的感应表文，可视为王劭《感应记》的仿作与续作，其意义只是在不断加强或证明由皇帝感应而获的舍利所带来的符瑞感应。这些故事充斥大量的政治语言，诸多祥瑞征兆取自谶纬之学中的象征符号。文帝的舍利颁送活动借用了佛教之外政治活动的诸多元素。除了对颁送人员及标准的明确规定，亦为仪式规定了诸多细节。以政治观念中最适宜刑罚示众及权力展示的"午时"，作为舍利展示及入函瘗埋的重要时刻，以此应和皇帝于"旦时"在都城大兴宫内举行的宗教活动。诸多细节的严格规定，保证及实现了仪式过程中，舍利颁送活动从中央到地方的象征性。

从天竺沙门所赠送的一粒舍利，到帝后、皇室成员、高僧群体不断感应出更多的舍利，依靠"中国化"特征的盝顶方形舍利石函，融合谶纬之学的符瑞感应故事，以及尤为注重细节、精心设计的宗教仪式，隋文帝及其政教团体制造出中古历史上独特的"仁寿舍利"。这些新制造出的宗教圣物，不仅取代了先前广泛流行的阿育王舍利，并由此超越天竺法王，为隋文帝创造出新的政治角色"普天慈父"。隋文帝虽然一直被视为虔诚供养的佛教法王，在其政治生涯中对佛教善加利用，然而，与南朝及北齐皇室对阿育王的模仿及对转轮王圣王的追求来看，文帝所设定的新角色有别于甚至欲超越远自天竺的阿育王。如果说"月光童子"是隋文帝在佛教经典中的身份，那么"普天慈父"，则是他在中国传统政治文化中的目标，这位"普天慈父"将在周武灭法、佛法西去的情况下，拯救中国重兴佛法。从"童子"到"慈父"，文帝完成了宗教权力及政治身份的双重构建。其最终目标，在于借由佛教经典中象征再生与佛王转世的"童子"，成为现实中统一全国无上权威的"父亲"。

盝顶方函是文帝舍利颁送活动中的一个历史细节。然而，借由圣物制造过程中的重要道具"舍利容器"，考察以其为中心的宗教仪式及舆论宣传，也许可以重新思考中古时期佛教物质文化所诠释的政治史，以及政治运作下的宗教视觉文化。

四 建构权威：隋唐时期舍利容器的铭文与装饰图像

正如绪论部分引入的概念讨论，佛教经典中简单与模糊的"舍利"定义，恰为"舍利容器"的制造提供了更多想象空间和可能性，在这个层面上，舍利容器的形制与器身装饰共同作用于舍利神圣性的具体构建。从目前所见年代最早的北魏大代兴安二年（453 年）舍利石函来看，舍利容器表面装饰图像的传统自 5 世纪即已出现。然而，自南北朝时期至隋代舍利瘗埋，在赋予舍利神圣性这一点上，刻铭所起的作用远多于装饰图像。直到唐代，"图像"成为独立于铭文赋予舍利神圣性的重要媒介。尤其在唐代舍利容器的表面出现了一系列特定主题的装饰题材，围绕涅槃经典中以舍利为中心的故事情节，连续表现涅槃、荼毗、分配舍利、迎送舍利场景。值得注意的是，这类以舍利的来源与分配场景装饰舍利容器的方式，仅见于 7 世纪末至 8 世纪的长安地区。如果说棺椁形制舍利容器的出现，体现了佛教舍利瘗埋制度的完全中国化，那么在舍利容器之上描绘涅槃故事情节的方式亦不见于古代印度、犍陀罗地区，是为学者讨论较少的另一"中国化"特征。基于此，本章围绕铭文与图像如何建构舍利神圣性，着重讨论三个层面的问题：首先，梳理北朝及隋唐时期舍利塔铭的分布及形制特征的变化；其次，对唐代舍利石函表面涅槃故事装饰题材的图像程序及叙事结构进行讨论；最后，以这些情节中被独立出来，且尤为关键的"分舍利"图像为个案，探讨中古时期分舍利图像的表现传统、流传分布以及"舍利分配"的视觉化呈现在中古时期的宗教及政治领域所具有的特殊意义。

（一）舍利塔铭的分布及形制特征

中国境内所发现的古代舍利供养遗存多数都带有铭文刻记，内容包括瘗埋时间、供养人，有些附带供养缘由及经过。这一传统无疑延承印度地区最早的佛教舍利供养，从佛教舍利供养角度看，刻记铭文不仅记录供养情况，更是确认功德的一种方式。然而，不同于印度及犍陀罗地区，中国舍利供养所使用的刻铭，一方面，脱离舍利容器出现在独立的刻石或碑上，另一方面，舍利容器表面的刻铭与装饰图像并存，并逐渐被装饰图像所取代。学界对前者的关注较多，认为其体例与中国墓葬传统中的墓志十分接近，后者，尤其舍利容器表面的装饰图像所具有的功能则鲜有讨论。本节着眼北朝至隋舍利容器表面刻铭分布方式的变化，并分析这一变化背后的原因。

1. 北朝舍利容器刻铭

邵瑞琪（Richard Salomon）在新近出版的《犍陀罗舍利容器》中对犍陀罗地区舍利容器上的"铭文"进行系统整理，总结公元前 2 世纪到 8 世纪舍利供养铭文的基本特征，包括铭文的内容、位置以及刻记方式[①]。其中"供养人"是铭文内容最主要的构成元素。同时，从 400 余组材料来看，排列与分布方式并无特殊的规律，"可读性"不是主要的考虑因素，供养人的功德显然在刻铭完成之后即已实现。以上佛教舍利供养所普遍具有的特征，同样适用于说明中国的情况。值得注意的是，在犍陀罗地区只有极少例子中铭文是单独刻于陶板或昂贵的铜板及金帛之上。换言之，就刻铭所依附的媒介来看，它们均以舍利容器本身为载体。中国则不然，塔基出土的舍利供养遗物中，除了在石函表面刻记铭文，还有独立刻铭的方形志石，及附带大篇铭文的石碑。这些特征往往被解释为中国墓葬传统中墓志及墓表的影响结果[②]。然而，这种关联出现的具体时间，及其背后原因还未有更深入的认识。

---

① Richard Salomon, Gandharan Reliquary Inscriptions, *Gandharan Buddhist Reliquaries*, pp. 164 – 199.

② 沈雪曼博士论文，Hsueh – man Shen, *Buddhist Relic Deposits from Tang to Northern Song and Liao*, pp. 51 – 68；杨效俊认为"隋代舍利塔下铭的形制接近墓志，但内容与墓志完全不同，为单纯的记录功德"。杨效俊：《隋唐舍利塔铭的内容与风格研究》，《唐史论丛》第 14 辑，西安：陕西师范大学出版社，2012 年，第 35 页。

　　第二章中已述北朝时期舍利供养铭文内容并不提及"舍利"，而强调建塔或造像之功德，与佛教造像碑刻中的供养铭文十分接近。在这一阶段，舍利容器铭文与图像的分布也并未有固定规制，呈现出尚未定型之前的各种可能性，同时，独立于舍利容器的铭文志石也还未出现。一个有意思的现象是，中国舍利容器表面从开始出现便带有装饰内容，不仅仅是刻记铭文，还包括装饰图像。

　　2015 年初，浙江省博物馆"河北定州静志净众寺佛塔地宫"展览，首次展出静志地宫所藏北魏大代兴安二年（453 年）舍利石函。作为迄今所见最早有明确纪年的舍利容器，整体为盝顶方形结构，顶部与函身相接，一侧凿空开龛，其背后函体素面，表面自右向左刻记铭文"大代兴安二年岁次癸巳十一月□□朔五日癸□……"①，开口两侧函体外满饰阴线浅刻的山林坐禅场景。甘肃泾川出土北周天和二年（567 年）宝宁寺舍利石函，同样是图像与铭文并存，且分置于石函前后两面，函体其余两面则为素面。这两例中装饰图像的面积远大于铭文分布面积，或与铭文分布相当。相比之下，北魏太和五年（481 年）孝文帝祈愿下瘗的舍利石函却完全使用素面装饰，仅于函盖顶部刻记十二行铭文。这种于方函盖顶部表面刻记铭文的方式，在后世一直被沿用，尤其隋代广泛使用方形舍利塔铭志石的传统往往被追溯至北魏时期。然而，值得强调的是，虽然在舍利塔铭的形制及位置上隋代借鉴了北魏的方式，但是在刻铭内容及体例上，尤其是在盖石表面刻记"大隋皇帝舍利宝塔"铭以突出皇帝供养的方式则源自北齐。

　　第二章已经详述安阳修定寺北齐天保五年（554 年）铭舍利圆函是早期舍利供养的代表。圆函之下方形底座四周所刻记的供养铭文也值得深入分析，其重要性不仅在于它最早强调"释迦牟尼佛舍利"，同时，也以铭文的方式提示皇帝供养舍利，其铭文中"大齐皇帝供养……"② 是后来隋代舍利石函函盖铭"大隋皇帝舍利宝塔"铭的直接来源（图 4.1）。同时，在这件石函底座北齐供养铭文之后，隋开皇十年，僧团延续北齐刻铭的方式刻记新的供养铭文。隋重瘗北齐舍利的行为，一方面是修

---

① 浙江省博物馆、定州市博物馆编：《心放俗外：定州静志、净众佛塔地宫文物》，第 41 页。详见本文第二章第一节论述。

② 河南安阳修定寺内石塔塔基下出土北齐天保五年（554 年）舍利石函底座铭文："释迦牟尼佛舍利塔……天保五年岁次甲戌四月丙辰八日癸亥，大齐皇帝供养，尚书令平阳王高淹供养……"，河南省文物研究所编：《安阳修定寺塔》，第 160～164 页，详见本文第二章第二节论述。

复灭佛运动造成的毁坏，另一方面，也可以理解为是舍利瘗埋制度上的认同。有意思的是，这种认同具有选择性，正如上一章所分析，隋仁寿年间的舍利颁送活动并没有使用北齐舍利圆函的形制样式，但是，在供养铭文上却借鉴了"大齐皇帝供养"铭的方式。

（a）山东平阴县洪范池镇出土隋舍利石函（采自《隋唐時代の仏舎利信仰と荘厳に関する総合的調査研究》，第53页）

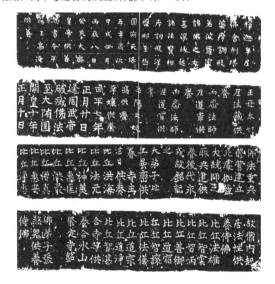

（b）河南安阳修定寺出土北齐舍利圆函方形底座刻铭拓片（采自《安阳修定寺塔》，第89、90页）

图4.1　北齐及隋皇帝供养舍利刻铭

2. 隋唐舍利塔铭

正如上一章所强调，隋对北魏舍利瘗埋规制的吸收直到仁寿年间开始，开皇九年都城皇家供养舍利还未见此规制。方形塔铭志石作为官方定制贯穿于三次颁送活动，其或附以志盖单独存在，如2014年公布越南所发现仁寿元年颁送活动遗物；或位于石函与函盖之间，如陕西耀州神德寺出土仁寿四年舍利供养遗物。结合目前隋代仁寿年间遗物来看，其最大特征便是志石的方形规制，同时石志表面多施以界格，正是基于这些形制特征，研究者将其与中国墓葬传统所使用的墓志建立联系①，然而，二者的联系是如何发生的及其背景为何则未见有专门的讨论。

徐苹芳指出隋代舍利供养较之北魏具有更为完整的瘗埋制度，其中一项便是出现墓志式的塔下铭，这一观点被后来学者所延续②。杨效俊强调舍利塔下铭的形制与墓志接近，但内容与其完全不同。下文将就这一观点进行反思，并追溯这一关联出现的时间及背景。

李琛妍（Sonya Lee）曾对这种关联提出质疑，其证据是公元5～6世纪中国墓葬中并未出现类似遗物，换言之，并不能确定当时舍利瘗埋使用的方形塔铭源自墓葬传统③。然而，她并未进一步追溯方形墓志与塔铭在出现时间上的具体关系。下面我们将墓志形制发生转变的关键点与舍利塔铭出现新特征的背景进行对照。

首先，方形墓志属于诸多墓志形制之一种。从文体形态溯源，"铭墓三代已有之"④，从物质形制观察，石或砖质墓志则始自西汉以后蔚然成风的墓葬刻石⑤，以

① 外山潔认为这一特征受中国墓葬墓志影响，这一观点被日本学界广泛接受，原文载《泉屋博古館紀要》第八卷，1992年；《泉屋博古館紀要》第十卷，1994年；中文译本见［日］外山潔著，李竞香译：《日本泉屋博古馆收藏中国唐代舍利容器研究》，《法门寺博物馆论丛》第二辑，西安：三秦出版社，2008年，第127～213页。

② 早期金石学著作已注意到这一点，见叶昌炽撰，柯昌泗评：《语石·语石异同评》，北京：中华书局，1994年。

③ Sonya S. Lee，*Surviving Nirvana － Death of the Buddha in Chinese Visual Culture*，Hong Kong University Press，2010，p. 300.

④ 详细讨论参见赵超：《古代墓志通论》，北京：紫禁城出版社，2003年；程章灿：《墓志文体起源新论》，《学术研究》2005年第6期。

⑤ 赵超：《墓志溯源》，《文史》第21辑，北京：中华书局，1983年，第43～55页，文中就墓志起源的各家观点聚以汇说。

记录死者姓名、籍贯、族望等信息，其中墓"碑"是最早定型及使用最多的载体。三国以降，曹魏政权禁碑，原本颇具气势的墓上立碑，转移到地下埋铭，且尺寸缩小，同时出现一种功能相似但形制不同的长方形或方形墓志。这些不同形制载体的石墓志内容基本一致，但在摆放形式上却有所别。长方形或碑形墓志往往竖置，方形墓志一般平置在墓室内地面上，刻有铭文的一面朝上，且多带有志盖。换言之，早期方形塔铭志石与墓志之间的关联则更多是基于一种物质形制而非内容。同时，从塔基出土遗物来看，武周之后多流行的碑形塔铭同样属于墓志的一种，在流行时间上，唐代中后期舍利遗物中出现的碑形塔铭的确受到中国墓葬传统的影响。

其次，通常认为方形墓志最早出现于六朝时期，北魏迁洛后增多，且出现覆斗形志盖。关于这类带盖方形墓志出现的最早时间不断为新出土材料所刷新①。但可以肯定的是，方形带盖墓志在墓葬中成为定制且广为流行是在隋代开皇与仁寿年间，北魏时期还有不少长方形或接近正方形墓志存在②。检校出土隋代墓志数量最多的洛阳地区墓志③，可以发现，仁寿及大业年间洛阳地区所使用的墓志无一例外为方形墓志，且带有盝顶形志盖的例子数量明显增多。以越南出土仁寿元年遗物的情况来看，带盖方形塔铭明显具有同时期墓志的特征。从时间看，这意味着隋代因舍利颁送活动分布全国的方形带盖塔铭志石的时间，与墓葬中大量出现带盖方形墓志几乎同时，且很难分辨出二者之间的先后顺序。

最后，墓志及塔铭上共享相似的装饰纹样。洛阳地区大业九年（613 年）"将作监甄官丞衙君夫人王氏墓志之铭④"，志盖四刹环绕卷草纹饰带，这种枝叶缠连的纹样在隋代墓志中十分常见，据周晓薇的统计有近 30 例，较具有代表性的有大业六年范高暨妻苏氏志及大业十一年万君志盖等⑤。耀州神德寺仁寿四年（604 年）石函，

---

① 详见赵超：《墓志溯源》，《文史》第 21 辑，第 43～55 页；关于墓志形制的分类详见刘凤君：《南北朝石刻墓志形制探源》，《中原文物》1988 年第 2 期。

② 马立军：《试论北魏墓志关系的转化与墓志形制演变》，《史林》2008 年第 2 期。作者提出北魏时期正方形墓志集中出现在皇族元氏家族墓，是北魏皇族有意识的选择，此文梳理正方形墓志从作为有目的的选择到成为主要墓志形式的发展过程。

③ 叶昌炽撰，柯昌泗评：《语石·语石异同评》；赵振华主编：《洛阳出土墓志研究文集》，北京：朝华出版社，2002 年，第 185 页。

④ 洛阳市文物工作队编：《洛阳出土历代墓志辑绳》，北京：中国社会科学出版社，1991 年，第 67 页。

⑤ 周晓薇、王菁：《隋墓志刻饰图案中的稀见纹样》，《考古与文物》2009 年第 1 期。

在函盖顶部刻铭四周出现极其相近的纹饰带。

墓志刻铭周围连续刻饰卷草纹自北朝时期即已出现，并继续出现在隋代墓志或志盖上。与北魏时期墓志大面积装饰突出茂盛枝叶的华丽效果相比，隋代墓志上的植物纹样呈现出一定的自然效果，且突出了环绕过程中纹饰带的流畅度和方向感。将神德寺石函与墓志中所出现的卷草纹进行对比，可以发现，墓志中的卷草纹饰在枝叶比例及流动感上已呈现简化的趋势，反而在塔铭志上保留了这一纹样的完整部分以及诸多细节，呈现出这一纹样的早期风格。与此相一致，在时间上，仁寿年间舍利瘗埋中对方形墓志及装饰图案的使用，几乎是同时，或早于大业年间墓志中呈现出的相似特征。

基于上述特征，可以对通常所认为隋代舍利瘗埋规制，深受同时期墓葬影响这一论断做一番重新考量。无论从形制及装饰纹样来看，志石作为一种记录与装饰媒介，其诸多新特征首先出现及广泛使用在仁寿年间由国家所组织的佛教舍利颁送活动中，早于或几乎同时于墓葬中墓志呈现出的相似特征。但是，这并不意味着此时世俗墓葬中墓志呈现的新特征来源于佛教。

实际上，与其讨论二者在相互关系中孰先孰后，不如探究二者相互联系背后的原因。上一章对隋代仁寿年间舍利颁送活动中政治运作的分析可知，佛教文献所强调的"所司造样，送往诸州"在石函样式及塔铭内容的统一体例上得到充分体现。然而，教内文献并未提及"所司"具体的职官机构。塔铭与墓志在物质形制上的一致，使得我们思考当时负责具体工作的极有可能是掌管下葬葬具及随葬品的"将作监"。将作监下设甄官署不仅负责"石磬碑碣，石人兽马"，还供给"瓶缶之器，丧葬明器"。可以说，正是制度上的原因，使得二者在诸多方面呈现相似的特征。尤其陕西耀州神德寺仁寿四年舍利石函，函盖界格之内篆书阳文的刻书方式突出装饰效果，与这一时期墓志盖上的新潮流几乎一致，这正是二者出于同一"作坊"的结果，"将作监"在二者的制作过程中使用相似的方式。定州大业元年禅师瘗埋舍利，不仅于盖顶刻以志铭且同样使用了篆书字体，显示仁寿年间国家颁送舍利活动对各地舍利瘗埋规制的广泛影响。

以上来看，隋代舍利瘗埋中出现独立于舍利石函的塔铭志石，且在形制及装饰上呈现出与墓志相近的特征，这些同印度及中亚佛教所不同的物质特征，取决于执行国家颁送活动的职司机构，这一政府行为极可能是当时承担丧葬仪具各项内容的"将作监"所负责。这一特征仅仅出现在隋代，与隋代视颁送舍利为重点国家工程不无关系。这与唐代舍利供养中广泛使用的塔铭内容及石碑形制的背景截然不同，后者铭文内容不仅增多，且出现墓铭的体例，同时，开始更多使用石碑，并延续墓碑的文体排列方式，呈现出墓葬传统的深入影响。

唐代舍利供养使用石碑刻记铭文，其方式与墓碑特征更为贴近。这最直接地体现在甘肃天水永安寺塔地宫唐代天宝六年（747 年）瘗埋的舍利遗物，地宫中出土石碑，质地为泥质灰陶，由蟠龙螭首、碑身及龟趺组成，碑顶篆书《大唐舍利塔之碑》，值得注意的是塔碑高度，通高仅为 49 厘米，这种微缩的尺寸，与墓葬中的碑形墓志十分接近，同时铭文分布：自碑正面，顺接侧面，再到背面的排列方式，同样模仿于墓碑①。

陕西临潼庆山寺佛塔地宫出土开元二十九年（741 年）"上方舍利塔记铭"碑，延续墓碑缩小的尺寸，连方形底座通高 83 厘米。同时，它呈现出唐代舍利塔铭碑的另一个新特征，就是极强的装饰性，这种装饰性与同时期舍利容器大面积刻饰图像的方式相一致。与此同时，唐代舍利容器之上更少出现铭文，唐代对舍利神圣性的构建完全依靠装饰图像实现。从与铭文功能的对照来看，装饰图像并非仅为装饰之用，它们同样具有铭文刻记在说明舍利神圣性方面的相似功能，且唐代对其开发出一整套新的视觉语言。

以往研究多从分类角度讨论这些装饰图像的象征性，下文并不打算对这些装饰语汇作全面概括，而是尝试以其中最具有时代性及特殊功能的叙事类题材为对象，这类具有明确主题及完整叙事结构的图像是唐代建构舍利权威的独特媒介。

（二）唐代舍利石函装饰与涅槃故事情节
——以蓝田出土舍利石函为中心

从上一节来看，隋唐时期装饰图像逐渐独立于铭文而占据舍利容器表面。在这

---

① 莎柳：《甘肃天水市发现唐代永安寺舍利塔地宫》，《考古与文物》1992 年第 3 期。

些装饰内容中，最具代表性的就是唐代石函上描绘的连续的涅槃故事情节。这类主题的佛教图像可追溯至公元 3～5 世纪犍陀罗地区出土的浮雕石板，以及更早中印度地区巴尔胡特及 Sānchī 大塔。就舍利容器而言，这一特征使得四面函体的装饰图像有机组合成为一个整体，也是佛教舍利供养"中国化"的重要体现。从目前出土情况来看，这类装饰的舍利石函主要发现于唐长安城周围，年代集中在公元 7 世纪末到 8 世纪中叶，具有明显的时代及地域特征。陕西临潼庆山寺出土开元二十一年"释迦舍利宝帐"，四面阴线刻图像主题明确、顺序清晰，与蓝田蔡拐村山崖洞龛中所见舍利石函表面装饰具有相似的结构及画面表现。目前学界对前者研究较为充分，后者则一直是佛教舍利容器研究领域的谜题，对它的介绍多为图录说明而未及深入论述，且诸家对于画面主题及顺序的观点不一。因此，本节以蓝田出土石函为中心，参照犍陀罗地区出土的浮雕石板，及库车、敦煌两地佛教石窟壁画中的相关表现，从图像主题及叙事结构两个层面对其展开讨论，围绕画面构成、主题来源及组合关系三个主要问题，观察舍利石函装饰图像上的视觉特征及舍利石函作为佛教圣物的象征功能。

1. 画面构成及组合关系

蓝田舍利石函 1990 年发现于陕西省蓝田县城关镇蔡拐村，据简报描述，石函处于断崖之上大约一米见方的洞龛内，上下均覆有数块带手印的大方砖，龛内另有已腐朽的木质盒状物一具。洞龛附近无其他佛教遗迹，但村内时常发现汉唐遗物。从地理位置来看，此地位于终南山一脉东端，简报据县志记载，将其认定为唐代法池寺旧址。石函整体为盝顶方形，长 32、宽 32、高 32 厘米，函盖顶为素面，函盖四周及斜刹部分皆装饰有斜列式如意云头；函盖与函身以子母扣相合；函身四面均界以边框，框内减地浮雕方式刻绘连续情节的画面①（图 4.2）。

与耀州神德寺仁寿四年舍利石函函体画面表现涅槃——佛陀之死的瞬间场景不同，蓝田石函四面图像之间应具有先后顺序关系。在中古时期的佛教艺术中，与其相类似的场景并不多见。从简报发布到 2015 年，有关四个画面的主题及先后顺序有多种看法。其中以简报为代表（下文及图 4.2 内的图像编号依照简报），认为画面表现与高僧活动有关：分别为①高僧说法图——②迎宾图——③葬图——④迎送舍利

---

① 樊维岳、阮新正、冉素茹：《蓝田出土盝顶舍利石函》，《文博》1991 年第 1 期。

石函整体

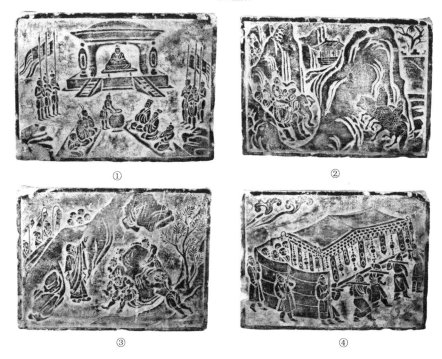

①　　　　　　　　　　　　　　②

③　　　　　　　　　　　　　　④

图 4.2　蓝田舍利石函整体及四面函体减地浮雕（陕西省蓝田县城关镇蔡拐村出土，图号
　　　　顺序依据《简报》，采自《唐の女帝则天武后とその时代展》，第 66、67 页）

图。简报以所谓高僧说法图为第一场景，直接影响后来学者对画面顺序的判断，文
军同样以编号①为起点，但将其判定为高僧为俗世死者舍利所举行的一系列仪式：

诵经仪式——舍利出行——舍利安葬——恭送舍利（①④③②）[1]。

　　另一类观点将其解释为与"舍利"有关的一系列活动：以冉万里为代表，提出迎宾——分舍利——送舍利——瘗埋舍利（②①④③）[2]；肥田路美强调其中迎送舍利的场景再现了当时长安城迎送舍利的盛况；Helmut Brinker 也以此为顺序，但强调这一系列图像刻画的是发生在中国舍利分配前后的故事[3]。

　　伴随学界对中古时期佛教舍利的研究不断深入，以上研究逐步将四个画面同涅槃故事情节的关系勾勒清晰，尤其是确认画面中"舍利分配"与"迎送舍利"的场景。另外两个场景的解释则显得较为薄弱，无论将其定为迎宾图或舍利下葬都仅是对画面描述的主观判断，并没有直接的佛典依据。2014 年，汪悦进在新加坡亚洲文明博物馆所举办"Secrets of the Fallen Pagoda"展览图录的图片解说部分提出了的新解释：首先，他重新确认编号③的图像主题，认为画面表现的是《大般涅槃经》中，佛陀前往拘尸那城涅槃途上，五百力士欲为其移除道路上的巨石却无法实现，而佛陀以一指之力将其举起的故事；其次，对画面顺序提出了新的看法：行列图——涅槃途中——前往拘尸那城的行军队伍——分舍利（④③②①）[4]。从目前所见材料来看，这一顺序符合涅槃故事情节的发展。然而，汪氏对人物形象的判定，及四幅画面作为一个整体所具有的象征性层面的解释却有待进一步商榷。

　　与前述学者一样，下文对这一系列图像的讨论集中在两个问题上：一个是图像主题的来源；另一个，四幅画面作为一个整体的象征性。不同于已有研究的结论，本文对上述问题提出两点新的解释：第一，这一系列场景并非照搬涅槃经系中的故事顺序，其特殊的主题及组合关系缘于在民间传播更广的佛教类书《经律异相》及观佛经典《观佛三昧海经》；第二，各个画面的表现中心或强调重点并非"高僧"，编号③中出现的比丘形象，并不是用来象征高僧的神力或僧团权威，它表现的是佛

①　文军：《陕西蓝田出土舍利石函图像再探讨》，《文博》2013 年第 2 期。

②　冉万里：《中国舍利瘗埋制度研究》，第 118～121 页。

③　肥田路美：《舍利信仰と王権》，『死生学研究』11，2009 年，第 3～19 页；Helmut Brinker, *Secrets of the Sacred*：*Empowering Buddhist Images in Clear, in Code, and in Cache*, University of Washington Press, 2011, p. 91.

④　Eugene Y. Wang, Tansen Sen, *Secrets of the Fallen Pagoda*：*The Famen Temple and Tang Court Culture*, pp. 154－155.

陀"应身化现"之一种。

从整体来看，四幅画面表现的是涅槃之后的一系列叙事场景，下面将依据画面顺序依次展开讨论。

第一场景：行棺图④

在对图像序列的判定问题上，确定首幅画面最为关键。我认同汪悦进所指出的这一系列情节的展开起于这幅"行列图"，但以下更着眼于图像的表现规律，来说明它作为首幅画面的合理性。

画面表现的是一组举棺前行的仪仗队伍。处中而行的宝棺被层层围护，其外依次是举棺列队、诸比丘以及持帷帐的侍卫部列。除了斜上方的两朵"祥云"，整幅画面没有任何背景，体积较大的长方形"宝棺"几乎独占画面，形象十分突出。其上华丽的帐幔由层层垂叠的幡条、幡花及宝珠构成，并于四角置悬幡。这里"金缕罗幡"的排列方式十分接近法门寺中室"灵帐"表面的刻饰，由覆盖物所勾勒出的盖顶及其长方形形制来看，"宝棺"更接近墓葬中所见"椁"，而不是塔形的方"帐"，尤其顶部人字脊极易联想到从公元6世纪开始在中国流行的屋形石椁。

佛教迎送列队所呈现隆重的仪式形式、绮丽的视觉效果及神秘的宗教氛围，一直是佛教物质文化中最具吸引力的部分，也因而常常被佛教艺术所描绘再现。在中印度地区 Sānchī 塔门栏浮雕上出现最早的"迎送舍利"场景，根据宫治昭的研究，从中印度地区初具规模的涅槃图像，最终在犍陀罗地区的浮雕石板上形成定制，每个画面独立表现一个主题并形成先后顺序：涅槃——茶毗——争分舍利——迎送舍利。"迎送舍利"场景往往是最后一个情节，表现舍利分配之后头顶幡盖、手捧舍利容器、骑象而归的国王及其列队①（图4.3）。

在中国，隆重的迎送队伍所护送的对象却并非"舍利"，而是以"棺"为中心。其表现的情节也并非迎送舍利，而是佛陀涅槃之后，僧众护送已入棺的佛陀前往茶毗场所。同时，在单幅画面构成的涅槃变相图中，迎送列队往往出现在较前的位置。敦煌莫高窟隋代420窟窟顶北披"抬棺图"紧邻沙罗树下的涅槃场景，是目前所见最早的迎送棺椁图，画面中飞天散花、四众簇拥，诸力士抬举一座梯形棺奋力前行。

---

① ［日］宫治昭著，李萍等译：《涅槃和弥勒的图像学》，第136～151页。

（a）公元 3 ~ 5 世纪犍陀罗地区浮雕石板迎送舍利场景（伊斯兰堡博物馆藏，采自 *Gandharan Buddhist Reliquaries*，fig. 2. 10）

（b）唐大历十一年（776 年）莫高窟 148 窟西壁迎棺图（采自《敦煌石窟全集 7·法华经画卷》图版 153）

图 4.3　中亚地区迎送舍利场景与敦煌地区行棺图之比较

这一固定程序贯穿在公元 7 ~ 9 世纪莫高窟大型涅槃经变图中，在最具代表性的初唐 332 窟及盛唐 148 窟壁画中，这一场景同样位于涅槃与荼毗之间，并皆以棺的形象示现。值得注意的是，伴随涅槃经变愈加复杂的情节组合，这一场景在构图上还具有引导画面的作用。在莫高窟 148 窟自西壁经北壁蔓延至东壁的场面最大的一幅涅槃经变图中，送棺图画面位于北壁十分显目的位置，以迎送队伍所特有的方向性为画面增添运动感，同时指引情节的过渡及发展方向。

由此而言，蓝田石函上所表现的行列队伍并非印度及中亚图像传统中涅槃、荼毗、分舍利之后的落幕——迎送舍利，而是紧邻涅槃，前启燃棺荼毗的情节。相应的佛典依据是涅槃经典中讲述佛陀涅槃之后抬棺游行一事。上下文关系中，"棺"极有可能暗示佛陀在肉身与舍利之间的一种存在状态，经由涅槃佛陀的身体即将由可见转化为不可见的中间状态。

第二场景：五百力士移石③

学界对这一画面主题难以判断，缘于它几乎从未出现于蓝田石函之外的佛教图像。画面以山石为背景，见于行棺图中的五位比丘，再次出现于左侧山峦之后，与持幡者共同暗示由上一情节继续而来的仪仗行列队伍；画面前景则围绕两块巨石，充斥两股相反的力量，一是比丘向上伸臂，以一指引出浮于空中的巨石，与此相对，一块似乎正向下滚动的巨石，被由身体半裸的力士竭力推举着。

这一场景虽在中国少见，却在犍陀罗地区出土的公元 3 世纪的浮雕石板上看到了相似表现。图 4.4a 是其中典型的代表，画面中数位半裸身体的力士托举着巨石与佛陀相向而对，这在基本构图及画面元素上都与蓝田石函十分相似，只是后者放置在更为复杂的山林及迎送列队背景中。20 世纪初，福歇及格伦威德尔将这类场景判定为佛传故事中提达婆罗及五百力士以巨石袭佛，之后成为学界定说。2006 年，德国学者 Monika Zin 提出新的意见，认为在犍陀罗、库车及西藏地区所见的相似场景，并非全都与提达婆罗有关，其中有很大一部分所表现的应该是涅槃经典中所记录的佛传故事，即佛陀前往拘尸那城涅槃途中，城中五百力士欲为其移走挡在路上的巨石不果，佛陀最终轻易将其移走显示出无限神力。Monika Zin 共搜罗表现相关场景的20 余例浮雕石板，从组合关系上看，这一画面最常与涅槃场景一同出现（图 4.4）①。

Monika 对这些材料的收集与判定为推断蓝田石函的主题提供了重要启示②。从图像传统上看，文本中五百力士的强壮与佛陀行将涅槃前的虚弱所形成的对比，被犍陀罗地区画家转换为画面中，半裸身体的力士与佛陀相向而对的基本构图，蓝田石函无疑延续了这一构图中对两种力量的突出对比，巨石也成为提示画面主题的重要细节。

第三场景：求分舍利②

这一场景延续上一画面以山峦作为背景，位于山峦之间的城阙及城垛则暗示出作为画面中心的“城”；前景中两组人物相向而对，左侧以骑象人物为首，三位随从及重山背后的两个人物，暗示出其后跟随着一个更长的列队。盘坐于象身蒲团之上圆髻长髭的人物，呈现微微向后仰身且伸出手臂的姿态，似乎是与右侧迎面而来的两位骑马侍卫交谈。

①　Monika Zin, About Two Rocks in the Buddha's Life Story, *East and West*, Vol. 56, No. 4, 2006, pp. 329 - 358.

②　Monika Zin, About Two Rocks in the Buddha's Life Story, 虽然 Monika 认为这一故事并没有在梵文版本以外流传，即并没有被介绍或流行到汉译佛经，但从蓝田石函表面刻绘来看，这个故事及其图像化表现都传播到了中国。

（a）公元3~5世纪犍陀罗地区浮雕石板　　　（b）公元3~5世纪犍陀罗地区浮雕石板（苏黎世
（加尔各答印度博物馆藏）　　　　　　　　　Coninx 博物馆藏）

（c）犍陀罗地区浮雕石板线描图（日本私人收藏）　　（d）犍陀罗地区浮雕石板线描图（罗马
　　　　　　　　　　　　　　　　　　　　　　　国立东方艺术博物馆藏）

（e）公元8世纪初蓝田舍利石函

图 4.4　犍陀罗地区浮雕石板之上"五百力士移石"场景与蓝田舍利石函场景对比
（图 a、b、d 采自 Monika Zin 文 *East and West*，Vol. 56，No. 4；图 c 采自 Ku-
rita，I. 文 *Gandharan Art*，Vol. 1，fig. 357）

　　研究者倾向于将骑象人物与乘马侍卫解释成为"送——迎"舍利的关系①，进
而认为这一场景应该作为首幅画面，表现涅槃之后将舍利送到中国的场景。但这
种将城阙矗于画面中心，前景两队人马分侧而立的构图，使我们不得不联想到，

---

① Helmut Brinker，*Secrets of the Sacred*：*Empowering Buddhist Images in Clear*，*in Code*，*and in Cache*，p. 91.

在公元 5～6 世纪库车地区石窟壁画中时常出现的争分舍利场面。以保存最为完整的克孜尔石窟 205 窟后室东壁的"争分舍利图"为例。一座城门楼位于前景中心，骑马武士分列两侧，其所戴盔甲、手中所执兵器以及飘扬的军旗呈现出争舍利画面的紧张感（图 4.5）。

（a）公元 5～6 世纪库车地区克孜尔石窟 205 窟后室东壁图（采自 *Die Buddhistische Spätantike in Mittelasien*，Vol. 4 图 6）

（b）公元 8 世纪初蓝田舍利石函

图 4.5　争分舍利图

在这里，骑象人物的身份是进一步判定的关键，通常这一形象被认定为高僧，汪悦进认为其所表现的是阿阇世王的形象[1]。实际上，仅从其头髻、长髭、跨裙及盘坐于象身之上的特征来看，这是中古时期佛教美术中表现婆罗门的典型形象。无须列举更多例子，仅以莫高窟 72 窟南壁晚唐至五代番和瑞像壁画中的一两个形象为准，这幅壁画堪称佛教美术大全，不仅涵括各类瑞像，还包含大量叙事场景，更为重要的是，每个场景都附带长方形条框的榜题对主题做以说明。其中有三处表现了骑象的婆罗门形象，一处榜题为"月支国婆罗门骑白象以七宝至"[2]（图 4.6 左），另一处位于量真身像和貌真容像的下方，二婆罗门牵一象二骆驼驮宝而来，但榜题字迹蚀失不见。第三处，一婆罗门骑象驮宝，左手指向无头立像，榜题"婆罗门骑象修圣容时"（图 4.6 右）。这三处画面虽在榜题内容上有所区别，但在形象表现上几乎完全一致，应是依照同一个底本。毫无疑问，婆罗门与象一同出现是颇为固定

---

① Eugene Y. Wang, Tansen Sen, *Secrets of the Fallen Pagoda*：*The Famen Temple and Tang Court Culture*，p. 157.

② 霍熙亮：《莫高窟第 72 窟及其南壁刘萨诃与凉州圣容佛瑞像史迹变》，《文物》1993 年第 2 期。

的组合,从榜题来看,当时人对这一形象的认知有二:一,从西而来;二,乘象驮宝。基于这两点,这一形象往往出现在与舍利有关的场景。

榜题:月氏国婆罗门骑白象以七宝至　　　　　榜题:婆罗门骑象修圣容时

图4.6　敦煌莫高窟第72窟南壁细部(采自《文物》1993年第2期,第40页,霍熙亮绘)

结合文本来看,这个场景所表现的应是佛陀在拘尸那国涅槃荼毗之后,拘尸那国众于城中供养舍利之际,周围诸国遣一位香姓婆罗门前来求分舍利的场景①。然而,与涅槃经典中所叙述争舍利场景,即诸国兵马在拘尸那城下集聚求分舍利的紧张感不同,婆罗门前来说服拘尸那国的安排,为这一故事增加更多和平的气氛,蓝田石函的表现更是加强了这一点,虽然延续了争分舍利场景的构图,但是在画面中没有出现任何盔甲、兵器或军旗,骑象婆罗门更是改变了兵马对峙画面中的冲突气氛。

第四场景:分配舍利①

作为最后一个场景,整幅画面具有强烈的仪式性。前景以婆罗门为中心,对列两排拱手跪坐的外国使者,已经提示出画面所表现的是由香姓婆罗门所主持的舍利分配场景。这一基本构图是从犍陀罗浮雕石板到库车地区石窟壁画中表现分舍利场景的共同特征(图4.7)。蓝田石函丰富了对这一场景的描绘,将以往较为平面化的

① 《十诵律》,《大正藏》第23册,No. 1435;《经律异相》,《大正藏》第53册,No. 2121。

中心对称，扩展为空间化的纵向轴线对称的构图。这一改变无疑增加了另一个画面中心，即在作为前景中心的侈口深腹圆罐之外，位于后景建筑中的帝王形象，稍后将对这一关键形象的判定提供证据。

（a）公元 3～5 世纪分舍利主题浮雕石板（大英博物馆藏）

（b）公元 5～6 世纪克孜尔石窟 8 号窟右甬道

（c）公元 2～3 世纪分舍利主题浮雕石板（拉合尔博物馆藏）

（d）公元 5～6 世纪库木吐拉石窟第 23 窟甬道后壁

图 4.7　犍陀罗地区浮雕石板及库车地区石窟壁画中分舍利场景（犍陀罗浮雕石板采自 *Gandharan Buddhist Reliquaries*，fig. 2.9；库车石窟壁画分舍利图像线图采自 *Altbuddhistische Kultstätten in Chinesisch－Turkistan*，Vol. 1，fig. 117）

在佛教美术中，纵向的中轴线对称构图往往用于说法图或净土变。其功能在于不断开放、增加前景净土世界景观的同时，亦引导或突出画面中心以正面表现的偶像。在蓝田石函之上，正面表现的帝王及建筑形象，一方面，赋予在同一轴线上的佛教舍利以权威；另一方面，使得前景舍利分配的仪式场景具有政治色彩，画面井然的秩序亦通过两侧举旗的仪仗列队，以及前景两端对称布置的山石得到加强。这一特征与上一场景中，婆罗门作为各国代表，前来求分舍利所营造的和平气氛相呼应。

关于后景建筑物中的人物形象，一种观点认为所表现的是历史上主持隋仁寿年间舍利颁送活动的文帝，也有学者将其指对为佛典故事中最先拥有舍利的拘尸那国国王。首先，前景中参与舍利分配的外国使者形象提示，这个场景的表现并非完全依照佛典发生在中印度地区，在佛教文献中参与舍利分配的国家集中来自中印度地区。其次，这种坐于榻上的皇帝形象，可在传为阎立本的《历代帝王图》中对南朝皇帝及其纱冠的表现上找到相近特征。但更可能的情况是，这里仅表现一个泛指的"国王"。在莫高窟晚唐第 9 窟南壁舍利弗与劳度叉斗法的场面中心，作为裁判的舍卫国国王同样为双手伏案的姿态，显示这似乎是佛教图像中对王者形象的一种程式化表现。对画面中唯一的正面形象予以程序化形象表现，强调的正是画面的象征性而非叙事性。与三幅画面相比，分舍利场景在当时具有特殊的宗教象征意涵，第三节中将会对这一问题深入讨论。

在四幅画面的表现规律与组合关系上，作为第一场景的行棺图，以四分之三侧面来呈现行列队伍，五个举棺人从半侧面到背面的表现，为整个画面制造出一种从外到内的运动感，吸引观者视线。之后，画面多利用重复的人物及背景来衔接场景之间的联系与转换，比如在第一幅画面中特别以鸟瞰视角所表现的帷幕内的五位比丘，继续出现在第二幅画面的场景中，第三、四幅场景则以骑象婆罗门及头顶鸟羽冠的使者形象提示二者之间的连续关系。画家巧妙设计，尽力呈现出四幅画面之间的连续性。

综上所述，四幅画面依次为：行棺图——五百力士移石——求分舍利——分配舍利（④③②①）。大致上看，这一系列画面是以涅槃故事情节为主线展开的，但所依照的文本故事并非完全出自涅槃经典，且情节先后顺序仿佛自有逻辑，下文结合陕西临潼庆山寺出土舍利宝帐表面的线刻图像，就四幅画面背后的叙事结构展开讨论。

2. 叙事结构与象征意涵

蓝田出土舍利石函的年代往往被定在公元 8 世纪初左右，其参考依据便是陕西临潼庆山寺佛塔地宫出土，唐开元二十九年（741 年）舍利宝帐表面的线刻图像。庆山寺舍利宝帐帐体四面，以减地阴线刻的方式连续表现涅槃故事情节，这一装饰主题与蓝田石函表面刻饰相同，但是二者在关于涅槃情节的选定及组合上却有所不同。

庆山寺舍利宝帐模仿建筑结构具有明确的方向顺序。从地宫空间来看，舍利宝帐置于主室北壁中心的工字须弥座上，石帐正面枋上有镶金刻铭"释迦如来舍利宝帐"，其下帐体画框之内表现"遗教"场面，由此以顺时针方向，自左侧帐体依次表现佛陀"涅槃""荼毗""分舍利"的场景①。这四个场景是中古时期涅槃变相图中的典型情节，出现在造像碑及石窟壁画中。武周天授二年（691 年）"大周大云寺奉为神圣皇帝敬造涅槃变相碑"是其中年代最早的例子。碑面装饰以涅槃故事为主题，独立画框安排各个情节，在表现顺序上，碑背从下向上表现"遗教""涅槃""摩耶夫人降临""棺上说法""迎棺""荼毗"，最后在正面以"分舍利"场景结束整个故事②。涅槃变相碑与庆山寺宝帐所表现的画面主题及顺序一致，始于遗教，终于分舍利，只不过前者以较大的面积安置了更多的情节。在敦煌莫高窟初唐 332 窟及盛唐148 窟中，基本上遵循同样的故事情节及先后顺序。

比较而言，蓝田石函四面装饰图像的先后顺序较为少见，这也正是学界各家关于蓝田石函画面主题的判断观点不一的重要原因。尤其是第二幅画面"五百力士移石"，更是从未出现在中国境内的涅槃变相图中。上文对其画面的判断来自犍陀罗地区浮雕石板的启发，但是它之所以出现在这里却并非仅仅是图像传播的结果，实际上，对五百力士移石图的解读，是理解蓝田石函图像程序的关键。

以往部分学者根据高僧的手势及巨石推测这是表现起塔或者瘗埋舍利的场景。2014 年，汪悦进在涅槃经典中为这一画面提供了文本依据：佛陀在前往拘尸那城涅槃途中，五百力士欲为其移走挡在路上的巨石，却无法实现，最终由佛陀的一指神力轻松举起，并将碎石又拼合为整貌，显示出佛陀的神力无边。然而，无论从涅槃经典提供的文本传统，还是公元 3 世纪犍陀罗地区既已出现的图像传统来看，这一故事的主要角色都是"佛陀"。面对蓝田石函不得不产生疑惑的是，为何画面中向力士演示神力的并非佛陀，而是一位"比丘"？

汪悦进认为画面中以比丘形象替换佛陀，应是制作者的有意而为，用以证明僧人的重要性。巨石象征变幻无常的世界，反衬出僧团的超然智慧③。这一联系对理解舍利容器的装饰图像颇具启发，却并不具有说服力。

① 临潼县博物馆：《临潼唐庆山寺舍利塔基精室清理记》，《文博》1985 年第 5 期；杨效俊：《临潼庆山寺舍利地宫壁画试析》，《文博》2011 年第 3 期。

② 李静杰：《造像碑的涅槃经变》，《敦煌研究》1997 年第 1 期；夏路、刘永生主编：《山西省博物馆馆藏文物精华》，太原：山西人民出版社，1999 年，第 72 页；Sonya S. Lee, *Surviving Nirvana – Death of the Buddha in Chinese Visual Culture*, p. 102.

③ Eugene Y. Wang, Tansen Sen, *Secrets of the Fallen Pagoda：The Famen Temple and Tang Court Culture*, p. 158.

实际上，在汉文佛经中，这一情节不只出现在涅槃经典，在东晋高僧佛陀跋陀罗于 368~421 年所翻译的观佛经典《观佛三昧海经·观威仪品》中，我们可看到更为契合的描述，佛陀应身为比丘的形象，以一指之力帮助五百力士移走了巨石：

> 如来不久，当于彼国入般涅槃，时五百力士除妨路石，尽力士不能令去。尔时世尊化作沙门，以手挑石，石飞住空中，力士惊怖。此石设坠，走避无所，仰看空石皆成化佛。①

佛陀化身为比丘这一细节，仅见于《观佛三昧海经》。根据净影寺慧远对观佛的解释："观佛有二，一真身观，二应身观。观佛平等法门之身，是真身观。观佛如来共世间身，名应身观"。"五百力士移石经"便出自"观威仪品"中讲述佛陀以各种化身应现（应身）施展神力的部分，故事最后一句尤其强调"仰看空石皆成化佛"。换言之，虽然故事结构与涅槃经典所描述内容相同，但观佛经典更多是在强调佛陀的另一种存在状态——化身或应身。

这里并不是要证明蓝田石函上的画面表现不是来自涅槃经典，而是取自观佛经典。实际上，两类经典在这一故事的结构及时间背景上完全一致，所表现的是佛陀前往拘尸那城涅槃途中所发生的一幕。而《观佛三昧海经》提醒我们的是当时人对这一故事的理解，它在铺陈佛陀涅槃的叙事功能之外，可能还有着另外一层象征功能。

成书于梁天监十五年（516 年）在后世广为流传的佛教类书《经律异相》也收有这一故事，虽然在文末标注来自《涅槃经》十四卷，但将其放置在佛部卷五"应身益物佛部卷"的安排②，显示它可能受到观佛经典中"应身"观念的影响。与《观佛三昧海经》中的应身观相似，《经律异相》中"应身益物佛部"的十八则故事皆为佛陀化身为梵志或沙门等不同形象施展神力的内容，这类故事在中古时期颇具影响力。从佛教传播角度来说，作为类书的《经律异相》在当时流传极广，这从讨论《经律异相》对中古时期文学小说的影响的诸多研究中可见一斑。可以说，佛教

---

① ［东晋］佛陀跋陀罗译：《观佛三昧海经》卷七《观威仪品》"五百力士移石"，《大正藏》第 15 册，No. 643，第 681 页。

② ［梁］僧佑、宝唱等集：《经律异相》卷五"应身益物佛部"卷十八"以足指散巨石"，《大正藏》第 53 册，No. 2121，第 24 页。

类书所体现出与观佛经典相一致的这种倾向，意味着这个故事在民间流传中，亦被用来讲述或象征佛陀诸种化身（应身）之神力。

文本故事与犍陀罗地区浮雕石板中，这一场景都位于涅槃之前。蓝田石函上，却将它放置在涅槃后"行棺"场景的后面，显然不符合涅槃故事情节的发展。如果从画面中对佛陀化身表现的角度切入，那么制作者的刻意穿插安排，显示这四幅画面的目的，不只是在讲述佛陀之死的涅槃故事。第一个画面使用行棺图，且隐去任何背景以突出棺椁的体积，也许旨在突出佛陀的"肉身"；五百力士移石表现了佛陀的"化身"，最后求分舍利场景则围绕舍利所象征的"法身"展开。由此整个石函装饰传达的正是佛陀的三身观念：肉身、化身及法身，对应画面中：棺（肉身）——比丘（化身）——舍利容器（法身）来实现。

在公元 8 世纪的唐代广为流传的三身观念，出自武周长安三年（703 年）义净所翻译的《金光明最胜王经》（后称《金光明经》）。《金光明经》初由北凉昙无谶创译，经唐代义净重译，增加了"三月将入涅槃"文、《如来寿品》《分别三身品》①等，从而更加完备，新增加的这部分本应收入涅槃部②。唐代二者之间的交合一定程度上也反映在蓝田石函的装饰图像上，它既讲述涅槃故事情节，又呈现佛的三身观念。换言之，涅槃经义与《金光明经》三身观念的结合，正是这个既用来指示佛陀应身（或化身），又属于涅槃故事情节的"五百力士移石"故事再度出现的重要背景。

《分别三身品》部分，以虚空藏请问来说明佛有法、应、化身，并由此解释大乘初期的佛身问题。据学者研究，这部分与《法华经·寿量品》所说相通，结合上文所引，净影寺慧远在《观无量寿经义疏》中称此经以观佛三昧为宗：

> 无量寿者，是所观佛。观佛有二。一真身观，二应身观。③

慧远是将佛教理论转换为宗教实践的关键人物，其所述显示《观无量经》及《金光明经》中所谓"三身品"，当与观佛经典中的"真身"与"应身"有直接的关

---

① ［唐］义净译：《金光明最胜王经》卷二"分别三身品"，《大正藏》第 16 册，No. 665，第 408～411 页。

② 周叔迦：《周叔迦佛学论述全集》第三册，北京：中华书局，2006 年，第 1359 页。

③ ［晋］慧远撰：《观无量寿经义疏》，《大正藏》第 365 册，No. 1749，第 173 页。

系。二者的关系颇为微妙，观佛经典中的"应身"，包括了《金光明经》三身品中的化身及应身，换言之，后者进一步细化了观佛经典中的应身观：将佛陀为修行化为的种种身归为"化身"，而将以告真谛化种种身归为"应身"。因此曾被归为化身观中的五百力士移石故事，因为是佛以比丘身告以真谛，所以在公元 8 世纪的三身品分类中被视为佛陀的应身化现①。

也许还可进一步推论的是，蓝田石函所在终南山法池寺，正是唐代"统律成匠，亟动时誉"的大师智衍生活之地②。根据道宣的记录，智衍师承灵润大师，讲《摄论》（《摄大乘论》）、《涅槃》，近住蓝田之法池寺。灵润正是慧远的法孙。由此而论，蓝田石函既述涅槃故事，又兼陈化、应、法三身观念的画面特征，极可能来自慧远——灵润——智衍一脉既善律学又精涅槃学说的影响。

（三）唐代分舍利图像研究

武周天授二年（691 年），一座"涅槃变相碑"出现在山西临猗大云寺弥勒重阁前，雕镂繁杂的蟠龙螭首，以其夸张的装饰感与沉实厚重的庞大龟趺形成上下呼应，且将每个前来瞻礼弥勒大佛的信众视线，吸引到石碑前后两面所刻饰的一系列涅槃变相图上。然而，观者首先看到的却并非是描绘佛陀之死的涅槃场景，石碑正面中心位置所表现的是佛陀涅槃经茶毗之后舍利八分的场景③。"分舍利"场景在碑面所处的特殊位置提示我们，公元 7 世纪末这一画面在叙事之外，可能具有特别的象征意义。上一节对蓝田石函及庆山寺舍利宝帐表面刻饰的图像学分析中，已经看到"分舍利"场景不仅是二者共同表现的情节，且使用了同样的画面构图及表现。甚至

---

① 关于佛教经典中应身与化身实为同一指涉的相关论述，也可参考姚崇新对观音化身的讨论，见姚崇新：《观音与神僧》，中山大学艺术史研究编委会：《艺术史研究》第十五辑，2013 年，第 135 ~ 160 页。

② 《续高僧传》卷一五，《大正藏》第 50 册，第 547 页。

③ 关于临猗涅槃变相碑的专门研究可参看安田治树：《唐代则天の涅槃変相について》（上）、（下），成城大学：《美學美術史論集》第二、三辑，1981、1982 年；李静杰：《造像碑的涅槃经变》，《敦煌研究》1997 年第 1 期；最新研究见李琛妍（Sonya Lee）书，她根据碑两面的磨损情况及造像碑装饰主题的分析，认为以往被视为背面的一侧实际上是涅槃碑之正面，本文认同这一观点。Sonya S. Lee, *Surviving Nirvana – Death of the Buddha in Chinese Visual Culture*, p. 102.

在唐代，"分舍利"从涅槃故事情节中被挑选出来，成为舍利容器表面独立的装饰题材，这样的例子有陕西文管所保存的"都管七箇国"舍利银盒，以及日本京都泉屋博古馆所收藏的唐"乾元二年"舍利石函。围绕以上材料，本节首先追溯蓝田石函及庆山舍利石帐表面"六国分舍利"图像在画面构图及表现上的来源，进而梳理这一图像主题在中古时期宗教美术中的流传分布及表现规律，并结合佛典中有关争分舍利的记载，及隋唐历史上帝王颁送舍利的活动，讨论这一题材在唐代舍利供养中的特殊意义。这一题材的流行，尤为体现了中古时期佛教舍利既是宗教圣物又作为政治资源的双重功能。

1. 从"八王分舍利"到"六国分舍利"

蓝田舍利石函与庆山寺舍利宝帐表面装饰图像，虽然都以涅槃故事情节为中心，但在视觉逻辑及叙事结构上却不尽相同。然而，二者一个共同的特征在于都以"分舍利"场景作为结束。已有不少研究对唐代舍利容器之上出现的舍利分配场景给予特别的关注，尤其是日韩学界对画面中表现的各国使者的形象十分感兴趣。

日本学界，最早由外山洁在对中国古代舍利容器形制及装饰的综合讨论中，关注到蓝田石函表面的舍利分配场景，他指出这一主题也出现在庆山寺舍利宝帐，及日本京都泉屋博古馆藏"乾元孝义皇帝八国王等"铭石函装饰中，其画面所表现的都是以中国为中心，周围各国参加的舍利八分仪式，它既是一种象征性的表现，也是各国按照佛法聚在一起的理想图[①]，这一看法在日本学界获得广泛接受。

田中一美根据对陕西文管所藏"都管七箇国"银盒表面装饰主题的分析，认定这组银盒并非一般金银器，而是一套佛教舍利容器，其装饰不仅以舍利分配为主题，且在唐代这一类"分舍利"场景都是以中国为中心来安排，这与唐代章怀太子墓中的《客使图》一样，都是对唐代外交关系的记录[②]。深津行德综合以上观点，认为这些画面都在强调中国作为分配者的身份，是阿育王舍利塔信仰在中国影响的结果[③]。

---

① ［日］外山洁著，李竞香译：《日本泉屋博古馆收藏中国唐代舍利容器》，《法门寺博物馆论丛》第二辑，第177页。

② 田中一美：《都管七箇国の図像とその用途》，《佛教藝術》，每日新聞社，1993年9月，210期，第15～30页。

③ 深津行德：《唐代仏舎利荘厳と［舎利八分］図》，黛弘道编：《古代国家の政治と外交》，吉川弘文館，2001年，第222～241页。

最新的研究见于ウォーリー朗子（Akiko Walley）对日本泉屋博古馆所藏"乾元孝义皇帝八国王等"铭舍利容器的个案研究，认为此石函上的八国王形象是为了强调中国对真身舍利的拥有①。可以看到，日本学界对分舍利场景的解释都集中在分舍利场景中异国使者形象、身份及其象征性，以及这一画面对当时政治外交关系的再现。

对诸国使者形象的表现及族属身份的兴趣，也是中国学界对这批材料展开研究的思路，代表性研究围绕"都管七箇国"银盒，但他们讨论的是榜题中"婆罗门国""昆仑王国""高丽国"等国家在中古时期历史地理上的价值，及其同中国的外交关系，并没有注意到银盒作为舍利容器之功用②。

以上研究皆关注画面中人物族属的问题，以及对分舍利场景象征意义的阐发，他们着眼于唐代政治形势的国际视野颇具启发性，但是这些研究都没有触及分舍利场景的画面构图，以及与佛教文本的关系等关键问题。对这一场景图像学层面基本问题的忽略，使得过往研究在一些图像志层面的阐发上出现偏差。

实际上，蓝田石函及庆山寺宝帐装饰不仅都以分舍利场景作为结束，且更为突出的特征是，二者表现的分舍利场景几乎使用了完全一致的构图（图4.8）。

二者皆在后景中心表现一座覆钵顶的开放式建筑，前景以婆罗门为中心，两排使者对列而坐。同时，在建筑的形制风格、使者跪坐的卧毯、使者的数量、前景中心异域风格的舍利容器（圆罐或壶），乃至婆罗门的形象上几近相同。两幅画面在基本构图、画面内容以及诸多细节上的高度相似性提示我们，它们可能依照同一个粉本完成。同时，也呈现出一个不得不面对的问题：为什么佛经中的"八王分舍利"在这里只有六位使者？

Helmut Brinker认为这一构图中对人物的基本布置方式来自于佛陀说法场景③；汪悦进注意到画面中使者的数量，认为这里参与舍利分配的为六个国家在于"佛经中描述最先前来求分舍利的是六个不同族属的国家，第七个摩揭陀阿阇世王并无特

① ウォーリー朗子：《泉屋博古館所蔵「乾元孝義皇帝八国王等」銘舍利容器の空間構成》，《中国中世仏教石刻の研究》，第152～211页。

② 主要研究参见周伟洲：《唐"都管七箇国"六瓣银盒考》，《唐研究》第3卷，1997年，第405～436页；徐庭云：《唐"都管七箇国"六瓣银盒与"白狗羌国"》，《唐研究》第10卷，2004年，第523～526页。

③ Helmut Brinker, *Secrets of the Sacred*：*Empowering Buddhist Images in Clear*, *in Code*, *and in Cache*, p. 92.

别的族属，而第八个国王是画面中的主持者坐于后景建筑中"①。汪悦进判断这一描述出自《长阿含经》，然而这一注脚并不适合于解释画面中头戴鸟羽冠的高丽使者形象、披发拱手佩带刀具的突厥使者形象等等，这些使者突出的形貌特征都指明这个场景并不以再现一个中印度的故事为目标。同时，根据笔者对佛经及佛教类书中对分舍利故事的统计来看（详见附表 2）②，虽然不同版本在对国家名称的翻译上不尽相同，但所有佛经乃至佛教类书中对这一故事的描述，都以八个国家作为分配对象。因此，画面中安置六个国家使者的安排并不来自佛经文本，而另有来源。

　　画面中主持舍利分配的婆罗门形象，也使得这一画面与中国境内所见的其他分

（a）蓝田舍利石函浮雕　　　　（b）临潼庆山寺舍利宝帐左侧浮雕

（c）临潼庆山寺舍利宝帐左侧浮雕线图（高静绘）

图 4.8　公元 8 世纪中国所见"分舍利"场景（采自《唐の女帝则天武后とその时代展》，第66、74 页）

---

① Eugene Y. Wang, Tansen Sen, *Secrets of the Fallen Pagoda*: *The Famen Temple and Tang Court Culture*, p. 157.
② 湛如曾列举其他梵文经典中参与舍利分配八个国家的名称，湛如：《净法与佛塔：印度早期佛教史研究》，北京：中华书局，2006 年，第 192～228 页。

舍利场景相区别。在目前所见年代最早的山西临猗大云寺涅槃变相碑来看，其上分
舍利场景的中心是一个巨大盝顶方函，安放在由诸多力士托举的石屏围塌上（图
4.9）。在石屏围塌的两侧是等待舍利分配的使者，画面总共有 8 个人物分列两侧。
同时，另一个细节是，画面中正在主持舍利分配的是两位比丘，而不是头髻髭须着
半跨裙的婆罗门。实际上，由两位比丘分配舍利是更为多见的安排，在敦煌莫高窟
148 窟最大的一幅涅槃场景中，舍利分配的场景与大云寺涅槃变相碑十分接近，在置
放舍利的宝台两侧，是两位比丘正在向僧尼信众分配舍利。

图 4.9　山西临猗大云寺涅槃变相碑及局部（太原市重阳宫山西石刻艺术博物馆藏，于薇摄影）

　　换言之，蓝田石函及庆山宝帐之上舍利分配场景所依照的粉本，不仅具有纵向
的中心对称构图，安排六位使者分列两侧，这一图示的另一主要特征还包括位于画
面中心正在主持舍利分配的婆罗门，尤为醒目的还有其身侧摆放具有印度风格的舍
利容器，或为较大的圆罐，或是置于方垫上的宝壶。某种程度上，由婆罗门来主持
舍利分配，是最为符合原典描述及中亚地区表现传统的。然而，长安地区出现的分
舍利场景为何却对应出现的是六位使者？

　　在犍陀罗地区的分舍利场景中，等待舍利分配的使者或王族代表的数量往往并
不一致，多为八位且分列在主持者的两侧，或是四位使者分列两侧，也有总人数为
七位的例子，这显示表现参与舍利分配的使者数量并未有固定的安排，人们对这一
画面的识别往往基于整体构图，以及更为重要的标志是分舍利场景中常出现舍利及
舍利容器的形象。那么，蓝田石函及庆山宝帐之上，等待舍利分配的六位使者形象

或许也是基于画面表现的一种"随意"而为？实际上，从下文的分析中可以看出，这一图示的出现及流行正是基于视觉上的特定表现规律，并可从图像主题及画面构图上寻找到其渊源。

首先，从蓝田石函及庆山寺宝帐对同一图示的运用来看，粉本的创作者十分熟知中亚及丝路南北道的佛教美术遗存。画面中主持者婆罗门位于中央，参与舍利分配的使者位于两侧的构图，正是来自中亚及塔里木盆地的佛教国家处理这一画面的惯例。并且在对婆罗门形象的描绘上也十分相似，皆强调其髭发长须的特征。因而，这件粉本的创作很可能与域外传统有着某种关联。

进而，我们在画史对外国画家的记录中找到了进一步线索。在张彦远《历代名画记》卷九隋代画家部分，有一段不长的记录：

> 尉迟跋质那，西国人。善画外国及佛像。当时擅名，今谓之大尉迟。①

这正是唐代大画家尉迟乙僧的父亲，历代画史对其活动记录较为简单，且多与其子一同出现。在这段介绍文字之后，张彦远附录一段小字说明其作品：

> 《六番图》、《外国宝树图》，又有《婆罗门图》传于代。②

从张彦远所记"当时擅名"及"传于代"来看，尉迟跋质那的作品在当时被广为接受、使用，且流传很久。如果我们将对分舍利场景中固定出现的"六个使者"溯源至尉迟跋质那所创作的《六番图》，这一推测为我们理解分舍利场景的画面构图提供了新的可能。虽然我们无法得知六番图的构图或人物形象，但通过张彦远对其作品"传于代"的描述来看，"六个番人"组合出现的图像，应是当时固定的一种图像格式。换言之，分舍利场景中的六位使者形象，并非画家的随意添减，它极有可能来自当时流行的《六番图》。

中古时期的图像遗存为理解这一图示提供了更多线索。葬于唐中宗神龙二年（706 年）的章怀太子墓墓道东西两壁绘有《客使图》，六位来自不同国家的使者代

---

① ［唐］张彦远：《历代名画记》卷八"尉迟跋质那"条，北京：人民美术出版社，1963 年，第 165 页。

② ［唐］张彦远：《历代名画记》卷八"尉迟跋质那"条。

（a）陕西乾县唐章怀太子李贤墓墓道东壁（采自《中国出土壁画全集·陕西卷·下》，第275页）

（b）陕西乾县唐章怀太子李贤墓墓道西壁（采自《大众考古》2015年第2期，第49页）

图4.10　客使图

表分为两组，均为三位朝官带领三位外国使者前行①（图 4.10）。研究者更多关注画面人物的族属身份，然而，值得注意的还包括画面中表现诸番使者的方式，人物虽以行走站立的姿势区别于分舍利场景中的跪卧姿势，但这种将六位番人对称而列的表现方式，应是当时的一种固定范式。唐代皇室墓葬壁画的创作群体极可能来自当时高等级的宫廷画家②，换言之，章怀太子墓壁画所使用的也许正是当时流行的一种表现"番王使者"的画面方式。这种对称而列表现六位番臣使者的画面传统，更早出现在山东青州龙兴寺窖藏出土的北齐佛教造像，在一件贴近彩绘的石质卢舍那法界人中像的胸肩左右部，两两对称地表现了六位胡人③（图 4.11）。龙兴寺佛教造像

（a）卢舍那法界人中像右肩彩绘　　　（b）卢舍那法界人中像左肩彩绘

图 4.11　胡人像（山东青州龙兴寺出土，采自《青州龙兴寺佛教造像》，第 143、144 页）

① 李求是认为画面表现的是谒陵吊唁的番国客使，李求是：《谈章怀、懿德两墓的形制等问题》，《文物》1972 年第 7 期；对东西两壁客使图人物形象及服饰的讨论详见王维坤：《唐章怀太子墓壁画客使图辨析》，《考古》1996 年第 1 期。最近陕西历史博物馆张红娟认为带领官员的职官应是三省官员，至少是中书舍人、主客郎中、给事中，张红娟：《章怀太子墓东西〈客使图〉场景分析》，《文博》2014 年第 2 期。

② 李星明强调唐代皇室墓葬壁画显示在唐代民间画工、宫廷画师和游卿相间的士大夫，三类身份可能发生转化，李星明：《唐墓壁画考识》，《朵云》1994 年第 3 期；巫鸿认为章怀太子的墓葬壁画可能是由一些更偏好自由风格的宫廷画师绘制，杨新等：《中国绘画三千年》，北京：中国外文出版社，1997 年，第 65～66 页。

③ 青州市博物馆：《青州龙兴寺佛教造像》，图 136、137，济南：山东美术出版社，2014 年，第 143～144 页；荣新江提及卢舍那法界人中像上的这组胡人形象表现了丝绸之路上多种族构成的国际商队，详见荣新江：《中古中国与粟特文明》，北京：生活·读书·新和三联书店，2014 年，第 225 页。值得注意的是，卢舍那法界人中像左肩部分的彩绘保存状况不如右肩，画面呈现为两位胡人，但通过画面右下方"脚"的形象残迹来看，左肩同样表现三个人物。

所呈现出的异域特征已成学界共识，结合于阗画家尉迟跋质那创作《六番图》的时间，可以推测这类对称表现六位胡番使者的构图大约出现在北齐至隋之间，而这一图像传统成为唐代分舍利场景的重要参考及来源。

另一个联系在于尉迟跋质那所擅长的"婆罗门图"，这也是分舍利场景的中心人物形象——香姓婆罗门。林梅村曾结合伯希和在库车地区发现的"婆罗门"形象，及丹丹乌里克遗址所新见的"婆罗门神"，来判断画史中记载尉迟跋质那所作的婆罗门形象表现的是于阗佛教护法神之一，梵语 Brahmadeva（梵天或大梵天）[1]。然而，在确定其身份之前，需要进一步分析形象的表现规律：一方面，当"梵天"在作为护法神形象出现的时候，往往是与其他两个护法神一同组合，如1998年发现于丹丹乌里克遗址的唐代木版画横列表现三个神像。另一方面，当这一形象单独出现之时，

图 4.12　克孜尔石窟第 224 窟手捧舍利的婆罗门形象（采自《シルクロードの美術》，第 39 页）

正如伯希和所发现的"婆罗门图"，实际上就是印度婆罗门种人的形象而非护法神。二者在形象上完全不同，前者作为守护神，其神格特征在于带有背光的三头形象，后者则正是蓬头髭须的婆罗门种人的形象。被日本考古学家从克孜尔石窟盗走的一幅婆罗门形象，正与其相类似，而这一形象原本是位于分舍利场景的中心，表现手捧舍利主持分配的婆罗门（图 4.12）。

因此，本文认为画史"尉迟跋质那"条中单独出现的《婆罗门图》当指异域形象突出的印度婆罗门种人，其证据还有张彦远记"两京外州寺观壁画"部分中洛阳大云寺的相关记载：

> 大云寺门东两壁《鬼神》，佛殿上《菩萨》六躯、《净土经变》，阁楼上《婆叟仙》，并尉迟画，《黄犬》及《鹰》最妙。[2]

张光福结合大云寺改额易名的时间，以及尉迟乙僧的活动范围，推测这里"并

---

①　林梅村：《丝绸之路考古十五讲》，北京大学出版社，2006 年，第 196～197 页。

②　［唐］张彦远：《历代名画记》卷三"两京外州寺观壁画"，第 70 页。

尉迟画"，当指尉迟跋质那，且很可能是他在贞观三年，迁寺从建阳门内至毓材坊之时所作①。这里值得关注的是"婆叟仙"的形象。

"婆叟仙"应是婆薮仙的音转，在佛经中婆薮仙是婆罗门教外道，主张杀生吃肉，后皈依佛门。婆薮仙作为典型的外道形象，常与"鹿头梵志"一同出现在佛像底座的左右两侧，或龛口、窟门的两侧②。从莫高窟北朝窟出现的婆薮仙来看（图4.13），他与舍利分配场景中的婆罗门形象极其接近，尤其是其头髻长髭、上裸半身、裹腰布、肩披落带的形象特征。换言之，尉迟跋质那所擅长的"婆罗门"及"婆叟仙"皆为当时典型的印度婆罗门形象。

成书于贞观九年（635 年）的彦悰《后画录》所记皆为彦悰亲见之作品，他评价乙僧"善攻鬼神，当时之美也。……外国鬼神、奇形异貌"③，应是尉迟乙僧自贞观年间初到长安时的早期作品。活动于公元 9 世纪上半叶的朱景玄，在长安城看到了尉迟乙僧更多的作品，其《唐朝名画录》中记尉迟乙僧："凡画功德、人物、花鸟，皆是外国之物象，非中华之威仪。"④

这种既具威仪又有神韵的"番王臣像"在唐代长安十分流行。《寺塔记》记有尉迟乙僧在长安光宅寺普贤堂四壁作画，其内：

> ……东壁佛座前，锦如断古标。又左右梵僧及诸番往奇，然不及西壁，西壁逼之摞摞然。⑤

从这些描述来看，尉迟乙僧的作品不仅追求"奇"的风格，更具有一种"真"

---

① 张光福：《尉迟跋质那、尉迟乙僧史料钩稽》，《中国画研究》第二期，中国画研究院，1982 年。林梅村不同意这一观点，认为是尉迟乙僧所作。林梅村：《丝绸之路考古十五讲》，第 206 页。本文认同前者，实际上，即便由尉迟乙僧所作，二人在图像渊源上也同属一种，对"婆叟仙"形象的表现都应是婆罗门种人形象。

② 王惠民：《婆薮仙与鹿头梵志》，《敦煌研究》2002 年第 2 期；严耀中：《关于敦煌壁画中来自婆罗门教神祇的诠释》，《敦煌学辑刊》2012 年第 2 期，后收入氏著《晋唐文史论稿》，上海人民出版社，2013 年，第 241~252 页。

③ ［唐］彦悰：《后画录》，北京：中华书局，1985 年，第 8 页。

④ ［唐］朱景玄：《唐朝名画录》，《唐五代画论》，长沙：湖南美术出版社，1997 年，第 87 页。

⑤ ［唐］段成式：《寺塔记》，第 20 页。

（a）蓝田舍利石函浮雕细部　　　　　　（b）临潼庆山寺舍利宝帐浮雕细部

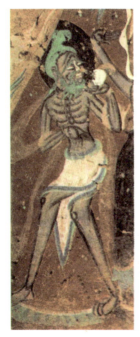

（c）敦煌西魏 285 窟西　　　（d）敦煌西魏 254 窟中心塔柱正面龛内婆薮仙形
壁婆薮仙形象（采自　　　　　象（采自《中国敦煌壁画全集 1 敦煌北凉·北
《中国美术全集·绘画编　　　魏》图版 109）
·敦煌壁画》图版 89）

图 4.13　敦煌莫高窟北朝窟婆薮仙与 8 世纪长安地区舍利石函之上香姓婆罗门形象对比

的效果。他对"梵僧"与"诸番"的表现应在当时达到了新的艺术高度，虽然于阗王族的身份使他图绘"本国王及诸亲族"具有先天的优势，但是不可否认在艺术传统上，其父尉迟跋质那自隋代开始表现印度僧人及中亚各国族人形象的经验对其所产生的影响，也就是说，乙僧当是承父衣钵。这些在唐长安城被不断描绘的"梵僧"与"诸番"，更可能从尉迟跋质那自隋代所创作的"婆罗门图"与"六番图"直接照搬或改造而来。张彦远所谓尉迟跋质那作品"传之代"，也与其子尉迟乙僧对其传统的发扬光大不无关系。至宋《宣和画谱》还可看到尉迟乙僧有"外国佛从图一""外国人物图一"① 等作品。值得注意的是，唐代画史对尉迟父子所创作外国人形象的描述，强调的是这些人物在逼真程度上的表现所达到的新高度，这一点与分舍利场景中对各国代表从衣冠到容貌及姿态的细致表现正相一致。

由此，我们可以判断，唐代分舍利场景中固定出现六位使者形象，并非是佛经中的求分舍利国家的次序先后导致，而是当时新出现及流行的一种更为逼真的"番王臣像"组合图示。这一图示由熟知中亚及丝路南北道佛教遗存的于阗画家尉迟跋质那那带来，并由其子尉迟乙僧流传推广。值得注意的是，这一构图的分舍利场景主要流行在长安地区。在长安以外地区所见的分舍利场景，则是另外一种画面表现方式，且表现传统上与中亚地区迥然有别。

2. 分布与流传

从画史记载来看，最早创作"八国分舍利"题材的是东晋顾恺之。唐裴孝源《贞观公私画史》中收录顾恺之十七件作品，其中包括《八国分舍利图》。《贞观公私画史》所记为魏晋以来前贤名迹，终于大唐贞观十三年（639 年）。所收录秘府及佛寺并私家所蓄，共二百九十八卷，屋壁四十七所，其内包括绘画史最早的著录名画，尤其对研究梁及隋宫廷秘府收藏极为重要。裴孝源往往在列目作品之后注明收藏来源。在对顾恺之画迹的记录中，部分作品源自梁内府收藏，而《八国分舍利图》等十二件作品则系隋朝官本新收录②。

隋代，除了内府收藏顾恺之的名画《八国分舍利图》，在洛阳龙兴寺西禅院殿东

---

① 《宣和画谱》卷一，于安澜编：《画史丛书》，上海人民美术出版社，1963 年，第 11 页。

② ［唐］裴孝源：《贞观公私画史》，《唐五代画论》，第 15 页；俞剑华等编：《顾恺之研究资料》，北京：人民美术出版社，1962 年，第 208 页。

头，还有隋代画家展子虔所作《八国王分舍利》壁画①。可见这一题材在隋代受到特别的欢迎。根据展子虔（约550～约604年）的生平来看，这幅《八国王分舍利》可能创作于开皇至仁寿年间，如果结合隋文帝仁寿年间的舍利颁送活动在全国的影响力来看，任职朝散大夫的宫廷画家展子虔，极可能是在仁寿初年完成此壁画，属于展子虔的晚年作品。

这些作品如今皆已不可知，但在图像材料上却可找到参照。上文已提及，在唐代，分舍利题材不仅流行于长安地区，也出现在山西临猗武周天授二年（691年）涅槃变相碑、敦煌莫高窟大历十一年（776年）148窟壁画以及朝阳北塔地宫石经幢刻饰"八王分舍利"浮雕②上。

值得注意的是敦煌地区出现这一题材的时间及呈现方式，莫高窟出现"分舍利"场景的时间晚于"争舍利"画面。在莫高窟初唐332窟（698年）南壁出现了一幅争夺舍利的场景：以横长构图方式表现山岳背景，前景则以狩猎图画面展现骑马飞奔的争夺舍利场面。这一画面表现传统可追溯至麦积山石窟，在麦积山北朝127窟北壁有目前所见最早的争夺舍利画面，北庭高昌回鹘皇家佛寺S105殿西壁所发现公元13世纪壁画中表现的争夺舍利场面继续沿用这一基本构图，在浅淡的横列山岳前是骑马执兵器争夺舍利的武士③，这与印度、中亚及库车地区表现这一场景的方式完全不同。

然而，分舍利的场景直到776年才出现在莫高窟盛唐148窟的北壁。与之前涅槃经变不同之处在于，148窟增加了六个围绕舍利展开的场景，如求舍利、分舍利以及供养舍利等。这些场景皆有表现"诸国王"的形象，其方式以群像形式集中布置在

① "龙兴寺"为唐寺改额后名称，［唐］张彦远：《历代名画记》，第70页。

② 张剑波等：《朝阳北塔的结构勘察与修建历史》，《文物》1992年第7期。八王分舍利场景刻于地宫经幢之上，虽然地宫年代在辽，但经幢上的刻铭显示它亦有可能是唐代遗存，并且，从目前出土及收藏情况来看，"分舍利"主题的场景表现只出现在唐代，迄今未见辽代的例子，因此，经幢之上表现的"八国王分舍利"浮雕或为唐代遗存，或受到唐代表现八王分舍利场景的影响。本文在此基础上，将其列为具有唐代特征的舍利供养遗存。

③ 古比丽亚、柴剑虹：《北庭高昌回鹘佛寺争分舍利图试析》，敦煌研究院编：《段文杰敦煌研究五十年纪念文集》，世界图书出版公司，1996年，第167～171页；彩图及线图见于中国社会科学院考古研究所编著：《中国田野考古报告集·考古学专刊（丁种第三十九号）北庭高昌回鹘佛寺遗址》，沈阳：辽宁美术出版社，1991年，第132～138页。

画面同一侧，比如北壁"起塔供养"中，八国王面向舍利或舍利塔跪卧在前景左侧。这与长安地区以中心对称构图来突出诸位国王形象及地位的方式已然有别。

148 窟涅槃场景呈现出的种种新特征，往往被认为源自公元 7 世纪中叶在长安由大唐南海波凌国沙门若那跋陀罗新译的《大般涅槃经后分》"圣躯廓润品"①，这一经典较之前本涅槃经多出来了佛陀涅槃之后经荼毗、求分舍利等情节②。然而，正如本文上一节所指出，实际上，在这部经典翻译之前，涅槃故事中有关舍利的情节已经在汉文佛典中流传，这种关系更像是舍利供养的实践带动了新的译经活动，而非相反的逻辑。因而，148 窟关于舍利供养场景的增多，尤其出现了敦煌地区前所未见的分舍利场景，应是中原地区舍利信仰的反映及影响，而非单纯的某部经典的翻译结果。

显然，以婆罗门为中心各国番臣使者对列分布的构图并没有传播到敦煌。这更突显出蓝田石函及庆山宝帐之上，由外国画家依据中亚样式所创作的舍利分配场景仅仅流行在长安地区。河西地区所见的争、分舍利场景都可以视为"中国化"的表现传统，尤其是这种群像组合的方式表现帝王、使者及其随从的图示。

这一"中国化"的图示传统大致可以追溯到顾恺之《洛神赋图》，被稍微放大比例的王者身后随行数位侍从（图 4.14）。北魏石窟中的帝后礼佛场景也沿用这一图示。值得注意的是，在这些帝王群像中的一个重要道具，便是王者头上的幡伞（盖）。这一细节更清晰地呈现在朝阳北塔地宫出土石经幢之上"八国诸王分舍利"图中。在经幢第四层八棱形底座之上，顺时针排列了八位国王形象。每个画面的右上方题榜文字指明国家名称，国王居中手捧舍利容器，前后侍从或举幡伞（盖）或捧物。每组形象中，国王的族属特征难以辨别，凭以做出区分的仅仅是题榜的指称，以及被刻意强调的国王手中样式不同的舍利容器，或瓶、或罐、或方盒③（图 4.15）。作者显然使用了统一底本来表现这些"摩伽陀主阿阇世王""迦毗罗国王"

---

①　代表性研究参见外山潔：《敦煌 148 窟の涅槃变相图について》，《美學美術史論集》，2003 年第 3 期；贺世哲：《敦煌莫高窟的〈涅槃经变〉》，《敦煌研究》1986 年第 1 期；公维章：《涅槃、净土的殿堂——敦煌莫高窟第 148 窟研究》，北京：民族出版社，2004 年，第 112 页；殷光明：《敦煌疑伪经和图像》，《敦煌研究》2009 年第 5 期。

②　[唐] 若那跋陀罗译：《大般涅槃经后分》，《大正藏》第 12 册，No. 2242。

③　张剑波等：《朝阳北塔的结构勘察与修建历史》，《文物》1992 年第 7 期；朝阳市宗教局编：《佛光朝阳》，北京：宗教文化出版社，2007 年，第 64～65 页。

等八位国王形象，其与顾恺之《洛神赋图》中帝王图示的接近提示我们，顾恺之曾创作的《八国分舍利图》，极有可能就是朝阳北塔上中国化"八国诸王分舍利"中各国王形象表现传统的来源。

图4.14　北宋摹顾恺之《洛神赋图》局部（辽博本）

综上来看，依照不同的构图及人物布置方式，我们可将当时唐代流行的分舍利图像视为两种传统，一是从顾恺之而来的帝王图示来表现诸国使者群像，这一图示流传极广；另一类则出现在公元7世纪初，源自中亚强调以婆罗门为中心的对称构图。同时，二者在分布上具有明显的地域性，尤其后者仅仅出现在都城附近，且时间集中在公元7世纪末到8世纪中叶。基于这些特征，我们可以进一步推论唐代"分舍利"情节的视觉化表现在当时所具有的象征意义。

3. 象征意义

从佛典故事来看，除了纪念佛陀之死瞬间的"涅槃"，"分舍利"是唯一被独立出来的情节，这是在于它不仅仅隶属于佛陀涅槃故事，更是与历史上许多次重要的舍利分配有关。因而，与其说这是涅槃故事中的"分舍利"题材，我们不如使用"舍利分配场景的视觉化"这一表述更为准确。

正如上一节所分析，蓝田石函及庆山寺宝帐之上的分舍利场景虽然源自中亚，并在表现诸番使臣的形象上达到新的高度，但画面所具有的秩序感及其中使者形象，正是来自历史上分舍利事件所具有的政治象征性。尤其将画面拓展成为纵向的中心对称布局，这种在经变及说法图中使用的构图，最大限度地突出了作为画面中心的国王或舍利宝台形象，为前景诸国使者营造出一种空间上的秩序感，同时，较之临猗涅槃变相碑的对称构图，这种秩序感更仰赖于画面中使用的政治符号。在蓝田石函分舍利场景中，画面两侧对列而立的举旗护卫，同样的军旗也见于懿德太子墓壁画中的国家仪卫队；并且在庆山寺宝帐之分舍利场景中，是以

图4.15　朝阳北塔地宫出土经幢第四层"八国诸王分舍利"图（辽宁省博物馆藏，采自
　　　　《佛光朝阳》，第65页）

"番主"与使节组合的方式呈现每个国家。这些细节与变化都赋予分舍利场景一定
的政治意味。

　　已有不少研究注意到分舍利场景所具有政治理想化的表达愿望，并认为中国是
舍利分配的主持者或占有者，画面传达的是中国与周边诸国外交关系①。本文并不打

———————————

① 详见绪论学术史。

算继续舍利分配与古代中国外交关系的研究思路，而是尝试回归到舍利容器本身，为什么在舍利容器表面装饰分舍利的主题？

同为长安城出土的"都管七箇国"六瓣银盒可以给出进一步的线索。"都管七箇国"六瓣银盒出土地点属长安道政坊范围，紧邻兴庆宫遗址①。其整体为三件银盒套装组合，自外向内分别是："都管七箇国"六瓣银盒、鹦鹉纹海棠形圈足银盒、龟背纹银盒，在龟背纹银盒内装有水晶珠两颗、褐色橄榄形玛瑙珠一颗。此套银盒单独出土，并非出自佛塔塔基，但根据它套层的组合方式以及其内盛放物可以推定它为舍利容器（图4.16）。

对六瓣银盒使用功能的确定对探讨其表面装饰主题至关重要。但是国内学界对银盒装饰内容的解读多半忽略了其内盛放物，因而没有将其视为舍利容器。田中一美在1993年推定其为舍利容器，提出"都管七箇国"盖顶部装饰表现舍利分配主题，得到学术界广泛认可②。然而，这些研究对六瓣银盒中心场景的一个关键性题榜"将来"皆存在误读。实际上，这一榜题是理解"分舍利"何以作为舍利容器装饰主题的重要线索。

"都管七箇国"六瓣银盒高5、底径7.5、足径6、腹深3厘米。从形制上看，它与唐代中晚期流行的六瓣花纹银盒十分接近，属于当时流行的花瓣形盒③。值得注意的是，在尺寸上，"都管七箇国"六瓣银盒远小于同形制的其他银盒。但这种缩微体型并没有限制其表面装饰的复杂程度。与其他金银盒的制作相似，器物整体捶击成形，花纹模冲，鱼子底纹，平錾纹饰部分鎏金。在盒盖正中划以六角形，每边与盖沿围成六个卵形装饰框。正中六角形内中心表现一骑象人，前后随从一人顶物、一人持伞盖，骑象人物之上是榜题"昆仑王国"；周围六瓣装饰框内的场景分别带榜题"婆罗门国""土番国""疏勒国""高丽国""百拓口国""乌蛮人"。根据中心骑象人物前方的榜题"都管七箇国"及下方榜题"将来"，学界一致判断这表现着"昆

---

① 张达宏、王长启：《西安文管会收藏的几件珍贵文物》，《考古与文物》1984年第4期；陆九皋、韩伟编：《唐代金银器》，北京：文物出版社，1985年；韩伟编：《海内外唐代金银器萃编》，西安：三秦出版社，1989年。

② 田中一美：《都管七箇国盒の図像とその用途》，《佛教藝術》。日本学者基本沿用这一观点。冉万里也将其视为舍利容器，见氏著《中国古代舍利瘗埋制度研究》，第127页。

③ 齐东方：《唐代金银器研究》，北京：中国社会科学出版社，1999年，第168页。

仑王国"在未来将统一周围六个国家①，或者舍利在未来将属于昆仑王国②（图4.17）。

（a）一套三件舍利银盒（采自《皇朝秘宝：法门寺地宫与大唐文物特展》，第204页）

"都管七个国"六瓣银盒盒面摹本

"都管七个国"六瓣银盒盒口上下12生肖图像摹本

（b）最外层"都管七箇国"银盒线图（采自《海内外唐代金银器萃编》图版172）

（c）最内层龟背银盒（采自《皇朝秘宝：法门寺地宫与大唐文物特展》，第206页）

图4.16　"都管七箇国"银盒套层舍利容器（陕西西安交通大学出土）

---

① 前述国内及日本学者的普遍看法。

② 田中一美：《都管七箇国盒の図像とその用途》，《佛教藝术》。

图 4.17 "都管七箇国"银盒及细部

　　显然，学者们将"将来"理解为"未来"或"轮回"①。然而，"将来"在这里并非是时间副词，而意为"请来"作动词用，同"带回"的含义。在中古时期佛教交流史上，"将来"并不少见，常被用在佛经目录中，比如日本僧人最澄所撰《传教大师将来台州录》②是指最澄从台州所带回的经典目录。"将来目录"又被称为"请来目录"，在法藏《华严经文义纲目》中有"疑璩公等将来之本，故大师亦有所受与，且请来录不载此义"③，这里"将来之本"与"请来录"同指自西域所带回的经典。

　　"将来"作为动词，常与佛教圣物一同出现。比如隋《集神州三宝感通录》卷上记，"《汉法本内传》云，明帝既弘佛法立寺度僧，……于时西域所将舍利，光明五色直上空中……"④，这些从西域将来（带回）的经典、舍利似乎具有更高的神圣性。成书于垂拱四年（688 年），慧立、彦悰所作《大慈恩寺三藏法师传》卷七，描绘玄奘西行归来：

① 尚民杰：《"都管七个国"银盒所涉两国考》，《文博》2002 年第 2 期；周伟洲：《唐"都管七箇国"六瓣银盒考》，《唐研究》第 3 卷，1997 年，第 405～436 页。

② ［日］最澄：《传教大师将来台州录》，《大正藏》第 55 册，No. 2159，第 1055 页。

③ ［唐］法藏：《华严经文义纲目》，《大正藏》第 35 册，No. 1734，第 492 页。

④ ［唐］道宣撰：《集神州三宝感通录》卷上，《大正藏》第 52 册，No. 2106，第 410 页。

并法师西国所将（来）经像、佛舍利等，爰自弘福寺出，安置于帐座机诸车上，处中而进。①

圆仁在提及长安城内四大佛牙舍利的来源时亦有使用：

城中都有四佛牙，一，崇圣寺佛牙，是那吒太子从天上将来，与终南山宣律师；一，庄严寺佛牙，从天竺入腿肉裹将来，护法迦毗罗神将护得来；一，法界和尚从于填国将来；一，从土蕃将来。从古相传如此，今在城中四寺供养。②

中古时期佛教史上，不断有经像、佛舍利由求法高僧从西域所"将来"。更重要的是"将来"的舍利经像似乎具有更高的宗教权威。结合"都管七箇国"六瓣银盒中心这一榜题之上的骑象人物形象，在上一节对蓝田石函上求分舍利场景的辨认中，已指出在中古时期佛教美术中，这一形象是"骑象婆罗门"的固定形象，正如莫高窟72窟对这一形象所标注的榜题"月氏国婆罗门骑白象以七宝至"，这里所表现的也是由骑象婆罗门所"带来"的"七宝"，这件"宝物"正是其前方侍从头顶所举之物，一个被放置于底盘之上的长颈圆瓶，不难辨识，这是由骑象婆罗门带来的"舍利"。法显在醯罗城观睹佛教仪式中对佛顶骨的"顶戴供养"便应是如此形象。

距离"顶戴供养"舍利最近的榜题"都管七箇国"，"都管"在佛教权力体系中位于"监寺"之上，具有统管一切的地位，显示出这件舍利具有无上的神圣性，具有统一各国的权威。换言之，中心场景所表述的并非未来昆仑王国将要统一周围六国，而是指由婆罗门所带来的舍利凌驾于一切之上，具有统一包括昆仑王国在内七国的权威。盒盖装饰的中心就是骑象婆罗门及其所带回的舍利被顶戴供养的场景，之后以象征性的方式，将其他国家分布在周围六瓣装饰框内来象征舍利的分配，由此建构出银盒内盛放舍利的珍贵性与神圣地位。

从这个角度看，六瓣银盒盖部的装饰内容，与蓝田石函及庆山宝帐上的分舍利

① ［唐］慧立、彦悰著，孙毓棠、谢方点校：《大慈恩寺三藏法师传》卷七，中华书局，2000年，第156页。

② ［日］圆仁著，顾承甫、何泉达点校：《入唐求法巡礼行记》卷三，上海古籍出版社，1986年，第148页。

场景具有一致的结构。舍利分配的行为不仅是圣物的流动与转移，更可以构建新的权力体系。这对于中古时期的中国并不陌生。从阿育王舍利故事到隋文帝的仁寿舍利颁送活动，舍利的流动、分配、转移与统一似乎是比舍利瘗埋更具吸引力的主题。

小结

在舍利容器装饰上，"真实"似乎具有超越艺术本身的宗教意义，"华丽"则是一种传达信仰虔诚的美感。本章所针对的一个核心问题是，当铭文不再是说明舍利神圣性的唯一方式，舍利容器表面的装饰图像如何表现、构建及诠释佛教舍利的神圣性。

在隋代舍利瘗埋活动中，刻记铭文的舍利塔铭是非常重要的物质载体，尤其传达出全国性舍利颁送活动背后"大隋皇帝"供养的中心地位，塔铭志石在形制上延续北魏，却在铭文内容上借鉴自北齐皇室的舍利供养行为，最终这套与舍利容器相组合的舍利塔铭志在隋代国家性舍利颁送活动执行机构——将作监的运作下呈现出各类新的特征。与隋代全国性舍利颁送活动对诏书式铭文的依赖不同，唐代的舍利供养活动依据更为视觉化的装饰语言来装饰舍利容器及构建舍利的神圣性。

根据 Willis 对早期梵文、巴利文经典对佛陀涅槃故事的记录来看，主持舍利的"香姓"（kumbaha、Drona）即婆罗门之姓氏"香"，在巴利文中是指舍利分配发生的"地点"，而在早期印度地区它指的就是一般生活中的"容器"①。换言之，将其表现成为一个人，并且是一位印度的"婆罗门"，是从犍陀罗地区流行的分舍利图像所"发明"出来的。在唐代的舍利供养中，图像同样发挥了重要作用，蓝田石函完整的叙事图像使我们看到了佛陀之死在涅槃故事之外的象征性。这些故事中，"舍利的分配"大约是公元 7～10 世纪最具国际化的宗教与政治命题，对它的视觉化呈现成为当时被普遍接受的理想图景。

---

① Michael Willis, Relics and Reliquaries, *Buddhist Reliquaries from Ancient India*, pp. 12–23.

五　唐代两都佛教舍利的展示与迎送活动

　　公元402年，高僧法显在那揭国醯罗城观看了一场完整的佛顶骨供养仪式，并记录下仪式的三个基本元素：定期开启与关闭的精舍、可以看到佛骨形状及颜色的盛放容器、以展示圣物为目的的仪式列队[1]。这些特征也出现在那揭国城佛牙供养、狮子国王城佛牙供养的仪式活动中，可视为当时佛教圣物供养仪式普遍具有的特征。无论从中国求法高僧细致的观察与描述，还是考古所见佛教建筑遗址呈现出的诸多新特征，都显示公元3到5世纪犍陀罗地区，舍利的移动与展示成为构建及说明其神圣性的新媒介。

　　回溯第二、三章的论述来看，在中亚及南亚地区流行的佛顶骨、佛牙、佛钵等圣物的供养仪式并未出现在北魏洛阳城，公元6世纪洛阳城内盛大的佛教仪式活动是北魏皇室亲自主持，景明寺及其他寺院合作完成的佛教行像仪式。隋初晋王杨广对象征南朝佛教权威的阿育王舍利的发掘与转移似乎是秘密进行，也并未借用盛大仪式以宣示或强调，于是，在唐初遭到南方高僧大德的集体质疑，他们认为育王舍利依旧保存在长干寺塔下[2]。直到唐代，两都终于再现中亚地区供养及展示佛舍利的热潮及盛况，重复上演且举国沸腾的正是将法门寺佛骨舍利迎至大内供养的行动，盛大的迎送过程亦是圣物展示的仪式。本章尝试从更为广阔的时空范围，观察有唐一代佛教舍利的展示及迎送仪式，将其视为中古时期佛教舍利崇拜活动中最具有象

---

[1]　详见第一章第二节部分论述。

[2]　前见第二章所引："于时江南大德五十余人成言：京师塔下舍利非育王者，育王者乃（在）长干本寺"，《集神州三宝感通录》卷上，《大正藏》第52册，No.2106，第405页。

征性的仪式活动，并围绕仪式的空间、媒介及目的，论述圣物的"观看"及"示现"对佛教物质文化的影响，及其何以成为唐代艺术史、政治史、宗教史上被不断书写的历史佳话。

（一）唐长安城的圣物展示活动

唐大历十二年二月（777 年），时任大兴善寺检校两道场兼知院事沙门惠果，向唐代宗进献答谢表一首《恩命拂拭京城诸寺塔像讫进表一首》，是他奉命对京城诸寺塔像所作的调查，这项调查从大庄严寺的佛牙开始，惠果耗时近两个月遍巡京城各寺，统计出"兴善寺等一百一十二寺应有殿塔佛牙经藏灵迹舍利处总九百五十七所"[①]。这个数字直接呈现出唐代长安城内佛教圣物崇拜的盛况。然而，就学术史而言，唐代长安城内的圣物供养活动几乎被唐代最负盛名的扶风法门寺佛骨舍利所掩盖。本节以长安城内的舍利供养活动为中心，参照犍陀罗地区舍利供养传统，讨论唐代舍利展示与城市空间的问题。

唐代长安城的佛寺基本延续隋大兴城的布局，但在佛寺视觉景观及宗教权威方面做出了诸多突破：一方面，在隋寺基础上扩建或改制，包括营立佛塔、整修佛殿、刻石画壁；另一方面，唐代佛寺更进一步地改变或增加了宗教空间的神圣性及权威，其途径就是安置不断从印度及中亚"请来"的舍利、经典及佛像。以长安城东南隅大慈恩寺为例：

晋昌坊大慈恩寺，本隋代无漏寺，唐高祖武德年间即已颓废，贞观二十二年（648 年），太子李治为报母文德皇后恩典，重新营建寺院："像天阙，放给园（祇园），……文石梓桂、橡樟栟栏充其林；珠玉丹青、赭垩金翠备其饰。"[②] 新修建好的大慈恩寺虽然殊胜非凡，但促使其成为长安城宗教中心的，并非这十余院的重楼复殿，而是永徽三年玄奘于此地所立慈恩寺塔，一座"西域风格"窣堵坡，用于储放

① ［唐］圆照集：《代宗朝赠司空大辩正广智三藏和上制表》卷六，《大正藏》第 52 册，No. 2120，第857 页。

② ［唐］慧立、彦悰著，孙毓棠、谢方点校：《大慈恩寺三藏法师传》，第 155 页。

玄奘西行所带回的舍利经像①。

实际上，玄奘这批西行所带回的经像舍利的转移，决定了当时长安城宗教中心的更替。贞观十九年，玄奘结束"躬窥净域，讨众妙之源，究泥洹之迹"的十七年西行求法，在全城观瞻之下回到长安，首先于朱雀街南陈列展示携带回来的经典、佛像与舍利，之后，二十七匹马负载，运往当时长安城重要的皇家寺院——弘福寺。

三年之后，玄奘入座大慈恩寺，这批经像舍利跟随玄奘转移，太宗为其举办了隆重的仪式，仪式的中心便是"法师西国所将（来）经像佛舍利等"，被安置在帐座宝舆之上处中而行，在其外侧依次安排着：大德、僧众、文武百官、太常九部乐②。这既是迎像送僧的迎送仪式，也是对这批佛教圣物的再次展示。

这批经像舍利对于玄奘的重要性不言而喻。在将这些圣物移置到大慈恩寺之后，玄奘奏表高宗于寺内修建"慈恩寺塔"，正是为了保存这批经像舍利，使其永固完好。此塔"仿西域制度……塔有五级，并相轮露盘，凡高一百八十尺。层层中心皆有舍利，或一千二千，凡一万余粒，上层以石为室"③，这些舍利在后世未再有提及，但于阗高僧实叉难陀在新译《大乘起信论》前记中提及曾参考慈恩寺塔内所藏旧梵本④，提示出这座窣堵坡内的确保存着玄奘所携回梵文经书。这批经像舍利在起塔之后是否继续被展示或转移他处，史籍并无记载。但是，根据日本求法高僧对公元9世纪长安城佛教活动的观察和记录，可以看到长安城内诸多佛寺有定期展示佛牙舍利的固定安排。

惠果的调查，首先从大庄严寺的佛牙开始。这颗佛牙是长安城内历史最久的圣物，系由法献于公元5世纪在于阗所获，之后由梁至陈再经隋文帝将其移置大兴城禅定寺（后易名"大庄严寺"）。会昌元年（841年）二三月间，日本求法僧圆仁在长安城先后观瞻庄严、崇圣、荐福和兴福四大寺的佛牙，并详细记录了会昌灭法前夕，长安城佛事繁盛之景：

> （二月）二十三起首至二十五日，……又大庄严寺开释迦牟尼佛牙供养。从
> 三月八日至十五日，荐福寺开佛牙供养。……诸寺赴集，各设珍供……佛牙在

---

① ［唐］慧立、彦悰著，孙毓棠、谢方点校：《大慈恩寺三藏法师传》。
② ［唐］慧立、彦悰著，孙毓棠、谢方点校：《大慈恩寺三藏法师传》卷六，第156页。
③ ［唐］慧立、彦悰著，孙毓棠、谢方点校：《大慈恩寺三藏法师传》卷七，第160页。
④ ［印］马鸣造著，［唐］实叉难陀译：《大乘起信论》，《大正藏》第11册，No. 1667。

楼中庭，城中大德尽在楼上，随喜赞叹。举城赴来，礼拜供养。……兴福寺，从二月八日至十五日开佛牙供养。崇圣寺亦开佛牙供养。……①

宋人笔记补充对照了 8 世纪的情况：

贞元后，每岁二月八日，总章寺佛牙开，至十五日毕。四月八日，崇圣寺佛牙开，至十五日毕。②

圆仁在短短两个月时间，瞻礼了长安城佛牙供养的盛况，当其回忆并记录各寺院供养情况时③，似乎是按照寺院礼拜活动的盛大程度依次介绍，其中大庄严寺当最为盛大；荐福寺次之，有楼中庭置佛牙，接受观瞻，楼廊下各设珍供，不可胜计；其后有兴福寺及崇圣寺。实际上，如果我们将以上两份记录对应各佛寺在长安城的具体位置来看，那么长安城内展示佛牙的寺院及活动是有序且经过组织的。

首先，从时间上，开示佛牙的供养活动覆盖佛教重要纪念节日二月八日及四月八日；其次，从空间上看，大庄严寺佛牙不仅是长安城更是中国境内最早出现的佛牙，其开示时间为二月初八，结束时间则可以参照宋人笔记中"总章寺"的安排，此处"总章寺"疑为"总持寺"之讹④，大庄严寺与总持寺位于长安城西南隅永阳坊之东西，两寺原为一寺即隋代初建大禅定寺之东西院。这件佛牙自隋入大禅定寺始便成为帝王礼崇的对象。比较而言，其他三座寺院则接纳更多的俗众，且在佛牙

①　[日] 圆仁著，顾承甫、何泉达点校：《入唐求法巡礼行记》卷三，第 147～148 页。

②　[北宋] 钱易：《南部新书》乙，北京：中华书局，2002 年，第 18 页。

③　根据学者统计《入唐求法巡礼行记》第一、二卷（开成三年六月至开成五年五月）圆仁记载日记的频率极高，约为隔日一则。而第三、四卷（开成五年五月至大中元年十二月）记载的频率大幅度下降，平均每月在三则以下，圆仁正是于开成五年八月抵达长安，其对长安城的见闻记录集中在第三卷，对这一时期记载频率下降的原因，学界多推测圆仁在这时仅仅记录了一些日记片断，归国后才整理成文。对此问题的讨论可参见董志翘：《〈入唐求法巡礼行记〉词汇研究》，北京：中国社会科学出版社，2000 年，第 33～34 页；冈本不二明：《宋代日记の成立とその背景——欧阳修「于役志」と黄庭坚「宜州家乘」を手がかりに.》，《冈山大学文学部纪要》，第 18 期，1992 年。此处，二月八日条下，圆仁亦描述二月十五日及三月八日至十五日的情况，显示这极可能是圆仁后期回忆后再次整理成文的结果。

④　《长安志》《唐两京城坊考》等史料记载中皆无此寺，阎文儒推测总章寺可能指长安城总持寺，见阎文儒：《唐代贡举制度》，西安：陕西人民出版社，1989 年，第 197 页。

供养活动上具有明确的配合关系：从顺序上，位于长安城西北修德坊的兴福寺（大弘福寺）于二月八日至十五日最先开始佛牙供养；之后位于朱雀门门外第二坊街东开化坊内的荐福寺负责三月八日至十五日的活动；最后，四月八日至十五日[①]的观佛牙则是由朱雀门外第四坊街西崇德坊崇圣寺主持。三座佛寺的空间位置提示，自二月到四月，长安城内的盛大佛牙供养活动并非同时展开，而是依照时间先后自北向南逐次展开（参照图5.1）。

从分布图来看，每座寺庙分别负责固定时间段的供养活动，全城的佛牙展示活动，是以一座寺院开示佛牙的活动为中心，不同寺院交替展开，从而吸引周围诸寺及信众赴集供养。可以说，各个寺院的"佛牙会"是以长安城城市空间为背景，在特定时间举行的一系列有序的"圣物展示"活动，其目标在于全城南北的信众皆可观瞻佛教圣物。虽然史书上难寻官府或佛寺参与活动组织的记录，但从其规模来看，这应是统一组织策划的结果。

这两条记录常被用来说明唐代关于佛诞的纪念时间，或二月八日或四月八日并不固定[②]。杨波则强调长安寺院佛牙会之日多集中于春间二三月，与新进士在长安城的各类庆祝活动时间接近[③]。实际上，从上段对四座佛寺有规律地次第开示佛牙来看，圣物的展示本身是一系列活动中最为核心的部分，也是长安城内非常重要的宗教活动，这些活动更多是借二月八日或四月八日的节日气氛以示供养，而非以纪念某个特定节日为目的。圆仁还提及了长安城内供养的佛牙来源，或从天竺，或从吐蕃，或从于阗而来，这些圣物的珍贵及神圣性由其异域来源得到加强。正如5世纪中亚地区各个佛教国家供养圣物的惯例——圣物安置于城内佛寺，且定期开启与展示，在长安城，这些辗转至大唐的圣物，一方面延续中亚地区佛教圣物的展示传统，被安置在特定的建筑，由

---

① 值得注意的是，圆仁《入唐求法巡礼行记》中记载同年三月二十五日有"诣崇圣寺，礼释迦牟尼佛牙会……"，［日］圆仁著，顾承甫、何泉达点校：《入唐求法巡礼行记》卷三，第149页。这条记载常常被忽略，从圆仁记录来看，崇圣寺三月二十五日佛牙会，于三月十五既已结束的荐福寺佛牙会之后举行，在佛牙开示的先后顺序上与宋人所记并无差别。实际上，城内寺庙展示佛牙的时间每年并非固定不变，但各个寺庙在展示时间相互配合的关系应是一致的。

② 张泽咸：《唐代的诞节》，《魏晋南北朝隋唐史资料》第十一期，1991年，后收入《张泽咸集》，北京：中国社会科学出版社，2007年，第483页。

③ 杨波：《看佛牙考》，湛如编：《文学与宗教——孙昌武教授七十华诞纪念文集》，北京：宗教文化出版社，2007年，第274页。

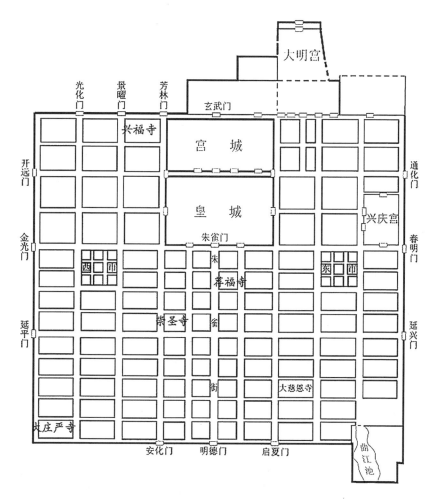

庄严寺：二月八日至十五日　兴福寺：二月八日至十五日
荐福寺：三月八日至十五日　崇圣寺：四月八日至十五日

图5.1　圆仁记录会昌元年（841年）二月至四月长安城佛牙供养会分布图（于薇制）

城内各个佛寺交替展示接受观瞻与供养；另一方面，"观佛牙"成为新进进士的特权，显示出这一活动超出了宗教范畴所具有的多义象征性。

　　与长安城内固定的佛寺空间开示佛牙相呼应的是将凤翔扶风法门寺佛骨舍利迎送至两都供养的活动。从文献记载来看，从扶风法门寺至两都的迎送仪仗队伍，皆香车宝马、幡幢珂伞，在途中即已出现匍匐礼拜的信众①。但是，当佛骨舍利入城

① ［唐］高彦休：《唐阙史》卷下，"迎佛骨事"条，北京：中华书局，1985年，第32页。

后，洛阳与长安两都在供养佛骨舍利的具体方式上却有所不同，这种不同体现出佛教圣物的展示与城市空间的密切关系，尤其当时长安城内所流行的圣物展示的活动。

唐太宗时期的首次奉迎，并未将舍利迎至宫中，而只是从塔下剖出以示人，贞观五年（631年）"以贞观年中请开，剖出舍利以示人，……既现舍利，通现道俗……"[①]。将法门寺佛骨舍利迎奉至宫中内廷，且长时间供养的情况，仅出现在高宗朝显庆四年（659年）及武则天长安四年（704年），且都是迎奉至东都洛阳[②]。在洛阳，佛骨舍利或被供奉在大内或长久置于明堂，时间达三四年之久[③]，这个过程中皇室成员之外的俗众无法瞻见佛骨舍利，这一点与之后长安城迎奉法门寺舍利的状况不尽相同。

长安城出现迎送舍利仪式是在肃宗上元元年（760年）之后。且具体的供养方式较之东都有所改变，从德宗贞元六年（790年）开始，迎奉至长安城的舍利仅仅在宫中供养三日，之后便送往"诸寺以示众"，且在宪宗朝（819年）和懿宗朝（873年）时都是如此（表5.1）。

表5.1　法门寺佛指舍利迎奉至长安城供养史事[④]

时间	迎奉场所（禁中及京城佛寺）	出处
肃宗上元元年初五月	"敕僧法澄……迎赴内道场，昼夜苦行……"	《张彧文》
德宗贞元六年二月	"……奏请出之以示众，帝乃出之置于禁中精舍，又送于京师佛寺，倾都瞻拜……"	《册府元龟》卷五十二《帝王部·崇释氏二》

---

① ［唐］道宣撰：《集神州三宝感通录》，《大正藏》第52册，No.2106，第406页；［唐］张彧：《大唐圣朝无忧王大圣真身宝塔碑铭》，《全唐文》卷五一六，又见于《金石萃编》卷一〇一（下文简称"张彧文"）；《大唐咸通启送岐阳真身志文》，陕西省考古研究院等：《法门寺考古发掘报告》，第229～232页（下文简称《志文》）。

② ［唐］道世著，周叔迦、苏晋仁校注：《法苑珠林·敬塔篇感应缘·周岐州岐山南塔条》，第1212页；《大唐咸通启宋岐阳真身志文》，《法门寺考古发掘报告》，第229～232页。

③ 高宗显庆四年（659年）敕请舍利入东都洛阳宫内，龙朔二年（662年）护送回法门寺，时间长达3年；武后长安四年（704年）迎舍利于东都，供奉于明堂，次年，佛骨还未送回，武后驾崩，中宗景龙二年（708年）送还原塔，在洛阳停置4年。

④ 李志荣及李发良皆统计过唐代诸帝迎奉法门寺佛骨的次数及其史料来源，详见李志荣：《法门寺报告读后记》，《文物》2008年第2期；李发良：《关于唐代诸帝迎奉法门寺佛骨次数的再探讨》，《法门寺博物馆论丛》第二辑，第13～14页。

时间	迎奉场所（禁中及京城佛寺）	出处
宪宗元和十三年五月	"……留禁中三日，乃送京城佛寺、王公士庶瞻礼施舍，……"	《唐会要》卷四十七《议释教上》；《册府元龟》卷五十二《帝王部·崇释氏二》
咸通十二年至十五年三月	"……四月八日佛骨至京，迎入内道场三日，出于京城诸寺……"	《旧唐书》卷十九上《懿宗纪》；《资治通鉴》卷二五二《唐纪六八》

换言之，"示众"与"移动"是西京长安城奉迎舍利仪式的两个显著特点。不同于东都洛阳舍利被长时间保存在宫内或明堂，奉迎至长安城的舍利在禁中精舍短暂的停留后，更多是处于辗转各寺以供展示的状态。在长安更多的信众可以"看见"佛骨舍利。这种对圣物观看的需要，显然同长安城各佛寺对佛教圣物的收藏与展示活动相一致。进一步说，法门寺佛骨舍利在长安城内的移动及供养，极可能如城内开示佛牙的方式，被有规律地辗转在不同寺院以供展示。《册府元龟》中记录贞元六年（790 年）："初岐阳有佛指骨寸余，藏于无忧王寺，或奏请出之以示众，帝乃出之置于禁中精舍，又送于京师佛寺，倾都瞻拜，施财物累钜万。"[①]

成书于公元 10 世纪的《唐摭言》中提及长安新进士题榜后的各项宴集节目，看佛牙是其中特别的一项，可以看到佛牙的佛寺包括：宝寿寺、定水寺（太平坊）和庄严寺[②]。宝寿寺及定水寺皆不见于圆仁的记录，二者紧邻皇城与宫城，或是为了配合进士活动新近增加的两处佛寺。值得注意的是，其中对宝寿寺佛牙的描述："用水精函子盛，银菩萨捧之，然得一僧捧菩萨，多是僧录或首座方得捧之矣。"[③] 进士们所见的佛牙被安放在特定的装置之上，银菩萨所捧持的应是特意用来展示佛牙的舍利容器：水精函子。

至此，唐代长安城内的佛牙供养活动出现：一，可看到佛牙的水晶舍利函；二，定期开启的佛牙中庭或佛牙楼；三，长安城内佛寺合作，开示佛牙或佛指骨舍利的

---

① 《册府元龟》卷五十二《帝王部·崇释氏二》，北京：中华书局，1982 年。

② 关于进士观佛牙，详见杨波：《看佛牙考》，湛如编：《文学与宗教——孙昌武教授七十华诞纪念文集》，第 274 页；[北宋] 王定保：《唐摭言》，上海：古典文学出版社，1957 年，第 28 页。

③ [北宋] 王定保：《唐摭言》，第 28 页。

供养活动。这三点同开篇所提及犍陀罗地区的舍利供养方式极为接近。公元 5 世纪左右，法显对当时的佛教中心犍陀罗地区各个佛教国家保存圣物的记录来看，"城"是圣物保存及展示的重要空间。

醯罗城的佛顶骨、那揭国城的佛牙皆位于城内，狮子国王城内的佛牙精舍即位于王宫附近①。这些供养及展示佛教圣物的宗教建筑成为王城内重要的城市景观，它们定期开启接受信众礼拜②。同时，经由圣物转移的供养仪式，城中的佛塔精舍与王宫之间建立某种联系。正如第一章对犍陀罗部分舍利供养新特征的总结：基于城市空间展开的圣物供养活动，既是对宗教圣物的展示，也是圣物拥有者对其宗教权威的宣示。

（二）"陈其供"：九鼎、真身舍利与明堂

从前四章的论述来看，南北朝时期，阿育王舍利信仰体现出舍利作为宗教与政治资源的双重象征性，在南北方地区之间形成一种竞争关系。隋代，舍利更多地被视为一种流动性的政治符号，全国三十个州使用相同的容器及刻铭内容成为政权统一的象征和手段；唐代，舍利供养则使用更为视觉及物质化的媒介，舍利容器的形制、装饰图像、组合方式，乃至舍利新的盛放及展示空间，皆赋予佛教舍利以新的意义。本节将围绕唐代流行的舍利容器组合方式，尤其最具有中国化特征的"九重"棺椁，以及新的展示空间——明堂，来试图说明有唐一代舍利容器及空间如何赋予舍利新的意义。

上一节已述法门寺佛指舍利迎送至西京长安城期间，主要是辗转各寺的"示众"活动。然而，在东都洛阳城，法门寺舍利则被长时间地供养在禁中精舍或者更具有象征意味的"明堂"。两次迎送至东都洛阳城的供养活动皆与武则天有关，第一次，武后为其制造了九重金棺银椁；第二次，盛放在"九重宝函"内的舍利，被迎送至明堂展示。

关于武则天与法门寺佛指舍利供养之间的关系，以及武则天构建政治合法

---

① ［东晋］法显著，章巽校注：《法显传校注》。

② 详见第一章第二节犍陀罗地区舍利供养。

性对舍利信仰的利用等问题已有诸多研究成果。在前贤讨论的基础上，我所关注的是，法门寺佛指骨舍利及其九重宝函何以被迎奉至东都洛阳明堂供养，这是谁的提议，以及这组舍利宝函是否同明堂内的另一组象征物"九鼎"存在联系。对这两个问题的讨论，将拓展我们对中古时期佛教舍利及舍利容器象征功能的认识。

1. 九重金棺银椁

成书于 664 年，道宣所著《集神州三宝感通录》集中记录了法门寺最早的两次"示众"与迎奉活动，尤其是显庆五年（660 年）的迎奉活动：

> 下敕取舍利往东都入内供养，时周又献佛顶骨至京师。人或见者高五寸阔四寸许，黄紫色。将王东都驾所，时又追京师僧七人。往东都入内行道，敕以舍利及顶骨出示行道。僧曰，此佛真身，僧等可顶戴供养。经一宿还收入内。皇后舍所寝衣帐直绢一千，为舍利造金棺银椁，数有九重，雕镂穷奇。以龙朔二年送还本塔。

这是道宣对四年前迎奉活动的记录。以对这次活动的由来原委及具体过程的详细描述，他引出了"古老传云，此塔一闭经三十年"的传统，并介绍了三十年前贞观年间舍利被取出后的盛况。姜捷指出，三十年一开的传统正是由道宣所创造，只是在文中借他人之口描述出来①。换言之，法门寺佛指舍利被迎奉至内道场供养的主要策划者就是道宣。

基于上一节对长安城内定期展示佛牙，及对法门寺真身舍利有规律的示众来看，公元 8～9 世纪的中国对曾在中亚地区大肆流行的定期开启佛塔，取出圣物展示的方式并不陌生，也就是说，法门寺佛塔"一闭经三十年"的传统极有可能是道宣借鉴自中亚地区的宗教传统。这一传统以其特有的神圣性在当时佛教界广为流传，甚至影响到地方舍利供养活动。最近公布的材料显示，河北定州静志寺公元 9 世纪的舍利供养活动受到法门寺影响，同样是以三十年为限，重复开启佛塔地宫，并递藏新

---

① 姜捷：《法门寺与大唐王朝首次迎佛骨新探——从唐塔地宫中的感应舍利及其相关问题谈起》，"艺术、考古与历史：中国古代图像文化研究的新取向"国际学术研讨会，复旦大学文史研究院主办，2014 年 11 月。

的舍利供奉品①。山东兖州兴隆塔北宋地宫甬道的使用痕迹显示，地宫建成之后继续开放，且这样的例子到宋代已不少见②。其中，盛迎法门寺佛指舍利至两都大内及诸佛寺供养是这一传统最早且最具有代表性的例子，也是中国历史上，诠释佛教舍利与王权紧密关系的最佳说明。

此外，这段描述还有两点与我们的讨论有关：首先，显庆四年，与法门寺指骨舍利一同迎入内道场的还有来自西域的佛顶骨，文中"敕以舍利及顶骨行道"的仪式，以及过程中"顶戴供养"的方式，都接近于法显对醯罗城佛顶骨供养仪式的描述，二者都是一场以圣物展示为目的的仪式。

其次，道宣在点明此为"佛真身"后，引出武后为舍利施造九重"金棺银椁"，仅仅"雕镂穷奇"四个字大致形容了这组容器的装饰风格。有意思的是，我们在1987 年所打开的法门寺佛塔地宫的舍利供奉品中，可以找到当初武后所施供的部分遗物。在法门寺后室密龛内的五重宝函，是法门寺唯一一组既著录于衣物帐，又自带刻记铭文的容器组合。因此对每件容器都可以确定其供养来源③。其中最内层玉棺之外的"水晶椁"，根据衣物帐可知是当时重真寺（即法门寺）所施供，从这件水晶椁的来源及其装饰来看，它极有可能是武后显庆年间所施供九重棺椁中的一件④。这件水晶椁由细工精作的水晶板嵌合而成，在前棺档满饰一朵重瓣金丝盘花，棺盖表面两组镶金底盘之上又嵌饰一蓝一黄宝石，从水晶椁的表面钻孔痕迹来看，这类镶嵌物原本应该更多，分布在棺盖前后，与宝石及金银盘花相呼应，整体来说，这大约接近道宣所描述"雕镂穷奇"的装饰风格（图 5.2）。实际上，无论是形制上的

---

① 李琰妍根据河北定州静志寺佛塔地宫出土碑铭石刻等材料的整理发现，静志寺佛塔地宫大规模递藏新的舍利容器及舍利供奉品以每三十年为期。Sonya S. Lee, *Surviving Nirvana —Death of the Buddha in Chinese Visual Culture*, pp. 219 – 221.

② 肖桂田等：《兖州兴隆塔北宋地宫发掘简报》，《文物》2009 年第 11 期。

③ 李志荣曾对法门寺四组遗物的来源做以梳理，参见李志荣：《〈法门寺考古发掘报告〉读后》，《文物》2008 年第 2 期；后收入法门寺博物馆编：《法门寺博物馆论丛》第三辑，西安：三秦出版社，2010年，第 25～47 页。

④ 这件水晶棺椁经过会昌灭佛之后，极有可能作为寺院财产一直保存在寺内，最后作为施奉物入懿宗朝舍利瘗埋。前揭赖依曼博士论文也提及这件水晶棺是武则天施造九重舍利棺椁中的一件，但并未展开深入讨论，见 I – mann Lai, *The Famensi Reliquary Deposit*: *Icons of Esoteric Buddhism in Ninth – century China*, p. 66.

"九重"组合，还是金、银、水晶、宝石各类材质的重叠使用，都显示显庆五年（660年）武则天所施造的这组舍利容器，应是当时等级最高的一组佛教舍利容器。

图 5.2　陕西扶风法门寺佛塔地宫后室密龛出土水晶椁（采自《法门寺考古发掘报告》彩版 233）

在这段描述的最后，道宣再次强调"三十年"这个数字，但以"三十年后非余所知"方式结尾。的确，法门寺佛指舍利被再次迎奉的时间是在四十五年之后。长安四年（704年），大周皇帝武则天命凤阁侍郎博陵崔玄暐与国师法藏偕往法门寺迎奉佛指舍利，迎奉的具体过程在《唐大荐福寺故寺主翻经大德法藏和尚传》中有描述：佛塔开启后，法藏手擎佛指骨舍利行道展示。先是在除夕夜，舍利被迎至西京崇福寺，其后在正月十五，以更为隆重仪式被迎置洛阳明堂。

> 遂与应大德纲律师等十人俱至塔所行道七昼夜。然后启之，神辉煜爚。藏以昔尝炼指，今更膑肝。乃手擎兴愿，显示道俗。……岁除日至西京崇福寺。是日也留守会稽王率官属及五部众投身道左，竞施异供，香华鼓乐之妙，蒙聩亦可睹闻。洎新年端月孟旬有一日入神都。敕令王公已降、洛城近事之众精事幡华幢盖，仍命太常具乐奏迎置于明堂。观灯日，则天身心护净，头面尽虔，请藏捧持，普为善祷。其真身也，始自开塔，戒道达于洛下，凡擒瑞光者七日。
>
> ……初发匣日，一也；行至武功县界，其光傍亘法门寺，二也；宿崇福寺，置皇堂内，光如火焰，又似星流，三也；……安置于明堂，以兜罗绵衬，天后及储君顶戴时，七也。[1]

---

[1]　崔致远：《唐大荐福寺故寺主翻经大德法藏和尚传》，《大正藏》第 50 册，No. 2054，第 283 ~ 284 页。

这里描述包裹舍利的"兜罗绵衬"也许正是显庆五年高宗与武后所施供，此外，对舍利顶戴供养的方式也与显庆年间相一致，只不过显庆年间是由僧人顶戴供养，在大内示以行道，这次则由天后及储君顶戴，且展示的空间也仅限于明堂。关于长安四年这次迎奉活动，各类史料都没提及是否有新制造的舍利容器，这里相同的供养方式及包装材料，提示奉迎至明堂的也许正是显庆五年，武则天还是皇后时施供的这组九重金棺银椁，仍然是当时大唐境内等级最高的一组舍利容器。

将舍利以隆重的仪式迎置明堂，更多过程中的细节见于年代稍早大历十三年（778 年）《大唐圣朝无忧王寺大圣真身宝塔碑铭并序》：

> 显庆五年，盖三十霜矣……即以其年二月八日（阙 8 字）奉迎护舍利。……二圣亲造九重宝函。……则天圣后长安四年，敕大周（阙 6 字）鸳台（阙 6 字）……公暐同往开之。□□作七日。行道踧踖，荷担于东都明堂，而陈其供焉。万乘焚香，千官拜庆。云五色而张盖，近结城楼……①

"安置于明堂"及"陈其供"都提示出舍利在明堂中被展示的状态。以往研究中多认为，将佛指舍利迎入明堂供养是武则天转轮王信仰的表现。然而，值得注意的是，这次所迎至的是明堂大火之后重建的建筑。在史学界普遍认为明堂大火改变了武则天政治生涯对佛教的依赖，尤其体现在她去掉了金轮、慈氏等具有佛教意味的称号。那么，此时舍利被迎入明堂的目的是什么？

提供进一步线索的是上述大历十三年碑文中所描述舍利置入明堂的过程："□□作七日。行道踧踖，荷担于东都明堂，而陈其供焉"，对迎送过程破费一番周折的强调，也许是盛大的仪式使然。但是，这里舍利入堂的仪式，不得不使我们联想到，在万岁通天元年（696 年）被迎入明堂的另一套重器——"九鼎"。

2. 九鼎与明堂

大周天册万岁二年三月二日，火灾之后"依旧规制，重造明堂"落成，号"通天观"。四月一日，行亲享之礼，大赦，改元为万岁通天。同年四月三日，铸铜为九

---

① ［唐］张彧：《大唐圣朝无忧王寺大圣真身宝塔碑铭并序》，《全唐文》卷五一六，又见于《金石萃编》卷一〇一。

州鼎成，置于明堂之庭，各依方位列焉①。值得注意的是，九鼎以特别的仪式被迎奉至明堂：

> 令宰相、诸王率南北宿卫兵十余万人，并仗内大牛白象拽之。自宣武门外曳入，天后自制《曳鼎歌》调，令曳者唱和焉。②

这套九鼎通常被认为是武则天复古周礼，回归儒家权力体系的表现。"九鼎"作为中国礼器艺术中最悠久且最具有代表性的"重器"③，不仅赋予帝王统治以合法化，更是中国传统政治体系中最具权威的权力象征物。从物质及视觉角度来说，关于九鼎是什么样子，文献中并无描述。武则天为洛阳明堂所铸造的九鼎，就是以《左传》为代表的文本系统中塑造出的理想"九鼎"为原型，鼎上各镂本州山川物产之象，著作郎贾膺福等分题之，尚方署令曹元廓图画之④。根据文献中所言以方位列焉，可以想象摆放在明堂之内的九鼎所具有的视觉效果。

公元 7 世纪末，武周政权将九州"图写"于九鼎之上，进而摆放在明堂，其象征意义不言而喻。儒家政治体系中，九鼎作为至高无上的权力象征物，直接证明了武则天称帝的政治合法性。然而，在长安四年（704 年）被迎奉至明堂的法门寺佛指骨舍利是否也具有特别的象征意义？

虽然在佛教中"舍利"直接用于转轮王身份的证明，但是，在公元 8 世纪初将其摆放在明堂与"九鼎"并置，则更多地意味着"舍利"与中国最高的权力象征物"九鼎"之间存在某种契合。与其说舍利被展示在明堂之中，不如说被展示的是武则天为舍利所制造的九重金棺银椁。因而，有必要对来自不同权力体系的象征物"九鼎"与"九重舍利容器"做一番比较：

首先，二者都是一种盛放容器，皆以珍贵材料制造；其次，二者都是象征性大

---

① 《唐会要》卷上，北京：中华书局，第 321～322 页。

② 《通典》卷四十四《礼四》，北京：中华书局，第 1229 页；另见《唐会要》卷十一《明堂制度》，第 321 页。

③ 李学勤：《中国古代文明与国家形成研究》，昆明：云南人民出版社，1997 年，第 271 页；巫鸿著，李清泉、郑岩等译：《中国古代艺术与建筑中的"纪念碑性"》，上海人民出版社，2009 年，第 1～17 页。

④ 《唐会要》卷十一《明堂制度》，第 321 页。

于实际盛放功能；其三，皆以重复或套层组合的方式来彰显其神圣及权威性；最后，更为重要的是它们都是可以自动消失或移动的神物。正如始铸于夏，继而传之商，又移之周，可以"不迁而自行"的九鼎，佛教舍利也具有相似的神异特征，在佛教世界，舍利等圣物可以自行消失或出现，圣物的辗转也成为政治权威转移的显现。总而言之，二者皆具有对政治合法性的构建及说明作用，前者使用在儒家政治象征体系，后者出现在广泛的佛教世界。

有意思的是，在鼎成之后，武则天提议"以黄金千两涂之"，纳言姚璹则谏曰"夫鼎者神器，贵在质朴自然，无假别为浮饰"①。这里显然引出了两套不同的礼器装饰语言，也是两套不同的宝物观念。武则天对九鼎装饰风格的提议，代表了当时另一套对"重器"的装饰语言，即对宗教圣物的装饰。在对佛教圣物的装饰中，"七宝"是主要元素，其中黄金、琉璃等材质应有尽有，其华丽的视觉效果，目的在于营造一种视幻觉，并以此想象佛国世界。但是，青铜器礼器的装饰逻辑则完全不同。为此，武则天的提议遭到大臣的拒绝。

至此，我们回到开篇所提到的问题，为什么公元 8 世纪初在法门寺佛指舍利被遗忘了 45 年之后，被突然以盛大的仪式迎至明堂？学者多认为，这次迎奉舍利至明堂，并非武则天的政治企图，因为武则天已经 82 岁高龄，因此，这更多是祈命长寿的愿望②。然而，根据上文的分析来看，舍利被迎至明堂，很可能是因为公元 7 世纪末，明堂中出现的新元素"九鼎"，使得当时的僧团联想到具有同样象征意义的"舍利"。法藏不仅仅是这场迎奉活动提议及策划者，同样，也代表了这场迎奉活动的最大受益者"佛教"。

对于唐代长安城具有广泛亚洲视野的高僧而言，"九鼎"无论从物质形制还是象征性上，都与它们所认知的"舍利"在中亚地区诸佛教国家所具有的象征功能十分契合，尤其是二者对于政治权威的说明及构建功能。在中国历史上，夺取九鼎成为获得王权的媒介，这一点与阿育王舍利以及中亚地区流行的圣物崇拜具有一致的

---

① 《通典》卷四十四《礼四》，第 1229 页；另见《唐会要》卷十一《明堂制度》，第 321 页；又见《旧唐书·列传第三九》卷八九《姚璹传》，北京：中华书局，第 1965 页。

② Eugene Y. Wang，Of the True Body – The Famen Monastery Relics and Corporeal Transformation in Tang Imperial Culture，*Body and Face in Chinese Visual Culture*，p. 92.

特征。

最后，我们还可以从历史上"九鼎"在后世生发出的一系列故事，继续来看它与舍利的相似性。在《史记·封禅书》中，司马迁追溯了关于九鼎传说的各种不同版本：

> 闻昔泰帝兴神鼎一，一者壹统，天地万物所系终也。黄帝作宝鼎三，象天、地、人。禹收九牧之金，铸九鼎。……遭圣则兴，鼎迁于夏商。①

这里无论是一鼎、三鼎、还是九鼎，都是天下一统的象征。这与佛典故事中，舍利分配结构出现的三分（天王、龙王与人王）、八分（人王）、十分、十二分等几乎相同，无论分配的结构如何变化，都被用来说明"天下一统"的意象。这也为上一章论述"分舍利"场景被独立出来，其画面具有特殊的象征功能提供佐证。

由此，我们大约可以回答，为什么在中古时期，舍利崇拜具有如此的吸引力，及其成为一种绝对权威的契机，这大约可以从它与九鼎所并置摆放的"明堂"来说明。富安敦已经精彩地论述过，公元7世纪末出现在洛阳宫城内的明堂建筑群所具有的国际主义风格，它综合不同文化、宗教，尤其是在一个代表儒家政治传统的象征空间中植入佛塔、佛像等元素②。对于儒家政治体系来说，在明堂中安置九鼎已是至高无上的权威象征物。然而，武则天的明堂作为综合了佛教与儒家权威的政治空间，仅仅使用"九鼎"，似乎对四夷"番王"不具有信服力，这时佛教成为一种国际通用的"外交语汇"。因而，"九鼎"与盛放的佛指骨真身舍利的"九重宝函"并置摆放在明堂之内，便可以真正实现唐帝国一统"天下"的政治权威及愿望。

从唐皇室对法门寺佛指舍利的崇拜来看，正是长安四年（704年）这次迎奉至明堂展示供养之后，原本被遗忘或推迟了15年的法门寺传统，真正成为一种定制。除了武宗灭佛，有唐一代的各位皇帝，再也没有错过法门寺佛指舍利"三十年"的开

---

① 《史记·封禅书》，北京：中华书局，1959年，第1392页。

② Antonino Forte, *Mingtang and Buddhist Utopias in the History of the Astronomical Clock：The Tower, Statue and Armillary Sphere Constructed by Empress WU*, Rome：Istituto Italiano peril Medio ed Estremo Oriente, 1998；本书一个简短的中译本摘要见［意］富安敦著，白建才、戴红霞译：《武曌的明堂与天文钟》，《武则天研究论文集》，国际武则天学术讨论暨武则天研究会第七届年会，太原：山西古籍出版社，1997年，第140~147页。

启规制。换言之，这种固定展示圣物，将宗教圣物与政治王权进一步建立紧密关系，正是源自武则天时期，在明堂之内并置九鼎与九重舍利宝函，它更新也反映了当时人对佛教"舍利"的认识。

小结

正如向达所描述："长安一城为第七世纪至第十世纪世界人种的博物院同宗教的陈列所"①。从佛教史角度而言，作为国际都市的唐代长安城，集聚了各个渠道从中亚而来的经像、舍利等圣物，这大约是隋文帝想要实现但并未能完成的愿景。本章尝试从一个更广阔的角度来看待，舍利崇拜在唐代达至顶峰的原因及契机。这个转变是从构建长安城百里之外凤翔扶风法门寺佛指骨真身舍利开始，玄奘、道宣等初唐僧团根据中亚地区舍利崇拜与王权的紧密关系，尝试在长安制造出新的神圣物，由此也带来了愈加丰富的佛教圣物崇拜，以及长安城内各种与圣物展示有关的城市景观。直到武则天政治及宗教智囊团，对各种权力象征物的大胆探索，终于在佛教舍利崇拜与中国儒家权力体系中的象征物——"九鼎"之间建立了某种联系。由此，我们可以解释为什么"迎奉舍利"的隆重仪式成为中古时期皇权如此迷恋的神圣景观。

如果说迎奉佛指舍利至东都明堂展示所突显的是其政治目的，那么，在长安城的圣物展示活动则更多满足了一般民众对佛教圣物的观看需要。宪宗元和十四年（819 年）正月，韩愈《论佛骨表》中抨击迎送舍利所引起的大量过激行为：焚顶烧指，断臂脔身，从另一个侧面反映了对圣物的观看，作为一种独特的宗教体验对一般信众的重要影响，真身舍利所唤起的宗教热情是佛经、佛像供养所无法比拟的。

---

① 向达：《中西交通史》，长沙：岳麓书社，2012 年，叙论第 8 页；本书初版于 1934 年 3 月，收入舒新城等编订《中华百科丛书》，中华书局印行。

结论　何为舍利？

舍利，在汉文佛典中又被称为"实利""设利罗""室利罗"，其名称音译自梵文 śarīra，巴利语 sarīra，通常是指佛陀或高僧圆寂火化后的结晶物，是戒定慧之所熏修，这是佛典从语义学或宗教背景下对舍利所作的定义。从本文五章的论述来看，文本给出的舍利定义，仅仅是其历史意义中很小的一部分，也是最简单的部分。关于舍利是什么的问题，在中古时期具体的舍利供养活动中被不断更新、补充甚至重新定义。这里不准备重复前文各章结论部分的内容，而尝试从一个更为广阔的世界历史图景来观察中国中古时期的舍利崇拜活动。

（一）跨文化视野中的佛教舍利及舍利容器

本书主要讨论公元 5 到 9 世纪中国境内出现的舍利供养活动及遗物。这一时期中国佛教舍利供养出现华丽非凡的舍利容器、无比隆重的迎奉仪式以及历代帝王的虔诚供养，是整个佛教史上前所未见的盛景。几乎与此同时或稍晚，公元 750～1150 年西欧地区加洛林王朝也热衷于宗教圣物的制造、流通及神圣仪式①，所延续的是自公元 5 世纪出现的基督教圣徒及圣骨崇拜的传统。如果从欧亚大陆的视角来看，这一时期的基督教或佛教都以其圣物或圣骨崇拜对当时的政治、社会及物质文化产生影响。同时，各个宗教所带来的神圣帝国观念皆对当时政治体的统一与瓦解带来决定

---

① Patrick Geary, Sacred Commodities: the Circulation of Medieval Relics, *The Social Life of Things: Commodities in Cultural Perspective*, pp. 169 – 194.

性作用①。

从物质文化角度看，基督教圣骨崇拜与佛教舍利崇拜都是以圣人或圣徒身体为崇拜对象，将其放置在特别制作的容器及宗教空间中接受礼拜，二者皆以容器的形式及华丽程度来提示其内圣骨的神圣意义。然而，在呈现神圣身体这一点上，二者却有本质的区别：基督教以再现圣徒身体的局部——头颅、手臂、脚为目标②；佛教则从未以再现佛陀身体为目的，且主要使用"容器"形制的器物，盛放荼毗之后的结晶物。与基督教圣徒身体的局部再现相比，这些结晶物更加抽象，如何以容器构建舍利的神圣性，是佛教舍利供养首先需要面对的问题，也为舍利容器的制造带来更多的想象空间。

北魏时期，在佛教七宝观念、北魏鲜卑贵族的审美风尚以及求法高僧对中亚地区圣物供养方式所作记录的共同作用下，选择了琉璃材质来制作舍利容器。这类"琉璃圆瓶"在北魏、北周舍利瘗埋遗物中数量颇多，它们以珍贵的材质，及其所特有的视觉效果，作用于人们对舍利的想象。与此同时，一种既藏纳舍利又可盛放舍利供奉品的"石函"出现，而其或圆形或方形的形制代表了不同的瘗埋传统。

直到隋唐时期，除了以材质、形制等物质手段来说明其神圣性，舍利容器的表面开始出现大面积装饰图像，这些图像进而以更为视觉化的方式，成为构建舍利神圣性的新媒介。由此来看，正是佛陀"身体"的不在场，使得佛教舍利容器在形制、材质、装饰图像等方面不断拓展新的可能。

（二）亚洲史背景下舍利崇拜的"中国化"

对于中国各时期的舍利信仰实践而言，印度及中亚地区的舍利供养方式一直都是重要的参照对象，对其抑或模仿、抑或有意回避，又或视之为佛教理想，企图将

---

① ［美］沃格林著，叶颖译：《政治观念史稿（卷二）：中世纪（至阿奎那）》，上海：华东师范大学出版社，2009 年，第 11 页。

② Cynthia Hahn, *Strange Beauty*, *Issues in the Making and Meaning of Reliquaries*, 400 – *circa* 1204, The Pennsylvania State University Press, 2012.

其搬演至中国。如果以亚洲地区的佛教发展作为背景，所谓舍利供养的"中国化"，显然出自每个时期对"天竺之制"与"西域制度"的不同接受或改造方式。

北魏政权显然对凿窟建像更感兴趣，浩大的佛教石窟工程迤逦在平城附近，太和十八年（494 年）新都洛阳则在一开始便以汉制风格为目标。无论旧都还是新都，都没有发现舍利供养的遗迹或遗物。因而，太和五年（481 年）二月，孝文帝及文明太皇太后于定州城东瘗埋舍利起塔，则更多与定州本地的佛教传统有关。古代定州是最早出现舍利瘗埋遗物的地区，尤其出土多件与犍陀罗地区舍利容器形制相同的"弦纹带盖圆盒"，显示其与中亚地区舍利瘗埋传统的紧密关系。然而，值得注意的是，北魏帝后在下瘗的舍利供奉品中，不仅使用定州当地颇具异域风格的舍利瘗埋规制，同时有意加入了在其他领域被刻意回避的鲜卑传统。在瘗埋舍利不到一个月，冯太后终于选定陵寝，方山永固陵开始动工。某种程度上，481 年定州下瘗舍利更像是冯太后的个人宗教信仰使然。这与北齐及南梁帝王对舍利的热衷不同。从文献记载来看，南朝最早"发现"舍利，尤其是"阿育王舍利塔"。然而，公元 6 世纪中叶，北齐皇室对阿育王舍利的热衷，与其说是对南朝的效仿，不如说南北方对阿育王舍利的竞争。

隋代同样受到阿育王信仰的影响，但却出现相反的结果。文帝试图营建新的舍利塔，放弃或取代在隋代之前"大江南北"远不止于目前文献所见的 19 座阿育王舍利塔。隋文帝仁寿年间的颁送舍利活动，更是有意抛弃自北齐舍利瘗埋传统而来具有异域风格的舍利圆函，以更为中国化特征的盝顶方函，盛放由"帝后"感应而来的"仁寿舍利"，以此替代"天竺法王"阿育王，成就中国的"普天慈父"。

唐代既对中亚地区曾经繁盛的佛教信仰心怀憧憬，又对目前中亚地区佛教衰退黯然神伤，因此唐代高僧不断尝试在中国再现舍利曾经在中亚地区的辉煌及地位。法门寺佛指骨舍利就是以中亚地区供奉舍利的盛况为蓝本，试图造就中国的"大菩提寺"[1]。公元 8 世纪初，迎奉佛指骨舍利至明堂，将其与中国最高权力象征物"九鼎"并置，这既是当时僧团或"佛教"的野心，也成为唐帝国一统"天下"的新工具。

---

[1] 陈景福：《法门寺：中国的大菩提寺——法门寺佛指骨舍利与玄奘大师的关系蠡测》，《法门寺博物馆论丛》第一辑，西安：三秦出版社，2008 年，第 27～40 页；姜捷：《法门寺与大唐王朝首次迎佛骨新探——从唐塔地宫中的感应舍利及其相关问题谈起》。

以往认为舍利供养自南北朝出现且保留异域特征，经隋代发展至唐代最终实现"中国化"的线性发展过程。在亚洲史的背景下，可以对"中国化"过程重新做一番考量：我们可以将舍利供养"中国化"定位在隋文帝制造的"仁寿舍利"；甚至可以更早，"中国化"的特征从北魏王室使用的盝顶方形石函即已开始出现；而以往学术脉络中被认为最"中国化"的唐代，在有关舍利定期开启展示、迎送的仪式，以及舍利容器装饰的图像粉本等方面反而呈现出更多"非中国"特征。

（三）文本、图像与仪式中的舍利

如果说公元 8 世纪初，东都洛阳明堂内盛放佛指骨真身的"九重金棺银椁"与"九鼎"并置的方式过于具有象征性，那么，在 8 世纪上半叶出现在长安地区的六番使者分舍利图，则以更为直接的方式呈现出了当时人对舍利的寄托与想象。

《六番图》是隋代于阗画家尉迟跋质那所创作新的诸夷使者图示，这一图示最大的特点在于创造出更为逼真的人物形象，这在表现人物族属特征上尤为明显。根据当时美术史家的观察，这种逼真不同于阎立本高水平的人物画技法，而是基于对本国人形象的熟识①，因而，这类《六番图》更易被识别出"非中华貌"。将《六番图》植入出自佛典中的八王分舍利故事场景，正是以视觉上的逼真来调和这一故事在当下所具有的现实意义，正如明堂之上佛指骨真身舍利对诸"番王"使者所具有的象征功能。

在唐代，"分舍利场景"成为舍利容器表面独立的装饰主题，似乎是以更为视觉化的方式再现了公元 8 世纪初迎奉法门寺佛指舍利至明堂供养的目的及意义。可以说，分舍利主题不仅用以说明舍利对权力的象征，同时，对它的视觉化表现也显示出中古时期佛教舍利的流动、分散、占有与集中，同宗教及政治的权力结构的密切关系。毫无疑问，图像与仪式中所呈现出的"舍利"，远比佛典中的文字定义要更加丰富与立体，从视觉及物质文化角度对舍利供养活动的探讨，传达出史料所不及的象征意义与历史意涵。

---

① 　[唐] 朱景玄：《唐朝名画录》，《唐五代画论》，第 87 页。

（四）中古政治历史文化语境中的舍利

舍利是什么？

在公元 4 世纪下半叶到 5 世纪中叶，它们可以自行出现及生长，时隐时现，没有具体形状，坚不可摧，唯一的视觉特征就是发光：

> 宋元嘉十五年，南郡凝之隐衡山征不出，……忽见额下有紫光，瑞光处得舍利二枚，剖击不损，水行光出。……后又失之，寻尔又得云。
>
> 元嘉十九年，高平徐椿读经，及食得二舍利，盛银瓶中。后看渐增，乃至二十。……椿在都忽自得之，后退转皆失。[1]

圣僧正是根据这些闪耀殊常的视觉特征，不断发现传说周敬王时阿育王所起的八万四千佛塔。

公元 6 世纪中叶，南方与北方的文献中逐渐增多关于它们在中国最早出现的情况。这些故事的结构十分接近，都是由一位胡僧向帝王表演舍利的超自然力。

公元 7 世纪初，隋文帝在其"兴居之所"即可感应出舍利。舍利似乎是可以被"制造"出来的圣物。帝后感应而来的舍利愈来愈多，远过于文帝年少时期一位婆罗门赠送给他的一粒天竺舍利。因这些源源不断的感应舍利，文帝在四年时间里三次向全国各州颁送舍利。

公元 7 世纪中叶，道宣等人向唐皇室提示在长安城百里之外扶风法门寺塔下的佛指骨舍利（其形状同于玄奘在大菩提寺所见佛陀指骨舍利）是释迦牟尼佛的"真身"。660 年，这颗佛指骨舍利与西域所献的佛顶骨舍利（法显曾于醯罗城所见）一同被迎入东都内道场行道展示，道宣称其为"佛真身"。武后为其施造了当时等级最高、雕镂穷奇的一组舍利容器：九重金棺银椁。

公元 8 世纪初，这件被认为是当时佛教界最高等级的圣物，被放置在九重金棺银椁中，以特别的仪式，迎奉到当时最高等级的象征性政治空间：明堂，与中国儒

---

① ［唐］道宣撰：《集神州三宝感通录》，《大正藏》第 52 册，No. 2106.

家政治体系中最具有权威象征的"九鼎"并置,天后及储君顶戴供养。这应该是佛教舍利崇拜在中国所能达至的最高点,时间在长安四年（704 年）的正月十五。被迎奉至明堂供养的佛指骨舍利,终于向世人展示其价值,它是佛教世界的"真身",与儒家体系的"九鼎"相当,是最高权力的象征,是统摄天下的证明。

5 世纪初昙无谶所译《善德婆罗门求分舍利经》,不仅出现在 7 世纪末的《大云经疏》,还被义净植入《金光明经》（具名《金光明最胜王经》）,继续在 8 世纪广为流传:

> 恒河驶流水　　可生白莲花
> 黄鸟作白形　　黑鸟变为赤
> 假使瞻部树　　可生多罗果
> 揭树罗枝中　　能出庵罗叶
> 斯等希有物　　或容可转变
> 世尊之舍利　　毕竟不可得
> 假使用龟毛　　织成上妙服
> 寒时可被着　　方求佛舍利
> 假使蚊蚋足　　可使成楼观
> 坚固不摇动　　方求佛舍利
> 假使水蛭虫　　口中生白齿
> 长大利如锋　　方求佛舍利
> 假使持兔角　　用成于梯蹬
> 可升上天宫　　方求佛舍利①

较之本书开篇所引 5 世纪的翻译,这段偈颂的节奏感有所减缓,相应而来,其不可思议感似乎也有所减弱。这期间的变化,大约就是中古时期佛教舍利供养活动的作用和结果。

---

① 富安敦发现这段偈颂被改进《金光明经》,见 Anonino Forte, *Political Propaganda and Ideology in China at the End of the Seven Century*, Napli：Instituto Universitatrio Orientale, 1976, p. 368；戴密微及富安敦尝试从意象角度观察这些偈颂是借助哪些文本变得如此流行,从而出现在更为普遍的语言及文学表达中。《金光明经》在日本奈良时期作为最基本的经典,启发皇家寺院的创制。

参考文献

（按第一作者姓名音序排列）

中文部分

一、基本史料

崔致远：《唐大荐福寺故寺主翻经大德法藏和尚传》，《大正藏》第 50 册，No. 2054。

道世撰：《法苑珠林》，《大正藏》第 53 册，No. 2122。

道宣撰：《广弘明集》，《大正藏》第 52 册，No. 2103。

道宣撰：《集神州塔寺三宝感通录》，《大正藏》第 52 册，No. 2106。

道宣撰：《续高僧传》，《大正藏》第 50 册，No. 2060。

董浩、阮元等：《全唐文》，北京：中华书局，1983 年。

杜佑：《通典》，北京：中华书局，1988 年。

段成式：《寺塔记》，北京：人民美术出版社，1964 年。

段成式著，方南生点校：《酉阳杂俎》，北京：中华书局，1981 年。

法琳撰：《辨正论》，《大正藏》第 52 册，No. 2110。

佛陀跋陀罗译：《观佛三昧海经》，《大正藏》第 15 册，No. 643。

弗若多罗、鸠摩罗什译：《十诵律》，《大正藏》第 23 册，No. 1435。

高彦休：《唐阙史》，北京：中华书局，1985 年。

慧皎撰：《高僧传》，《大正藏》第 50 册，No. 2059。

慧远撰：《观无量寿经义疏》，《大正藏》第 365 册，No. 1749。

李百药等:《北齐书》,北京:中华书局,1972 年。

李昉等:《太平御览》,石家庄:河北教育出版社,1994 年。

李林甫:《唐六典》,北京:中华书局,1992 年。

李延寿:《北史》,北京:中华书局,1974 年。

李延寿:《南史》,北京:中华书局,1975 年。

刘昫等:《旧唐书》,北京:中华书局,1975 年。

马鸣造著,实叉难陀译:《大乘起信论》,《大正藏》第 32 册,No. 1667。

那连提耶舍撰:《佛说德护长者经》,《大正藏》第 14 册,No. 545。

欧阳修、宋祁:《新唐书》,北京:中华书局,1975 年。

钱易:《南部新书》乙,北京:中华书局,2002 年。

若那跋陀罗译:《大般涅槃经后分》,《大正藏》第 12 册,No. 377。

僧佑撰:《弘明集》,《大正藏》第 52 册,No. 2012。

僧佑、宝唱等集:《经律异相》,《大正藏》第 53 册,No. 2121。

沈约、萧子显:《宋书》,北京:中华书局,1974 年。

司马光:《资治通鉴》,北京:中华书局,1992 年。

司马迁:《史记》,北京:中华书局,1982 年。

宋敏求:《长安志》,《宋元方志丛刊》第一册,北京:中华书局,1990 年。

昙无谶译:《大方等无想经》,《大正藏》第 12 册,No. 387。

王溥:《唐会要》,上海古籍出版社,1991 年。

王钦若等:《册府元龟》,北京:中华书局,1982 年。

韦述撰,辛德勇辑校:《两京新记辑校》,西安:三秦出版社,2006 年。

魏收:《魏书》,北京:中华书局,1974 年。

魏征:《隋书》,北京:中华书局,1973 年。

吴钢:《全唐文补遗》1~8 辑,陕西省古籍整理办公室编,西安:三秦出版社,1994~2005 年。

徐松:《唐两京城坊考》,北京:中华书局,1985 年。

姚思廉:《梁书》,北京:中华书局,1973 年。

义净译:《金光明最胜王经》,《大正藏》第 16 册,No. 665。

于安澜编:《画史丛书》,上海人民美术出版社,1964 年。

圆仁撰、顾承甫、何泉达点校:《入唐求法巡礼行记》,上海古籍出版社,1986 年。

圆照集:《代宗朝赠司空大辩正广智三藏和上制表》卷六,《大正藏》第 52 册,No. 2120。

张彦远;《历代名画记》,北京:人民美术出版社,1964 年。

周绍良主编:《唐代墓志汇编》,上海古籍出版社,1992 年。

周绍良主编：《全唐文新编》，长春：吉林文史出版社，2000 年。

二、近人著述

安家瑶：《莫高窟壁画上的玻璃器皿》，《敦煌吐鲁番文献研究论集》第二辑，北京大学出版社，1983 年。

安家瑶：《中国的早期玻璃器皿》，《考古学报》1984 年第 4 期。

安家瑶：《唐长安西明寺遗址发掘简报》，《考古》1990 年第 1 期。

安家瑶：《唐代黑陶钵考》，中国社会科学院考古研究所《汉唐与边疆考古研究》编委会编：《汉唐与边疆考古研究》第一辑，北京：科学出版社，1994 年。

安家瑶、刘俊喜：《北魏玻璃》，《汉代考古与汉文化国际学术研讨会论文集》，济南：齐鲁书社，2006 年。

曹汛：《修定寺建筑考古又三题》，《建筑师》2005 年第 6 期。

曹汛：《建筑史的伤痛》，《建筑》2008 年 8 月，总第 134 期。

朝阳北塔考古勘察队：《辽阳朝阳北塔天宫地宫清理简报》，《文物》1992 年第 7 期。

丁淇、林元白：《镇江甘露寺塔塔基出土释迦佛舍利及唐宋文物考》，《现代佛学》1962 年第 1 期。

定县博物馆：《河北定县发现两座宋代塔基》，《文物》1972 年第 8 期。

敦煌研究院：《敦煌石窟全集 7·法华经画卷》，香港：商务印书馆，2007 年。

法门寺博物馆：《法门寺博物馆论丛》（第一、二、三、四、五辑），西安：三秦出版社，2008、2009、2010、2011、2012 年。

樊波：《隋仁寿舍利塔下铭及相关问题探讨》，《碑林集刊》2004 年第 10 期。

樊维岳：《蓝田出土盝顶舍利石函》，《考古与文物》1991 年第 2 期。

干福熹主编：《中国古玻璃研究 1984 年北京国际玻璃学术讨论会论文集》，北京：中国建筑工业出版社，1986 年。

甘肃省文物工作队：《甘肃省泾川县出土的唐代舍利石函》，《文物》1966 年第 3 期。

高田修：《世界佛学名著译丛 89～90 册：佛像的起源》，台北：华宇出版社，1986 年。

公维章：《涅槃、净土的殿堂——敦煌莫高窟第 148 窟研究》，北京：民族出版社，2004 年。

郭朋：《隋唐佛教》，济南：齐鲁书社，1980 年。

韩伟：《法门寺地宫唐代随真身衣物帐考》，《文物》1991 年第 5 期。

韩伟：《法门寺唐代金刚界曼荼罗成身会造像宝函考释》，《文物》1992 年第 8 期。

韩伟编：《海内外唐代金银器萃编》，西安：三秦出版社，1989 年。

河北省文化局文物工作队：《河北定县出土北魏石函》，《考古》1966 年第 5 期。

河南省古代建筑保护研究所：《登封嵩岳寺塔地宫清理简报》，《文物》1992 年第 1 期。

河南省文物研究所编：《安阳修定寺塔》，北京：文物出版社，1983 年。

贺世哲：《敦煌莫高窟的＜涅槃经变＞》，《敦煌研究》1986 年第 1 期。

侯卫东：《相州邺城天城山修定寺之碑校读》，《殷都学刊》2012 年第 4 期。

湖州市飞英塔文物保管所：《湖州飞英塔发现一批壁藏五代文物》，《文物》1994 年第 2 期。

王怀宥：《平凉出土北魏佛教石刻造像探析》，《丝绸之路》2015 年第 4 期。

霍熙亮：《莫高窟第 72 窟及其南壁刘萨诃与凉州圣容佛瑞像史迹变》，《文物》1993 年第 2 期。

霍旭初：《龟兹舍利盒乐舞图》，收入《新疆艺术》编辑部：《丝绸之路造型艺术》，乌鲁木齐：新疆人民出版社，1985 年。

霍旭初、祁小山编著：《丝绸之路·新疆佛教艺术》，乌鲁木齐：新疆大学出版社，2006 年。

江苏省文物工作队镇江分队、镇江市博物馆：《江苏镇江甘露寺铁塔塔基发掘记》，《考古》1961 年第 6 期。

靳生禾：《旅行家法显》，北京：中华书局，1980 年。

雷建宏：《定县北魏石函》，河北省文物研究所编著：《河北考古重要发现 1949～2009》，北京：科学出版社，2009 年。

李国钧主编：《中国书法篆刻大辞典》，长沙：湖南教育出版社，1990 年。

李健超：《增订唐两京城坊考》，西安：三秦出版社，1996 年。

李静杰：《造像碑的涅槃经变》，《敦煌研究》1997 年第 1 期。

李静杰：《佛钵信仰与传法思想及其图像》，《敦煌研究》2011 年第 2 期。

李思雄等：《成都发现隋唐小型铜棺》，《考古与文物》1983 年第 3 期。

李四龙：《论仁寿舍利的感应现象》，《法门寺博物馆论丛》第四辑，2011 年。

李星明：《唐墓壁画考识》，《朵云》1994 年第 5 期。

李星明：《北朝唐代壁画墓与墓志的形制和宇宙图像之比较》，《美术观察》2003 年第 6 期。

李学勤：《禅宗早期文物的重要发现》，《文物》1992 年第 3 期。

李学勤：《中国古代文明与国家形成研究》，昆明：云南人民出版社，1997 年。

李玉珉：《河北早期的佛教造像——十六国和北魏时期》，《故宫学术季刊》1994 年第 4 期。

李裕群：《安阳修定寺塔丛考》，《宿白先生八秩华诞纪念文集》，北京：文物出版社，2002 年。

李振刚主编：《2004 年龙门石窟国际学术研讨会文集》，郑州：河南人民出版社，2004 年。

李志荣：《＜法门寺考古发掘报告＞读后》，《文物》2008 年第 2 期。

林梅村：《丝绸之路考古十五讲》，北京大学出版社，2006 年。

临潼县博物馆：《临潼唐庆山寺舍利塔基精室清理记》，《文博》1985 年第 5 期。

刘呆运：《仙游寺法王塔的天宫、地宫与舍利子》，《收藏家》2000 年第 7 期。

刘凤君：《南北朝石刻墓志形制探源》，《中原文物》1988 年第 2 期。

刘合心：《彬县开元寺塔的建筑年代及其新发现文物》，《文博》1990 年第 2 期。

刘建国等：《江苏句容行香发现唐代铜棺银椁》，《考古》1985 年第 2 期。

刘建华：《北魏泰常五年弥勒铜佛像及相关问题的探讨》，《宿白先生八秩华诞纪念文集·下》，北京：文物出版社，2002 年。

刘丽文：《青瓷有胆莲花尊》，《中国古陶瓷研究》第七辑，北京：紫禁城出版社，2001 年。

刘亚丁：《作为佛教灵验现象的舍利崇拜》，《佛教灵验记研究——以晋唐为中心》，成都：巴蜀书社，2006 年。

刘友恒、聂连顺：《河北正定开元寺发现初唐地宫》，《文物》1995 年第 6 期。

陆九皋、韩伟编：《唐代金银器》，北京：文物出版社，1985 年。

罗西章：《凤泉寺隋舍利塔下铭》，《考古与文物》1985 年第 4 期。

罗炤：《略述法门寺塔地宫藏品的宗教内涵》，《文物》1995 年第 6 期。

洛阳市文物工作队：《洛阳唐神会和尚身塔塔基清理》，《文物》1992 年第 3 期。

马立军：《北魏墓志的定型与异形》，《史林》2008 年第 2 期。

马世之：《关于隋代张盛墓出土文物的几个问题》，《中原文物》1983 年第 4 期。

南丰县文物管理委员会：《南丰大圣舍利塔地宫清理简报》，《江西文物》1989 年第 2 期。

齐东方：《唐代金银器研究》，北京：中国社会科学出版社，1999 年。

邱玉鼎、杨书杰：《山东平阴发现大隋皇帝舍利宝塔石函》，《考古》1986 年第 4 期。

冉万里：《中国古代舍利瘗埋制度研究》，北京：文物出版社，2013 年。

莎柳：《甘肃天水市发现唐代永安寺舍利塔地宫》，《考古与文物》1992 年第 3 期。

山西省文物管理委员会、考古研究所：《山西长治唐代舍利棺的发现》，《考古》1961 年第 5 期。

陕西省法门寺考古队：《扶风法门寺塔唐代地宫发掘简报》，《文物》1988 年第 10 期。

陕西省考古研究所隋唐考古研究部：《陕西南北朝隋唐及宋元明清考古五十年综述》，《考古与文物》2008 年第 6 期。

陕西省考古研究院等：《法门寺考古发掘报告》，北京：文物出版社，2007 年。

沈柏村：《唐代舍利容器纹饰的文化内涵》，《东南文化》1997 年第 2 期。

苏铉淑：《东魏北齐庄严纹样研究》，北京：文物出版社，2008 年。

苏哲：《安阳隋墓所见北齐邺都文物制度的影响》，《远望集》上、下，西安：陕西人民美术出版社，1998 年。

苏州市文物保管委员会：《苏州虎丘塔出土文物》，北京：文物出版社，1958 年。

孙宗文：《仁寿舍利塔——中国佛教建筑史话之四》，《现代佛学》1958 年第 23 期。

台北历史博物馆编辑委员会编：《盛世皇朝秘宝：法门寺地宫与大唐文物特展》，台北：台北历史博物馆，2010 年。

外山洁：《日本泉屋博古馆收藏中国唐代舍利容器研究》，《法门寺博物馆论丛》第二辑，西安：三秦出版社，2010 年。

　　王承文：《越南新出隋朝＜舍利塔铭＞及相关问题考释》，《学术研究》2014 年第 6 期。

　　王惠民：《婆薮仙与鹿头梵志》，《敦煌研究》2002 年第 2 期。

　　王睿：《早期白瓷使用情况分析》，《华夏考古》2011 年第 2 期。

　　王亚荣：《长安佛教史论》，北京：宗教文化出版社，2005 年。

　　王雁卿：《大同北魏方山永固陵出土的雕刻器具》，《文博》2012 年第 4 期。

　　沃格林著，叶颖译：《政治观念史稿（卷二）：中世纪（至阿奎那）》，上海：华东师范大学出版社，
2011 年。

　　巫鸿著，李清泉、郑岩等译：《中国古代艺术与建筑中的"纪念碑性"》，上海人民出版社，2009 年。

　　夏金华：《隋唐佛学研究》，上海社会科学院出版社，2013 年。

　　夏鼐：《河北定县塔基舍利函中波斯萨珊朝银币》，《考古》1966 年第 5 期。

　　向达：《唐代长安与西域文明》，石家庄：河北教育出版社，2001 年。

　　向达：《中西交通史》，长沙：岳麓书社，2012 年。

　　肖桂田等：《兖州兴隆塔北宋地宫发掘简报》，《文物》2009 年第 11 期。

　　谢明良：《陶瓷手记》，上海古籍出版社，2013 年。

　　宿白：《东北、内蒙古地区的鲜卑遗迹》，《文物》1977 年第 5 期。

　　宿白：《盛乐、平城一带的拓跋鲜卑遗迹》，《文物》1977 年第 11 期。

　　宿白：《北魏洛阳城和北邙陵墓》，《文物》1978 年第 7 期。

　　宿白：《定州工艺与静志、净众两塔地宫文物》，《文物》1997 年第 10 期。

　　徐庭云：《唐"都管七箇国"六瓣银盒与"白狗羌国"》，《唐研究》第 10 卷，北京大学出版社，
2004 年。

　　严耀中：《晋唐文史论稿》，上海人民出版社，2013 年。

　　严耀中：《综说隋文帝广建舍利塔的意义》，《唐研究》第 23 卷，北京大学出版社，2015 年。

　　扬之水：《龟兹舍利乐舞图新议》，《文物》2010 年第 9 期。

　　杨波：《看佛牙考》，湛如编：《文学与宗教——孙昌武教授七十华诞纪念文集》，北京：宗教文化出
版社，2007 年。

　　杨超杰、严辉：《龙门石窟雕刻粹编——佛塔》，北京：中国大百科全书出版社，1999 年。

　　杨富学、王书庆：《隋代以前的舍利塔》，《兖州佛教历史文化研讨会论文集》，北京：科学出版社，
2011 年 10 月。

　　杨鸿年：《隋唐两京坊里谱》，上海古籍出版社，1999 年。

　　杨效俊：《隋代京畿地区仁寿舍利石函的图像与风格——以神德寺舍利石函为中心》，《考古与文物》
2015 年第 5 期。

杨效俊：《隋唐舍利瘗埋空间中的世界图像》，《文博》2013 年第 5 期。

姚崇新：《观音与神僧》，中山大学艺术史研究中心编：《艺术史研究》第十五辑，2013 年。

叶昌炽撰，柯昌泗评：《语石·语石异同评》，北京：中华书局，1974 年。

印顺：《佛钵考》，《佛教史地考论》，北京：中华书局，2011 年。

游自勇：《隋文帝颁舍利天下考》，《五台山研究》2002 年第 4 期。

余欣：《敦煌佛寺所藏珍宝与密教宝物供养观念》，《敦煌学辑刊》2010 年第 4 期。

袁泉：《舍利安置制度的东亚化》，《敦煌研究》2007 年第 4 期。

湛如：《净法与佛塔：印度早期佛教史研究》，北京：中华书局，2006 年。

张宝玺：《甘肃佛教石刻造像》，兰州：甘肃人民美术出版社，2001 年。

张光福：《尉迟跋质那、尉迟乙僧史料钩稽》，中国画研究院编：《中国画研究》第二期，北京：人民美术出版社，1982 年。

张红娟：《章怀太子墓东西 < 客使图 > 场景分析》，《文博》2015 年第 4 期。

张怀群等：《丝绸之路上的世界遗产：泾川文化遗产录》，北京：中国文史出版社，2011 年。

张敬川著：《庐山慧远与毗昙学》，北京：中国社会科学出版社，2012 年。

赵超：《墓志溯源》，《文史》第 21 辑，北京：中华书局，1983 年。

赵超：《式、穹隆顶墓室与覆斗形墓志——兼谈古代墓葬中“象天地”思想》，《文物》1999 年第 5 期。

赵永平等：《河北正定县出土隋代舍利石函》，《考古》1986 年第 4 期。

赵振华主编：《洛阳出土墓志研究文集》，北京：朝华出版社，2002 年。

赵志文等：《河南登封市法王寺二号塔地宫发掘简报》，《华夏考古》2003 年第 2 期。

浙江省博物馆、定州市博物馆编：《心放俗外：定州静志、净众佛塔地宫文物》，北京：中国书店，2015 年。

郑鹤声、向达：《摄山佛教石刻小纪》，《东方杂志》1926 年第 8 期。

郑洪春：《西安东郊隋舍利墓清理简报》，《考古与文物》1988 年第 1 期。

郑州市博物馆：《郑州开元寺宋代塔基清理简报》，《中原文物》1983 年第 1 期。

中国敦煌壁画全集编辑委员会编著：《中国敦煌壁画全集 1 敦煌北凉·北魏》，沈阳：辽宁美术出版社，2006 年。

中国美术全集编辑委员会、敦煌研究院：《中国美术全集·绘画编·敦煌壁画》，上海人民美术出版社，1985 年。

中国社会科学院考古研究所/河北省文物研究所邺城考古队：《河北临漳县邺城遗址东魏北齐佛寺塔基的发现与发掘》，《考古》2003 年第 10 期。

中国社会科学院考古研究所洛阳工作队：《北魏永宁寺塔基发掘简报》，《考古》1981 年第 3 期。

中国社会科学院考古研究所西安唐城发掘队：《唐长安城考古记略》，《考古》1963 年第 11 期。

中国社会科学院考古研究所西安唐城发掘队：《唐青龙寺遗址踏察记》，《考古》1964 年第 7 期。

周叔迦：《周叔迦佛学论述全集》第三册，北京：中华书局，2006 年。

周伟：《河南安阳地区隋墓的发现与研究简述》，《中国文物报》2013 年 9 月 13 日。

周伟洲：《唐"都管七箇国"六瓣银盒考》，《唐研究》第 3 卷，北京大学出版社，1997 年，。

周晓薇、王菁：《隋墓志刻饰图案中的稀见纹样》，《考古与文物》2009 年第 1 期。

朱捷元、秦波：《陕西长安和耀县发现的波斯撒珊朝银币》，《考古》1974 年第 2 期。

足立喜六著，何建民等译：《＜法显传＞考证》，贵阳：贵州大学出版社，2014 年。

日文部分

安田治樹：《唐代則天の涅槃変相について（上）（下）》，成城大学：《美學美術史論集》第二、三辑，1981、1982 年。

長岡龍作：《隋仁寿舎利塔と青州勝福寺址》，気賀沢保規編：《中国中世仏教石刻の研究》，東京：勉誠出版，2013 年。

大阪市立美術館：《六朝の美術》，京都：平凡社，1976 年。

東京出光美术馆：《出地下宫殿の遺寶：中國河北省定州北宋塔基出土文物展》，東京：出光美術館，2007 年。

東京国立博物馆：《宫廷的荣华：唐の女帝則天武后とその時代展》，東京：朝日新聞社，1998 年。

东京国立博物馆等：《遺唐使と唐の美術》，東京：朝日新聞社，2005 年。

肥田路美：《舎利信仰と王權》，『死生学研究』11 號，2009 年。

高田修：《ィンドの仏塔と舎利安置法》，《佛教藝術》11 號，1951 年 3 月。

河上麻由子：《トナムバクニン省出土仁壽舎利塔銘、及ひその石函について》，《東方學報》第 88 册，2013 年。

河田貞：《仏舎利と經の莊嚴》，《日本の美術》280 號，1989 年。

加島胜編：《中国・シルクロードにおける舎利荘厳の形式変遷に関する調査研究》，*Silk Roadology*（总 21 期）特刊，2004 年。

加島胜編："隋唐時代の仏舎利信仰と荘厳に関する総合的調査研究"，科学研究費補助金（基盤研究［B]）研究成果報告書，2012 年。

今西智久：《隋仁寿舎利塔事業の基礎的考察：「勅使大德」と起塔地をめぐって》，《大谷學報》第

92 冊（2 號），2013 年 3 月。

木内武男：《舍利莊嚴具について》，*Museum*1961 年第 10 期。

深津行德：《唐代仏舍利莊嚴と［舍利八分］図》，黛弘道编：《古代国家の政治と外交》，吉川弘文館，2001 年。

田中一美：《都管七箇国盒の図像とその用途》，《佛教藝术》210 號，1993 年 9 月。

外山潔：《敦煌 148 窟の涅槃変相図について》，《美學美術史論集》，2003 年第 3 期。

西村昌也：《ベトナムの考古・古代学》，東京：同成社，2011 年。

小杉一雄：《中國仏教美術史の研究》，東京：新樹舍，1980 年。

小野胜年：《中国隋唐长安・寺院史料集成史料篇》，京都：法藏館，1989 年。

熊谷宣夫：《クチヤ将来の彩画舍利容器》，《美術研究》191 號，1957 年第 1 期。

佐々木功成：《仁壽舍利塔考》，《龍谷大学論叢》第 283 冊，1928 年 12 月。

ウォーリー朗子：《泉屋博古館所蔵「乾元孝義皇帝八国王等」銘舍利容器の空間構成》，氣賀澤保規编：《中国中世仏教石刻の研究》，東京：勉誠出版，2013 年。

西文部分

Behrendt, Kurt A, *The Buddhist Architecture of Gandhara*, Brill Leiden Boston, 2004.

Behrendt, Kurt A, "Relic Shrines of Gandhāra: A Reinterpretation of the Archaeological Evidence", Pia Brancaccio, Kurt Behrendt ed., *Gandhāran Buddhism*, *Archaeology*, *Art*, *Text*. Vancouver: UBC Press, 2006.

Brown, Peter, *The Cult of The Saints*, Chicago: University of Chicago Press, 1981.

Cunningham, Alexander, *Archaeological Survey of India*: (1862、63、64、65), Vol. 2, London: Government Central Press, 1871.

Chen, jinhua（陈金华），Sarīra and Scepter: Empress Wu's Political Use of Buddhist Relics, *JIABS* 25. 1/2, 2002.

Chen, jinhua（陈金华），*Monks and Monarchs*, *Kinship and Kingship*: *Tanqian in Sui Buddhism and Politics*, Kyoto: Italian School of East Asian Studies, 2002.

Dobbins, K. W. , *Buddhist Reliquaries from Gandhāra*, In DevendraHanda and AshviniAgrawal, eds., New Delhi: Harman Publishing House, 2012.

Forte, Antonino, *Political Propaganda and Ideology in China at the End of the Seven Century*, Napoli: Instituto Universitatrio Orientale, 1976.

Forte, Antonino, *Mingtang and Buddhist Utopias in the History of the Astronomical Clock*: *The Tower, Statue and Armillary Sphere Constructed by Empress WU*, Rome: Istituto Italiano per il Medio ed Estremo Oriente, 1988.

Geary, Patrick J. , "Sacred Commodities: the Circulation of Medivalrelices", ArjunAppadurai ed. , *The Social Life ofThings*, London: Cambridge University Press, 1986.

Hahn, Cynthia J. , *Strange Beauty*, *Issues in the Making and Meaning of Reliquaries*, 400 – circa 1204, Philadelphia: The Pennsylvania State University Press, 2012.

Jongeward, David, Gandharan Buddhist Reliquaries, Seattle: University of Washington Press, 2012.

Lai, I – mann, *The Famensi Reliquary Deposit*: *Icons of Esoteric Buddhism in Ninth – century China*, PhD diss. , the University of London, 2006.

Lee, Sonya S. , *Surviving Nirvana*: *Death of the Buddha in Chinese Visual Culture*, Hongkong: Hong Kong University Press, 2010.

Salomon, Richard, "The 'Avaca' Inscription and the Origin of the Vikrama Era", *Journal of the American Oriental Society* 102 (1), 1982.

Sharf, Robert, "On the Allure of Buddhist Relic", David Germano, Kevin Trainor ed. , *Embodying the Dharam*: *Buddhist Relic Veneration in Asia*, New York: State University of New York, 2004.

Sharf, Robert, "The Buddha's Finger Bones at Famensi and the Art of Chinese Esoteric Buddhism", *Art Bulletin* 93. 1, 2011.

Shen, Hsueh – man, *Buddhist Relic Deposits from Tang to Northern Song and Liao*, Vol. 1. 2, PhD diss. , St Hugh's College, University of Oxford, 2000.

Strong, John S. , *Relics of the Buddha*, Princeton: Princeton University Press, 2004.

The Metropolitan Museum of Art, *China*: *Dawn of a Golden Age*, 200 – 750AD, New Haven: Yale University Press, 2005.

Wang, Eugene Y. , Sen, Tansen ed. , *Secrets of the Fallen Pagoda*: *The Famen Temple and Tang Court Culture*, Singapore: Asian Civilisations Museum, 2014.

Willis, Michael ed. , *Buddhist Reliquaries from Ancient India*, London: British Museum Press, 2000.

Zin, Monika, "About Two Rocks in the Buddha's Life Story", *East and West*, Vol. 56, No. 4, 2006.

附表 1 纪年北朝、隋、唐舍利容器

纪年	出土地点	容器组合	随葬	碑铭	地宫	参考文献
北魏大代兴安二年（453 年）	河北定州宋静志寺塔地宫	盝顶方石函，盖、身一体，函一侧开龛，函壁线刻佛说法等形象	不详	铭文多残仅存"大代兴安二年岁次癸巳十一月□□朔五日癸□"	不详	定县博物馆：《河北定县发现两座北代末塔基》，《文物》1972 年第 8 期
北魏太和元年（477 年）	山东光州灵山寺塔基	不存	不详	圆形塔铭，塔铭盖上刻"魏光州灵山寺塔下铭；盖内："太和元年……王茂春等敬造灵塔……"	不详	常盘大定、关野贞：《中国文化史迹》（7）
北魏太和五年（481 年）	河北定州北魏华塔塔基	刻铭盝顶方石函、铜钵、玻璃瓶、玻璃钵等	大量金银饰品、珍珠、琉璃、玛瑙、玉石串珠、波斯萨珊银币及龟纽鎏金铜方印等	函盖刻铭，叙述太和五年春，北魏孝文帝与大后巡行至此建塔之事	无	河北省文化局文物工作队：《河北定县出土北魏石函》，《考古》1966 年第 5 期

续表 1

纪年	出土地点	器物组合	随葬	碑铭	地宫	参考文献
北魏熙平元年（516 年）	河南洛阳北魏永宁寺塔基	被盗	被盗、余珍珠、宝石等	无	不详	杜玉生：《北魏永宁寺塔基发掘简报》，《考古》1981 年第 3 期
东魏北齐塔基	河北临漳邺城东魏北齐塔基	被盗，仅存一件圆球状琉璃瓶	被盗，不详	无	塔基遗址夯土层中出土砖函，方形、细腻黑灰色砖砌筑	朱岩石、何利群等：《河北临漳邺城北齐佛寺塔基的发现与发掘》，《考古》2003 第 10 期
北齐天保五年（554 年）	河南安阳修定寺内石塔塔基	带盖圆函、莲花瓣浅浮雕，盖部覆莲、底部仰莲、周身素面，方形基座刻铭	不详	圆函下方形基座面刻北齐天保五年文宣帝等供养铭及隋开皇十年寺统重修伽蓝铭	不详	河南省文物研究所编：《安阳修定寺塔》
北周天和二年（567 年）	甘肃平凉泾川县城（泾川）大云寺遗址西 200 米	长方形盝顶石函、方函，盝顶铜方函裹金、琉璃瓶	金银钗、玉指环、医用铜刀等	石函函体一侧刻宝宁寺比丘慧明敬造石像等铭	不详	张怀群、赵晓春：《丝之路上的世界遗产·泾川文化遗产录》
隋开皇九年（589 年）	陕西西安隋清禅寺塔基	灰陶罐、绿釉四耳罐、黄色瓷瓶、瓷瓶口上置铜米体小玻璃瓶	残菩萨像一尊、玉石、玛瑙、水晶、紫水晶、绿松石、琉璃及金箔等	墨书砖志记"大隋皇九年，……建立十级浮图"铭	砖室，平面呈长方形	郑洪春：《西安东郊隋舍利塔清理简报》，《考古与文物》1988 年第 1 期
隋仁寿四年（604 年）	陕西耀州隋神德寺塔基	盝顶石函、鎏金盝顶铜函及其内玻璃瓶、圆铜盒。四石函函身四周刻飞天、四弟子及四天王像等	金环、银环、玉环、玛瑙、水晶、料珠等及铜钱、波斯银币等	石函盖顶刻铭"大隋皇帝舍利塔铭"；独立"舍利下铭"，石函内口之上板平嵌于石函内口之上	砖室，石函外有条石保护	朱捷元、秦波：《陕西长安和耀县发现的波斯萨珊铜银币》，《考古》1974 年第 2 期

续表1

纪年	出土地点	容器组合	随葬	碑铭	地宫	参考文献
隋大业元年（605年）	河北正定白店村隋舍利塔基	盝顶石函、宝珠纽弦纹铜舍利盒、小口银舍利瓶	玛瑙环、铜钗及隋五铢钱等	函盖刻铭"大业元年二月二十八日绍禅师奉内舍利"	无	赵永平等：《河北省正定县出土隋代舍利石函》，《文物》1995第3期
隋大业二年（606年）	河北定州宋静志寺塔基地宫	盝顶石函，函内底部浮雕莲花一朵；鎏金铜顶铜函，周身满刻菩萨、护法力士及卷草纹等	不详	石函盖铭"大隋大业二年岁次丙寅十月壬午朔八日己丑舍利石函之铭"；鎏金铜函函体四面刻铭，记静志寺与四部众修塔舍利及重建石函及其建塔造七重真金宝碗琉璃瓶等	不详	定县博物馆：《河北定县发现两座隋代塔基》，《文物》1972年第8期；浙江省博物馆，定州市博物馆：《心放俗外：定州静志、净众佛塔地宫文物》
隋大业十二年（616年）	北京房山石经山雷音洞	盝顶石函	不详	盖顶刻铭"大隋舍利塔铭"	不详	北京市文物研究所：《北京考古四十年·隋舍利函的发现》，北京燕山出版社，1990年
唐长寿二年（693年）	湖北当阳玉泉铁塔塔基	盝顶方函，函体四面雕刻瑞兽角斗并满饰缠枝及祥云纹	金银器、佛像等	宋代地宫出土塔铭志石提及唐代瘗埋舍利之事	不详	李克彪：《湖北当阳玉泉铁塔塔基及地宫清理发掘简报》，《文物》1996年第10期

续表1

纪年	出土地点	容器组合	随葬	碑铭	地宫	参考文献
唐延载元年（694年）	甘肃泾川大云寺塔基	盏顶石函、盏顶鎏金铜函、银椁、金棺及玻璃瓶	锦缎、檀香木、香料、金属发钗等	石函四周刻铭"泾川大云寺舍利石函铭并序……"	平面方形，砖筑，门前短券顶。宫门在南，甬道、甬道两壁绘壁画。宫门上施半圆形门楣，上刻香炉、宝盖和飞天。门内两侧刻刻天王力士像	甘肃省文物工作队:《甘肃泾川县出土的唐代舍利石函》,《文物》1966年第3期
开元14年（725年）	陕西仙游寺法王塔天宫及地宫	天宫：唐石椁、鎏金铜椁、葫芦形玻璃瓶；石椁身饰连花及缠枝忍冬纹样。地宫：鎏金铜棺盖及四周刻成对鸿雁衔瑞草图案。玻璃瓶；石函四面线刻乐舞及团花与忍冬纹样	地宫石函上置标黑棕色圈足带盖熏炉	石碑一面刻唐"仙游寺舍利塔铭"，另一面刻隋"舍利塔下铭"	天宫平面呈方形，地宫顶为覆斗状盏顶，由甬道、宫室组成。门楣及门框装饰波浪式忍冬纹	刘采运:《仙游寺法王塔的天宫、地宫与舍利子》,《收藏家》2000年第7期
唐开元二十一年（733年）	河南登封嵩岳寺塔天宫及地宫	一号天宫：瓷罐、银塔、葫芦瓶及玻璃瓶 二号天宫：瓷罐、银塔、葫芦瓶及玻璃瓶 （注：天宫及天宫遗物年代大限在北朝至唐末末初）	银器及水晶石等	地宫壁上三处确切纪年题记，最早为唐开元二十一年（733年）	地宫由甬道、宫门、宫室构成。门楣、门额线刻凤鸟及蔓枝蔓纹，门框左右各刻一比丘尼："比丘如空"东侧、"比丘重泰"西侧	河南省古建保护研究所:《登封嵩岳寺塔地宫清理简报》,《文物》1992年第1期;《登封嵩岳寺塔天宫清理简报》1992年第1期

续表1

纪年	出土地点	容器组合	随葬	碑铭	地宫	参考文献
唐开元二十九年（741年）	陕西临潼唐庆山寺塔基	石质舍利帐、银椁、金棺、铜莲座玻璃瓶	金、银、铜、瓷、陶及三彩器；舍利宝帐前摆放三彩供盘、三彩瓜、陶瓶等；宝帐两侧置金莲花、铜塔提梁等	石帐顶下镶金锈刻铭"释迦如来舍利宝帐"；石碑，碑额"大唐开元临潼县庆山寺舍利塔精舍碑记"，《文博》1985年第5期	地宫由斜坡道、甬道和宫室构成。地宫四壁绘壁画	临潼县博物馆：《临潼唐庆山寺舍利塔基精舍碑记》，《文博》1985年第5期
唐天宝五年（746年）	大兴善寺	盝顶石函、函体雕刻四天王像等	不详	函盖刻天宝五载供养铭	不详	西安碑林博物馆收藏
唐天宝六年（747年）	甘肃天水永安寺塔地宫	仅存白釉瓷盒及鎏金铜棺盖	天王力士俑、白瓷圆盒等	唐天宝六年铭泥质灰陶碑，碑额"大唐舍利塔之碑"	坐北向南，砖石结构，由甬道及宫室构成。宫室券顶及宫室平面呈方形	莎柳：《甘肃天水市舍利塔地宫》，《考古与文物》1992年第3期；冉万里：《中国古代舍利瘗埋制度研究》
唐长庆四年（824年）	江苏镇江甘露寺铁塔塔基地宫北	盝顶石函、银椁及金棺	不详	长庆四年李德裕题铭碑石	不详	江苏省文物工作队镇江分队，镇江市博物馆：《江苏镇江甘露寺铁塔基发掘记》，《考古》1961年第6期
唐大和三年（829年）	江苏镇江甘露寺铁塔塔基地宫北	盝顶银函、金棺。银函函体线刻迦陵频伽及缠枝卷草花纹	不详	函盖内刻大和三年李德裕题铭	不详	江苏省文物工作队镇江分队，镇江市博物馆：《江苏镇江甘露寺铁塔基发掘记》，《考古》1961年第6期

续表 1

纪年	出土地点	容器组合	随葬	碑铭	地宫	参考文献
唐大中四年（850 年）	河北定州静志寺塔基地宫	六角单层舍利银塔子	不详	塔身六面棱两侧刻大中十一年四月八日供养铭文	不详	浙江省博物馆、定州市博物馆：《心放俗外：定州静志、净众佛塔地宫文物》
唐贞观五年（631 年）至咸通十四年（873 年）	陕西扶风法门寺塔地宫	前室：彩绘阿育王石塔、铜方塔，塔前还有石函、石棺；石函左侧开元廿九年盝顶石函。中室：汉白玉灵帐、铁函、鎏金双凤银棺。后室：鎏金四天王银函、素面银函、鎏金如来坐佛银函、六臂观音盝顶金函、宝钿珍珠装武夫石函、宝珠顶单檐四门纯金塔。后室秘龛：铁函、银函、檀香木银包角盝顶函、水晶椁、玉棺。	前室汉白玉方塔两侧各置一护法石狮，塔前还有石函、铜锡杖、白瓷瓶等。中室灵帐前有铜熏炉、捧真身菩萨像，两旁有石雕彩绘护法天王、秘色瓷器、漆盒和大量丝绸等物。后室八重宝函前放银熏炉和宝函台；其他金银器、玻璃器、丝绸等物，分上下两层放入后室。秘龛：菩萨、金刚等小木雕像及玉指环等	隧道北端前室石门外置真身志文"碑和"大唐咸通启送歧阳真身志文"碑和"应从重真寺随真身供养道具及恩赐金银器物宝函衣物帐"并新恩赐到金银宝物银宝衣物帐"碑	地宫南北向，分前、中、后三室，及后室底部秘龛。前有隧道和踏道，地宫与隧道由石板道，构筑	陕西省考古研究院等：《法门寺考古发掘报告》

附表 2 无纪年隋、唐舍利容器

出土地	容器组合及装饰	塔铭	地宫	参考文献
山东平阴洪范池隋舍利塔基	内外两重，盝顶石函	内函盖铭"大隋皇帝舍利宝塔铭"	无	邱玉鼎、杨书杰：《山东平阴发现大隋皇帝舍利宝塔石函》，《考古》1986 年第 4 期
山西长治	石椁、石棺、银棺、金棺；石棺上满布线刻团花纹样，前后棺雕出门扉，前门扉两侧棺板侧雕有羽人	无	无	山西省文物管理委员会、考古所：《山西长治唐代舍利棺的发现》，《考古》1961 年第 5 期
陕西蓝田唐法持寺	盝顶石函，函身四面刻四幅图画，皆与舍利有关	无	无	樊维岳：《蓝田出土盝顶舍利石函》，《考古与文物》1991 年第 2 期
江苏句容	铁函、鎏金铜椁、四神纹银椁	不详	不详	刘建国等：《江苏句容行香发现唐代铜棺银椁》，《考古》1985 年第 2 期
四川成都	盝顶石函、铜棺、小银罐	不详	塔基无地宫	李思雄：《成都发现隋唐小型铜棺》，《文物》1983 年第 3 期
西安	"都管七箇国"六瓣银盒、鹦鹉纹海棠形圈足银盒、龟甲纹银盒	六瓣圆盒表面刻"都管七箇国"等铭	不详	韦川：《唐代金银器之珍品——都管七个国六瓣银盒》，《收藏界》2003 年第 7 期

续表 2

出土地	容器组合及装饰	塔铭	地宫	参考文献
西安长安区博物馆	缺盖方形石函，四面装饰四天王形象	无	不详	长安博物馆编：《长安瑰宝》，西安：世界图书出版公司西安公司，2002 年
美国大都会美术馆	木质缩微塔形容器	无	不详	美国纽约大都会美术馆藏
太原龙泉寺	石函、木棺、铜棺、银棺及金棺	石函周身刻供养铭文	地宫平面呈六角形	《中国文物报》2008 年 11 月 25 日
美国波士顿美术馆	银棺，装饰部分镶金；棺体两侧龙虎及比丘	无	不详	美国波士顿美术馆藏

附表 3　佛典所记载"分舍利"情节①

佛经	舍利瓶	香姓婆罗门	八国	翻译者及翻译时间
《般泥洹经》	国诸豪姓，共捡佛骨，盛满黄金罂，置于舆床……毛骴持一罂受石许，釜瓮釜其里，分为八分。已白众言，吾既敬佛，亦嘉众意，愿得罂著毛骴，归起塔庙	梵志毛骴，晓众人言……舍利现在，但当分耳。众咸称善，皆诣舍利，稽首毕一面住，乃共使毛骴分之	拘夷国（拘夷王）、波旬国（诸华氏）、可乐国（诸拘邻）、有衡国（诸满离）、神州国（诸梵志）、维耶国（诸离建）、赤泽国（诸释氏）、摩竭国（阿阇世）	支谦，约 220～252 年
《佛般泥洹经》	屯屈自以天上金罂，中以石蜜涂里，成量舍利，各与一罂，诸王得之	天帝见八王共净，欲得舍利还国供养，化为梵志，自名屯屈。又手前晓八国王曰，听吾一言……普施众生福田也。共请也屯屈作八分	边境八国，闻佛灭度，舍利在鸠夷国中，皆发兵来，索舍利分	白法祖，约 265～317 年

① 此附表内容整理自《大正藏》本。

续表 3

佛经	舍利瓶	香姓婆罗门	八国	翻译者及翻译时间
《大般涅槃经》	诸力士众，即以金罂收取舍利，置宝舆上。……可取宝瓶，奉授金瓶。汝分之。八王欢喜，受诸金瓶。持以还归，于高楼上而分舍利。以与八王	鸠尸那城中，有一婆罗门，名徒卢那，聪明多智，深信三宝，心自思惟	韦提希子阿阇世王，馀七国王及毗耶离，诸离车等	法显，约 412 年
《长阿含经》	尔时，香姓以一瓶受一石许，即分舍利，均为八分，告众人言，愿以此瓶，自欲于舍起塔供养	香姓婆罗门仁智平均，可使分也	波婆国、遮罗国、罗摩伽国、毗留提国、迦维罗卫国、毗舍离国、摩竭国阿阇世王	佛陀耶舍等译，约 412～413 年
《菩萨从兜率天降神母胎说广普经》	金瓮受一石馀，此臣密以鋚瓮里，以瓮量即分舍利	有一大臣名优波吉，谏言诸王，莫争佛舍利，应当分之普共供养，何为兴兵共相征罚。……舍利优波吉时，诸君目止，舍君言，诸君目止，即分为三分，一分与诸天，一分与龙王，一分与八王	尔时八大国王，优填王、顶生王、恶生王、阿阇世王、四大兵马王，容颜兵马主、炽盛兵马主、最豪兵马主、金刚兵马主。此八大王共诤舍利，各领兵众列住一面。八大王各各言，佛舍利我现为人语诸有分，即现为人语诸天亦当有分，我等诸天亦当有语诸天言，阿释达龙王、文邻龙王、伊那鉢龙王语八王言，我等亦应有舍利分	竺佛念，约 412～413 年

续表3

佛经	舍利瓶	香姓婆罗门	八国	翻译者及翻译时间
《佛本行经》	即时以金罂，分圣尊舍利，别以为八分	有贵姓梵志，厥名香草姓，性博慧笃慈，喻谏诸王，观诸王威势。利器剑战力，敌灭尽形势，命居城自守，力士得城内，皆不易可得胜。如今重围闭，意必共同一心。欲获胜。唯愿慈诸大王，幸迴隆盛威	隣侧七国王，时各遣寻使，皆共同一时，如会至城下。诸力士相闻，求得舍利分	宝云，约412~421年
《摩诃摩耶经》	是时，香姓别置一瓶受十石，许，而分舍利均为八分，诸国纳已则告之言，愿持此瓶众之见沾	时香姓婆罗门受王教已，即诣彼城，语诸末罗，末罗门已报香姓曰，……尔时香姓婆罗门于诸王前立一面，时香姓前立一面，长跪合掌而说众人。……谁能堪为分舍利者，皆曰香姓婆罗门，仁智平均可使分之，时诸国王即命香姓，汝为我等分佛舍利均作八分。于是香姓即取佛到骨所，头面礼毕，取佛上牙别别置一面	拘尸那国民众、波婆国末罗民众、罗摩伽国拘伽婆罗民众、颇留提国跋离民、毗留提国婆罗门众、迦维罗卫国释种民众、毗提罗国离车民众及摩竭王阿阇世	云景，约478~500年

续表3

佛经	舍利瓶	香姓婆罗门	八国	翻译者及翻译时间
《经律异相》	以蜜塗瓮里以瓮量之	香姓婆罗门于大众中，高声唱言，佛亦应闻又赞忍忍辱。君亦积修善忍辱，诸君且止宜共分之，今舍利共相陵夺。此非敬事，但当分作八	时波波国诸末罗众、遮罗颇国诸跋离众、国诸跋提国婆离众、昆留离国诸车众、释国阿阇贳王。……时优波言，即为为三分。诸君且止宜共分之，一分与诸天，一分与龙王，一分属八王。以蜜塗瓮里，起七宝塔；诸龙得分还于天上，诸龙得分还于龙宫亦起宝塔；阿阇贳王共数其数各得八万四千舍利	宝唱，516年
《莲华面经》	无	无	如是一分舍利向诸天所，一分舍利向夜叉世界。……彼诸舍利在阎浮提，当来有王名阿输迦，统一阎浮提。此王为供养舍利故，造作八万四千塔，置此舍利而供养之。此阎浮提复有六万诸王，亦当供养碎身舍利	那连提耶舍，581～589年

续表 3

佛经	舍利瓶	香姓婆罗门	八国	翻译者及翻译时间
《大般涅槃经后分》	与城内人涕泣目收取舍利，著师子座七宝罂中，满入金罂舍利便尽	无。以"大众"对答各国王的求分舍利	迦毗罗国王、摩迦陀主阿阇世王、毗离伽罗名王、阿勒伽罗国王、师伽罗王、遮罗颇外道名王。王语众言，波旬罗外道我都不知，一何告哉。一分舍利还国供养。诸人涅槃我晚，佛已先说分得见佛，请采与我，汝何来晚，佛已先说分布舍利皆已各有所请，无有所请。王及臣众不果所请。仁可还宫，仁可还宫。（注：八王并未分得舍利）	若那跋陀罗，664～665 年
《根本说一切有部毗奈那杂事》	佛身舍利分为八分，各将供养，饶益群生，置舍利瓶还本国建窣睹波	时有婆罗门名突路拏。在于众内见此诸人。故争舍利共相战伐。恐有损伤违害佛教。自执长幡以磨大众。告诸尸那罗诸壮士曰。唯愿诸人勿为斗竞。我为平分必令欢喜	第一分与拘尸那城诸壮士等广兴供养，第二分与波邑壮士、第三分与遮罗颇邑，第四分与阿罗摩处，第五分与吠率奴邑，第六分与劫比罗城诸释迦，第七分与摩伽陀国。行雨大臣，……如来舍利总有一硕六斗分为八分，七分在瞻部洲者，在龙宫供养。又佛有四牙舍利，一在天帝释处，一在健陀罗国，一在羯陵伽国，一在阿罗摩邑海龙王宫，各起塔供养。时波咤离邑无忧王起七塔取其舍利，于赡部洲广兴灵塔八万四千遍设供养，由塔威德庄严世间。天龙药叉诸人神等，咸皆恭敬尊重供养，能令正法光显不灭	义净，710 年

续表 3

佛经	舍利瓶	香姓婆罗门	八国	翻译者及翻译时间
《十诵律》	尔时长老摩诃迦叶，以成治，取佛舍利，与诸力士。诸力士从长老摩诃迦叶，取佛舍利盛以金瓶，擎著车上。烧种种香，持诸幡盖作诸妓乐入拘尸城。尔时拘尸城中有新论义堂，扫洒清净香花，悬缯幡盖散诸杂华，敷象牙床。以佛舍利金瓶著上	尔时大众中，有一婆罗门姓烟，在八军中，高声大唱。拘尸城诸力士主听，佛亦量劫赞忍法，诸君亦常闻赞忍。何可于佛灭后为舍利故起兵相夺，诸君当知此非敬事，舍利现在，但当分作八分	波婆城中诸力士、摩伽陀国主阿阇世王、罗婆聚落拘婆罗、遮勒国诸刹帝利、昆（少兔）国诸婆罗门、毗耶离国诸梨昌、迦毗罗罗婆诸释子、婆罗沙迦罗婆罗门	弗若多罗、鸠摩罗什，404～413 年

考古新视野

青年学人系列

2016 年

彭明浩：《云冈石窟的营造工程》

于　薇：《圣物制造与中古中国佛教舍利供养》

刘　韬：《唐与回鹘时期龟兹石窟壁画研究》

朱雪菲：《仰韶时代彩陶的考古学研究》